Monica Pagano

Laura Girelli   Matteo Marini

Sovraindebitamento
Legge 3/12 e casi pratici

pe

Primiceri Editore

INDICE

CAPITOLO 1
Sovraindebitamento e *fresh start*

La legge 27/01/2012 n. 3 ha introdotto per la prima volta nel panorama legislativo italiano delle procedure di risanamento dei debiti dedicate al c.d. insolvente civile, ovvero al consumatore, all'imprenditore persona fisica o al piccolo imprenditore non fallibile, i quali fino a quel momento non avevano a disposizione alcuno strumento utile per ristrutturare l'eventuale situazione da sovraindebitamento seppur incolpevole.

Ed infatti, come noto, la legge fallimentare, che per opera della riforma del 2006 ha permesso l'introduzione dell'esdebitazione, ha permesso di fatto solo all'imprenditore persona fisica dichiarato fallito di poter godere di questo straordinario beneficio, precluso invece a tutti quei soggetti che, diversamente, non potevano accedere alle procedure concorsuali a causa del mancato rispetto dei parametri di cui all'art. 1 L.F.

In altre parole, sino all'introduzione della innovativa normativa sul sovraindebitamento di cui alla L. 3/12, vi era un'enorme disparità di trattamento tra imprenditori medi grandi, ai quali, in caso di crisi aziendale era ed è data la possibilità di accedere alle procedure concorsuali di risoluzione della crisi disciplinate dal Regio Decreto 267/1942 e all'eventuale esdebitazione finale, e i consumatori e piccoli imprenditori, ai quali, non raggiungendo determinati indici di fatturato / patrimonio / debito, era precluso l'accesso a qualsiasi strumento riabilitante, con evidenti forti ripercussioni negative anche dal punto di vista sociale.

Proprio dal punto di vista sociale, infatti, la normativa di cui alla L. 3/12 rappresenta evidentemente una grande novità frutto dell'evoluzione dei tempi e del sentire sociale, non solo in termini di sensibilizzazione per tematiche di questo genere da parte dell'opinione pubblica, essendosi ampliato dal 2009 il bacino di soggetti colpiti dalla crisi economico finanziaria mondiale, ma anche in termini di responsabilizzazione, dal momento che non concedere strumenti di risoluzione della crisi ai debitori, non significa ridurne il numero, ma significa piuttosto preferire di rimanere ciechi di fronte ad una problematica sempre più comune che, ove non risolta con interventi mirati, può comportare un elevato costo sociale, andando ad alimentare, a titolo esemplificativo, il mercato nero del lavoro o fornendo un pretesto a molti debitori per nascondersi nell'abusivismo per il timore di essere perseguitati dai propri creditori o, ancora, rappresentando un costo dal punto di vista medico sanitario, alimentando casi di crisi e disagi psicologici dovuti al fatto di non poter vedere una fine alla propria problematica, una "luce in fondo al tunnel" per sé e spesse volte anche per i propri cari coinvolti nell'indebitamento.

Ad oggi invece, proprio grazie alla normativa che disciplina il sovraindebitamento, anche a consumatori, professionisti e piccoli imprenditori non fallibili viene data la possibilità per una sola volta nella vita di riabilitarsi e tornare così a rimettersi in gioco attivamente sul mercato.

La L. 3/12, come anticipato, si rivolge ai soggetti non fallibili è cioè a tutti coloro che non possono avere accesso alle procedure concorsuali disciplinate dalla Legge Fallimentare.

Le procedure disciplinate dalla normativa richiamata sono sostanzialmente tre: il piano del consumatore, l'accordo con i creditori e la liquidazione del patrimonio.

Tali procedure hanno profili comuni disciplinati dagli articoli 6 e 7, dedicati ai presupposti oggettivi e soggettivi che il debitore deve soddisfare per poter accedere al sovraindebitamento, e profili distintivi e particolari tipici di ciascuna procedura.

Il piano del consumatore viene disciplinato dagli artt. 9 e ssgg. L. 3/12 e si rivolge ai soli soggetti privati consumatori, la cui situazione di sovraindebitamento pertanto deriva dall'aver contratto obbligazioni esclusivamente per scopi estranei all'attività imprenditoriale o professionale eventualmente svolta (art 6, comma 2, l. 3/12)

L'accordo con i creditori viene disciplinato dagli artt. 9 e ssgg. L. 3/12 e risulta praticabile per piccoli imprenditori non fallibili, professionisti, imprenditori agricoli, fideiussori e garanti di imprese.

Infine troviamo la liquidazione del patrimonio disciplinata dagli artt. 14 ter e seguenti l. 3/12, come procedura adatta a tutti i soggetti non fallibili consumatori e non.

Il debitore che voglia accedere ad una delle tre procedure citate deve necessariamente rivolgersi all'Occ (Organismo di Composizione della Crisi) competente per territorio per chiedere la nomina del Gestore della Crisi ex art 15 L. 3/12.

Vale la pena al riguardo segnalare che, in assenza e in attesa che dall'entrata in vigore della normativa sul sovraindebitamento si costituissero di fatto gli Occ sul territorio italiano, la nomina veniva richiesta direttamente mediante deposito di ricorso in Tribunale. Tuttavia ad oggi molti sono gli Occ costituiti presso gli ordini professionali ad esempio di commercialisti o avvocati o costituiti presso Enti Pubblici come Comuni e Università, pertanto attualmente è da preferire la nomina del Gestore della Crisi non più tramite ricorso al Tribunale ma tramite richiesta diretta all'Occ del luogo di residenza del debitore. Si segnala, al riguardo, che molti Tribunali, in forza della sentenza emessa dalla Suprema Corte di Cassazione 19740/2017 che sancisce che il livello di specializzazione ottenuto dal gestore della crisi nell'ambito dell'Occ costituisca un requisito imprescindibile per poter gestire al meglio la crisi da sovraindebitamento dovendosi preferire la nomina attraverso Occ a quella attraverso Tribunale, rigettano come inammissibili eventuali ricorsi presentati ai sensi dell'art. 15 L. 3/12 dirottando di fatto le nomine dei Gestori ai soli Occ.

Già nella fase di istanza di nomina, gli Occ richiedono che il debitore produca sufficiente ma esaustiva documentazione, al fine di descrivere per lo meno sommariamente la propria situazione di sovraindebitamento. Dovrà quindi darsi atto di tutte le posizioni debitorie a carico del sovraindebitato, di tutte le posizioni creditorie, della composizione del suo patrimonio, della sua situazione reddituale, della composizione del suo nucleo familiare e delle spese necessarie al sostentamento dello stesso. Sulla base di queste indicazioni verrà quindi stilata dal debitore stesso una proposta di pagamento che sarà il contenuto del piano del consumatore, dell'accordo o della proposta liquidatoria. Tale proposta dovrà essere commisurata alle capacità economico finanziarie e patrimoniali del debitore che, per legge, dovrà vedersi garantita la sussistenza minima necessaria per una vita dignitosa del proprio nucleo familiare. Tale proposta/piano/accordo, che per la complessità e il tecnicismo del suo contenuto è bene che venga redatta dal debitore con l'aiuto di un legale di fiducia, dovrà quindi essere vagliato dal nominato Gestore, il quale, compiute le dovute verifiche ed eventualmente integrata l'istruttoria della pratica, è tenuto a redigere una propria relazione / attestazione di fattibilità. La proposta redatta per il debitore insieme alla relazione dell'Occ, corredate dalla necessaria documentazione, vengono quindi depositate presso il Tribunale del luogo di residenza del debitore, dando così la possibilità al Giudice, in base alla tipologia di procedura intrapresa dal debitore, di omologare la proposta di accordo / piano o di dichiarare aperta la procedura liquidatoria nell'interesse del richiedente. Con l'emanazione di tale provvedimento il debitore pertanto vedrà perfezionata la propria procedura da sovraindebitamento.

Ottenuto l'accesso ad una delle tre procedure da sovraindebitamento il debitore avrà quindi la possibilità di beneficiare di una doppia importante tutela. La sospensione delle procedure esecutive e cautelari e di cessione del quinto in essere nonché l'impossibilità per i creditori antecedenti alla procedura di iniziarne di nuove. In tale modo, analogamente a quanto accade nelle procedure concorsuali, il legislatore ha voluto che venisse garantito anche nelle procedure da sovraindebitamento – che rappresentano una versione semplificata delle prime – il rispetto del principio cardine della *par condicio creditorum,* in virtù del quale, come noto, deve essere garantita, all'interno di una procedura concorsuale o, come nel nostro caso, da sovraindebitamento, la parità di trattamento a tutti i creditori del medesimo rango, fatte salve solo le cause di legittima prelazione.

Vi è poi l'ulteriore beneficio riferito alla possibilità di ottenere l'esdebitazione: nel caso di accordo con i creditori e piano del consumatore opera dall'emissione del provvedimento di omologa; nella procedura liquidatoria è rimessa alla valutazione del Giudice al termine della procedura stessa, dietro apposita istanza del debitore.

Con l'esdebitazione al debitore è sostanzialmente data la possibilità di liberarsi di tutta qualla quota di debiti rimasti insoddisfatti a conclusione della procedura da sovraindebitamento per incapienza del proprio patrimonio. Tali debiti verranno quindi cancellati dietro provvedimento del Giudice e il debitore sarà autorizzato a non pagarli più.

Possono essere oggetto di esdebitazione tutti le tipologie di debito, ivi compresi i debiti bancari o finanziari derivanti ad esempio da mutui, da fideiussioni, da fidi, da carte di credito, ecc. e, con alcuni accorgimenti, anche i debiti con cause di prelazione e i debiti tributari e fiscali con enti come Inps, Agenzia delle Entrate, Comuni e più in generale Pubbliche Amministrazioni.

Pare evidente la portata fortemente innovativa e benefica della normativa in commento, che si pone come *extrema ratio* per il debitore sovraindebitato, dandogli finalmente uno strumento per la risoluzione della crisi anche nel caso di situazioni veramente complesse. Strumento efficace che, in base alla tipologia di procedura scelta, può presentare tratti più negoziali o più coercitivi per i creditori, ma che rappresenta certamente un'ottima e conveniente alternativa alle procedure coercitive di recupero credito.

Il vantaggio per i creditori, infatti, sta nel fatto che il creditore nel sovraindebitamento può vedere soddisfatto il suo credito sul patrimonio aggredibile del suo debitore senza necessità di anticipare spese e di attendere i tempi di un normale procedimento monitorio e successivamente esecutivo; il vantaggio per i debitori sta nel fatto di non essere costretti a vedere svenduto il proprio patrimonio in processi esecutivi lunghi e psicologicamente provanti dovendo poi sopportare il peso della persecuzione giudiziaria per la quota di debito residuo nell'ipotesi, spesso verificatasi, in cui il proprio patrimonio sia risultato incapiente rispetto al monte debiti complessivo.

CAPITOLO 2
Occ e la nomina del Gestore della Crisi

Il primo passo in assoluto da compiere, in qualsiasi delle tre normative regolate, per avere accesso alla procedura di sovraindebitamento, è la nomina di un Occ.

Occ, la cui sigla significa Organismo di Composizione della Crisi, nella persona del Gestore della Crisi, rappresenta una figura centrale e insostituibile nella procedura di sovraindebitamento, in quanto, come stabilito dall'art. 15 della L. 3/12, tale ente ha, da un lato, lo scopo di relazionarsi e cooperare con il debitore che si appella alla normativa del sovraindebitamento per rivedere ed elaborare un progetto di riordinamento e composizione della propria situazione debitoria; dall'altro incarna la figura di ente di verifica, per conto del Giudice, della reale e concreta possibilità del piano di rientro e del regolare inserimento dei dati inseriti nella domanda.

A tal proposito viene immediato citare l'art. 15comma 5 della L. 3/12 che prevede espressamente che "l'organismo di composizione della crisi assume ogni iniziativa funzionale alla predisposizione del piano di ristrutturazione e all'esecuzione dello stesso, nonché verifica la veridicità dei dati contenuti nella proposta e nei documenti allegati e attesta la fattibilità del piano proposto."

Diversamente dai diversi enti previsti all'interno delle procedure concorsuali di cui al R.D. 267/42, enti che sono stati sicuramente fonte di ispirazione per il legislatore per ricavare l'odierna definizione dell'Occ, quest'ultimo si differenzia principalmente per il doppio ruolo che gli è stato assegnato all'interno della procedura di sovrindebitamento: rappresenta infatti sia la figura dell'aiutante del soggetto sovra indebitato sia quello del supervisore del Giudice.

Gli organismi di composizione della crisi da sovraindebitamento possono essere istituiti da tutti quegli organi collegiali o da parte dei professionisti, singoli o associati, che siano in possesso di idonei requisiti di professionalità, indipendenza, competenza e adeguatezza economica che ne facciano corretta richiesta al Ministero della Giustizia (art. 15 comma 1 e ss. Della L. 3/12), presso il cui registro vengono iscritti e registrati i vari organismi.

Leggendo attentamente la normativa ci si rende immediatamente conto delle numerose e diversificate attività che sono chiamati a svolgere abitualmente gli Occ.

Infatti, oltre a fornire supporto al debitore nella corretta formulazione della proposta, sono a tutti gli effetti sussidiari del Giudice, e quindi chiamati a svolgere le attività di verifica a tutela dei terzi creditori, a sorvegliare sulla corretta e regolare adempienza da parte del debitore dei propri obblighi assunti in precedenza con la sottoscrizione della proposta liquidatoria o l'accordo una volta approvato, a ricevere le certificazioni dei crediti da parte dei creditori, ad occuparsi delle comunicazioni disposte dal Giudice o dalla norma e risolvere, in buona parte autonomamente, le possibili complicazioni che dovessero presentarsi durante l'esecuzione del piano/accordo o della proposta liquidatoria.

Il complicato e difficile ruolo dell'Occ è spesso ricoperto dalle figure di avvocati o dei dottori commercialisti, i cui ordini professionali, per legge, insieme a quello dei notai, possono essere iscritti di diritto a seguito di semplice richiesta, nel registro di Occ conservato presso il Ministero della Giustizia.

Questo grazie alle competenze specifiche di queste categorie professionali, che si distinguono per la necessità di ottima dimestichezza con i fondamentali principi giuridici e contabili richiesti.

La norma prevede, tuttavia, che anche gli organismi di conciliazione e gli enti pubblici possano avanzare richiesta di iscrizione presso il registro di Occ presso il Ministero della Giustizia, a cui potranno essere iscritti solo dopo aver provato la reale presenza delle peculiari caratteristiche necessarie a svolgere questo delicato e complesso compito.

Occ può essere un singolo professionista o una società di professionisti (art. 15 comma 9 L. 3/12).

Il soggetto debitore, intenzionato ad avere accesso ad una procedura di sovraindebitamento, dovrà presentare ricorso al Tribunale competente per territorio, cioè il Tribunale dove risiede, dietro pagamento di contributo unificato e marca da bollo: ciò in caso di nomina giudiziale dell'Occ.

La nomina stragiudiziale – procedura recentemente sviluppatasi - permette al soggetto sovraindebitato di interpellare direttamente l'organismo di composizione della crisi, tra quelli iscritti e autorizzati presso il registro del Ministero della Giustizia (come anticipato, ad esempio, tra gli ordini degli avvocati, dei dottori commercialisti, le camere di commercio e altri ordini qualificati) e li, attraverso il pagamento di diritti di segreteria e compilazione di moduli, avanzare la richiesta.

Sono due quindi le possibilità che il debitore intenzionato può utilizzare per usufruire della procedura di sovraindebitamento. A sua discrezione può autonomamente scegliere se richiedere la nomina di Occ in proprio, oppure, attraverso un legale di fiducia, che da un lato lo consigli e lo assista nella preparazione dei documenti necessari alla successiva redazione di proposta di ristrutturazione e dall'altro rappresenti un canale tecnico di relazione e confronto con il nominando Gestore in modo da alleggerire il debitore da molti incombenti connessi alla redazione e richiesta della proposta.

Per avere accesso alla procedura di sovrandebitamento, pertanto, non è obbligatoriamente prevista la tutela legale da parte di un avvocato, ma tale nomina è fortemente consigliata per via della presenza delle complesse formalità che caratterizzano tali procedure e che presuppongono un'ampia ed adeguata preparazione giuridica già a partire dalle prime fasi della nomina dell'Occ (per esempio l'essere in grado di individuare il tribunale o l'Occ di competenza territoriale, oltre alle numerose capacità tecniche richieste per procurarsi tutta la documentazione necessaria a soddisfare i numerosi requisiti imposti dalla normativa).

Oltretutto è da considerare che l'assistenza di un legale può divenire assolutamente necessaria nella seconda fase della procedura, nella quale in Tribunale viene presentata la proposta con l'attestazione/relazione dell'Occ (Tribunale di Vicenza 29/04/2014) dando così inizio ad un processo giudiziale che potrebbe presentare al suo interno fasi problematiche e controverse (reclami, impugnazioni e opposizioni) oltre agli aspetti più tecnici come la partecipazione ad udienze in Tribunale.

Sulla possibilità da parte del debitore di nominare direttamente il proprio Gestore della Crisi vedendo soddisfatta un'eventuale preferenza espressa nell'istanza di nomina, si trovano orientamenti giurisprudenziali contrastanti, ciò comportando l'esistenza di provvedimenti che concedono la possibilità di esprimere utilmente tale nomina (ES. Tribunale di Frosinone RG 1182/15VG) e di altri provvedimenti che invece la escludono categoricamente, richiamando i principi e gli orientamenti in materia concorsuale (es. Tribunale di Roma con decreto emesso il 11.12.2015).

Così come la procedura di sovraindebitamento deve essere istituita presso il Tribunale dove il soggetto debitore ha la residenza o la sede, allo stesso modo la competenza dell'Occ è strettamente correlata alla residenza del debitore.

Viene quindi pertanto esclusa l'autorità dell'Occ su scala nazionale, mentre una competenza territoriale del medesimo viene confermata anche nell'ambito del sovraindebitamento (cfr. Trib. di Vicenza 29.04.2014).

La regolamentazione del sovraindebitamento regola anche il compenso dell'Occ, da definire, come disposto dall'art. 15 comma 9 L. 3/12, secondo i criteri previsti per i commissari giudiziali nei procedimenti di concordato preventivo qualora venga predisposto un piano del consumatore o un accordo con i creditori, ipotesi disciplinate nella sezione prima della L. 3/12, e per i curatori fallimentari, quanto alle attività di cui alla sezione seconda della citata legge, che si riferiscono all'ipotesi della proposta liquidatoria.

Affinché venga agevolato il compito di verifica dell'esattezza dei dati e della documentazione fornita dal debitore, il legislatore, sempre all'art. 15 comma 10 L. 3/12, ha previsto l'eventualità per l'Occ di richiedere un'autorizzazione da parte del Giudice ad aver accesso ai sistemi di informazione creditizi, ai dati contenuti all'anagrafe tributaria, centrali rischi e altre banche dati pubbliche oltre a sistemi informativi gestiti da soggetti privati in tema di crediti al consumo, correttezza e tempestività nei pagamenti.

L'Occ può tuttavia essere delegato dal Giudice a trattare anche i compiti di liquidatore nel presupposto di affermazione di una procedura liquidatoria.

Considerato l'importante e il rilevante contributo che svolge l'Occ al quale è affidata la supervisione e garanzia di una corretta applicazione della normativa declinata dalla L. 3/12, e dei successivi vantaggi e benefici che ne derivano, come per esempio la cessazione delle procedure esecutive e cautelari e la cessione del quinto fino alla completa esdebitazione per i crediti non soddisfatti, il legislatore ha previsto un importante sistema che sanzioni i tentativi di false attestazioni o dichiarazioni rese all'Occ sulla veridicità dei dati e la realizzabilità della proposta promossa a favore del debitore.

Queste sanzioni sono con precisione specificate all'art. 16 comma 2 L. 3/12, successivamente a quelle previste a carico del debitore.

Questo sistema sanzionatorio ha lo scopo evidente di evitare che un efficace strumento come quello messo a disposizione dalla normativa sul sovraindebitamento possa essere usato in maniera ingannevole e furbesca, allontanando così il nobile proposito per il quale è stato creato: il fresh start del soggetto incolpevolmente incagliato nei debiti.

ELENCO DOCUMENTI NECESSARI

RELAZIONE SULLE CAUSE DEL SOVRAINDEBITAMENTO

CREDITI E ATTIVITA' DEL DEBITORE (pensioni, risarcimento, redditi da lavoro o altro, affitti percepiti, conti correnti attivi, …) con relativa documentazione comprovante il credito (es. contratti di locazione in essere, ultime 3 buste paga, estratti conti)

CENTRALE RISCHI (da richiedere recandosi personalmente presso filiale della Banca d'Italia)

ESTRATTO AGENZIA DELLA RISCOSSIONE (EX EQUITALIA) (da richiedere recandosi personalmente presso l'agenzia delle entrate)

ESTRATTI CONTO DEGLI ULTIMI 5 ANNI RIFERITI AI CONTI ANCORA APERTI

CARTA D'IDENTITA' E CODICE FISCALE (indicare l'indirizzo di residenza corretto)

VISURA PRA **NOMINATIVA**

VISURA **IPOTECARIA** **NOMINATIVA**

VISURA CAMERALE in caso di ditta/società

ULTIME TRE DICHIARAZIONE DEI REDDITI

BILANCI ULTIMI TRE ANNI se ditta/società

CONTRATTI DA CUI ORIGINANO I DEBITI (fideiussioni, finanziamenti, mutui, …)

ATTI GIUDIZIARI (decreti ingiuntivi, precetti, pignoramenti, citazioni, sentenze, …)

MODULI ALLEGATI COMPILATI

AUTOCERTIFICAZIONE DI STATO DI FAMIGLIA

(ai sensi dell'art. 46 del D.P.R. 445 del 28/12/2000)

Il sottoscritto

____

Nato a

(luogo) (provincia)

il (data)

Consapevole che in caso di dichiarazione mendace sarà punito ai sensi del Codice Penale secondo quanto prescritto dall'art. 76 del D.P.R. 445/2000 e che, inoltre, qualora dal controllo effettuato emerga la non veridicità del contenuto di taluna delle dichiarazioni rese, decadrà dai benefici conseguenti al provvedimento eventualmente emanato sulla base della dichiarazione non veritiera (art. 75 D.P.R. 445/2000)

DICHIARA

Che la propria famiglia abitante a

_______________________________ provincia (______)

indirizzo

____

è così composta:

1)
____
(cognome nome)
____
(nato a) (il) (stato civile)

2)
____
(cognome nome)
____
(nato a) (il) (stato civile)

3)
____
(cognome nome)

____

(nato a) (il) (stato civile)

4)

____

(cognome nome)

____

(nato a) (il) (stato civile)

5)

____

(cognome nome)

____

(nato a) (il) (stato civile)

_______________________, lì _______________________

FIRMA* _______________________________

* "la firma non deve essere autenticata e la sottoscrizione deve necessariamente avvenire alla presenza dell'impiegato dell'Ente che ha richiesto il certificato; in alternativa può venire inoltrata o trasmessa via fax o telematicamente, in tale caso, tuttavia, la dichiarazione deve essere inviata unitamente alla fotocopia non autenticata del documento di identità del sottoscrittore".

ISTANTE	Nome cognome
	Nato a
	Il
	CF
	Residente in

ALL. N.	**ELENCO BENI DEL DEBITORE** (indicare tutti i <u>beni immobili</u> e le <u>auto</u> di proprietà del debitore, precisandone la destinazione d'uso e, se in comproprietà con altra persona, la percentuale del possesso e nome e cognome del comproprietario) **INDICARE ANCHE:** - se ci sono <u>conti correnti</u>, che saldo attivo hanno e ci sono cointestatari - se viene svolta <u>attività lavorativa</u> come dipendente o a partita iva e qual è il reddito mensile da lavoro. - se ci sono <u>altri redditi</u> (es. se si è proprietari di un appartamento dato in locazione a terzi, indicare la misura del canone percepito) NOTA BENE: allegare visura pra e visura catastale entrambe estratte per nominativo. **PRODURRE SEMPRE LE ULTIME 3 DICHIARAZIONI DEI REDDITI**

N.	**DESCRIZIONE DEL BENE**	**DESTINAZIONE D'USO** (ad es. indicare per immobili: casa di residenza/uso ufficio/, ecc; per auto: se è usata quotidianamente per andare al lavoro)	**POSSESSO** **con eventuale indicazione del comproprietario**

1			
2			
3			
4			
5			
6			
7			
8			
9			
10			

ISTANTE	**Nome cognome**
	Nato a
	Il
	CF
	Residente in

ALL. N.	**ELENCO DEI CREDITORI (banche, privati, finanziarie, equitalia, pubblica amministrazione, …) CON L'INDICAZIONE DELLE SOMME DOVUTE** NB allegare contratti o atti giudiziari da cui i debiti traggono origine

N.	**NOMINATIVO DEL CREDITORE** (indicare: nome cognome/ragione sociale, residenza/sede, codice fiscale)	**TIPOLOGIA DEBITO** (es. se debito derivante da mutuo, fideiussione, ipoteca, pegno, finanziamento, cessione del quinto)	**SOMMA RESIDUA DOVUTA**
1			
2			
3			
4			

5			
6			
7			
8			
9			
10			

ISTANTE	Nome cognome
	Nato a
	Il
	CF
	Residente in

ALL. N.	ELENCO DEGLI ATTI DISPOSITIVI COMPIUTI NEGLI ULTIMI 5 ANNI (es. vendite o donazioni)

DATA	NATURA DELL'ATTO SOTTOSCRITTO	IMPORTO
1		
2		
3		
4		
5		
6		

Luogo e Data

Firma

Se non sono stati compiuti atti dispositivi barrare le caselle sopra riportate e completare la dichiarazione sottostante:

Il/La sottoscritto/a ________________________________ come sopra identificata

dichiara

sotto la propria responsabilità e consapevole delle conseguenze per dichiarazioni mendaci di non aver sottoscritto negli ultimi 5 anni atti dispositivi.

Luogo e data

Firma

ISTANTE	**Nome cognome**
	Nato a
	Il
	CF
	Residente in

ALL. N.	**ELENCO SPESE NECESSARIE AL SOSTENTAMENTO DELLA FAMIGLIA** N.B. allegare certificato di stato di famiglia e residenza

TIPOLOGIA DI SPESA	**MENSILE**
1. VITTO	
2. CARBURANTE	
3. LUCE GAS ACQUA TELEFONO	
4. AFFITTO	
5. SPESE CONDOMINIALI	
6. ASSICURAZIONI VARIE (se esistono altre assicurazioni oltre a quella dell'auto indicare il costo mensile di ciascuna specificando il tipo di polizza)	

7. SPESE MEDICHE	
8. BOLLO AUTO	
9. SCUOLA/UNIVERSITA' (rette, doposcuola, mensa, ecc)	
10. altro	

Luogo e Data

Firma

CAPITOLO 3
Presupposti soggettivo - oggettivo e principi comuni e tratti distintivi delle tre procedure da sovraindebitamento di cui alla L. 3/2012

La L. 3/12 si apre con l'art. 6 che riassume le finalità e le definizioni della normativa stessa. Come accennato nel paragrafo introduttivo, infatti, la normativa in commento è stata introdotta dal Legislatore per "porre rimedio alle situazioni di sovraindebitamento non soggette né assoggettabili a procedure concorsuali". Per sovraindebitamento s'intende "la situazione di perdurante squilibrio tra le obbligazioni assunte e il patrimonio prontamente liquidabile per farvi fronte, che determina la rilevante difficoltà di adempiere le proprie obbligazioni, ovvero la definitiva incapacità di adempierle regolarmente".

Segue l'articolo 7 il quale si occupa dei presupposti di ammissibilità, applicabili a tutte e tre le diverse tipologie di procedura da sovraindebitamento, vale a dire i requisiti soggettivi e oggettivi imposti dalla normativa per poter ricorrere alle tutele della L. 3/12.

Nello specifico, viene previsto che possa usufruire di questa rivoluzionaria normativa il debitore in stato di sovraindebitamento, come definito all'art. 6 L. 3/12, anche consumatore, che non sia assoggettabile a procedure concorsuali diverse da quelle regolate dalla L. 3/12 in commento. In altre parole, possono avere accesso alle procedure da sovraindebitamento tutte le persone fisiche, consumatori o piccoli imprenditori non fallibili, nonché le società che non siano assoggettabili alle procedure concorsuali disciplinate dalla Legge Fallimentare (art. 1 R.D. 267/42) o ad altre procedure concorsuali speciali.

Nel dettaglio, legittimati alla procedura da sovraindebitamento, volendone fare un elenco, sono:

- Consumatori, ossia persone fisiche che non esercitano un'attività imprenditoriale o commerciale e pertanto non sono imprenditori;
- Piccoli imprenditori sotto soglia, cioè quegli imprenditori che non raggiungono i parametri di fallibilità di cui all'art. 1 R.D. 267/42, tra i quali pertanto ben possono rientrare le società di persone e le ditte individuali;
- Lavoratori autonomi e professionisti;
- Imprenditori agricoli e start up innovative;
- Garanti di società di capitali;
- Ex soci illimitatamente responsabili di società di persone fallibili che non ricoprano più tale qualifica da più di un anno (per i quali è pertanto passato l'anno previsto dall'art. 10 L.F. per la dichiarazione di fallibilità);
- Soci di società di capitali soggette a fallimento ancora attive o dichiarate fallite, i quali possono chiedere accesso alla procedura da sovraindebitamento per i soli debiti personali (tra cui rientrano chiaramente i debiti derivanti da garanzie prestate a favore della società) e ad esclusione pertanto dei debiti meramente societari.

I requisiti oggettivi invece sono:

- la presenza di uno stato di sovraindebitamento del soggetto richiedente, il quale non deve essere in grado di adempiere alle proprie obbligazioni per via di un perdurante squilibrio tra i debiti assunti nel tempo e il patrimonio prontamente liquidabile. Diversamente dal concetto di insolvenza della normativa fallimentare, che può definirsi come la definitiva incapacità del debitore di adempiere, nel caso di sovraindebitamento il legislatore ha voluto garantire accesso a tale procedura anche a quei soggetti non ancora del tutto e definitivamente insolventi ma che si trovino in difficoltà economica e che pertanto non riescano ad onorare i loro debiti con regolarità;

- il non aver fatto ricorso, nei precedenti 5 anni, a procedure da sovraindebitamento;
- il non aver subito un provvedimento di impugnazione revoca o annullamento del piano di cui agli artt. 14 e 14-bis L. 3/12;
- il non aver fornito documentazione che consenta compiutamente di ricostruire la propria situazione economica patrimoniale.

Tra i requisiti oggettivi che devono essere soddisfatti da colui che chiede di poter accedere alle procedure da sovraindebitamento, l'art. 7 L. 3/12 impone peraltro la necessarietà del pagamento integrale dei debiti IVA, da ritenute e, più in generale tutti i debiti aventi ad oggetto risorse dell'Unione Europea. Ed infatti si legge "in ogni caso, con riguardo ai tributi costituenti risorse proprie dell'Unione Europea, all'imposta sul valore aggiunto e alle ritenute operate e non versate, il piano può prevedere esclusivamente la dilazione di pagamento". Tali tipologie di debito sembrerebbero infalcidiabili, vale a dire non stralciabili. Tuttavia, per dovere di completezza, si deve rilevare che la questione è oggetto di dibattito in giurisprudenza, dal momento che, per analogia a quanto accade nelle procedure concorsuali classiche e in particolare nelle procedure di concordato, molti tribunali hanno ritenuto che a certe condizioni anche queste tipologie di debito possano essere di fatto oggetto di falcidia. Si rimanda sul punto al paragrafo dedicato alla questione per un ulteriore approfondimento sul tema.

Vale la pena ricordare, a questo punto, che le procedure da sovraindebitamento possono essere attivate solo ad iniziativa del debitore che soddisfa i requisiti soggettivi, oggettivi e di ammissibilità indicati dalla legge 3/12 e passati in rassegna in questo paragrafo. Diversamente dalle procedure concorsuali, le procedure da sovraindebitamento non possono mai essere attivate su richiesta dei creditori, anche se tale ipotesi è stata prevista nella legge delega 155/17 di riforma delle procedure concorsuali, che, come si dirà nel relativo paragrafo dedicato, promette l'introduzione di molte novità non solo in materia di procedure concordatarie e fallimentari ma anche in materia di sovraindebitamento.

Le principali differenze tra le tre procedure da sovra indebitamento.

Come anticipato, la L. 3/12 disciplina tre tipologie distinte di procedure da sovraindebitamento:

- il piano del consumatore
- l'accordo con i creditori
- la liquidazione del patrimonio

Tali procedure, che verranno analizzate nei paragrafi successivi in modo dettagliato e specifico, sono accomunate da alcuni principi condivisi e si distinguono per alcuni tratti specifici. Nel presente paragrafo si intende passare in rassegna esattamente le principali differenze e le principali somiglianze tra le tre procedure da sovraindebitamento disciplinate dalla L. 3/12.

Tra le principali differenze troviamo il fatto che si rivolgono a tipologie di soggetti diversi.

Ed infatti il piano del consumatore, come dice la stessa denominazione scelta dal legislatore, si rivolge solo ai consumatori, cioè alle persone fisiche i cui debiti non derivino da attività imprenditoriale o professionale, così come definito dall'art. 6 L. 3/12. Al contrario, l'accordo con i creditori si rivolge a tutti i soggetti non fallibili che non rientrano nella categoria dei consumatori. La liquidazione del patrimonio invece rappresenta un *tertium genus* che può essere intrapreso sia da soggetti consumatori che non.

Altra principale differenza che distingue le tre procedure da sovraindebitamento riguarda l'esdebitazione che, nel caso di accordo con i creditori e di piano del consumatore rappresenta l'effetto della corretta esecuzione del piano o dell'accordo omologati, mentre, nel caso di liquidazione del patrimonio, è frutto di una valutazione del Giudice che viene effettuata su apposita istanza del debitore da proporsi entro un anno dalla conclusione della procedura liquidatoria stessa.

Mentre la procedura liquidatoria è paragonabile più al fallimento, l'accordo con i creditori e il piano del consumatore si ispirano palesemente alla procedura di concordato disciplinata dal R.D. 267/42, con la quale condividono molti aspetti.

Nell'accordo con i creditori e nel piano del consumatore è possibile prevedere la salvezza di alcuni beni del debitore, che pertanto posso essere esclusi dalla procedura a patto che si provi che la proposta di pagamento avanzata dai creditori sia comunque più conveniente rispetto all'alternativa liquidatoria, nella quale, al contrario, il debitore deve necessariamente mettere a disposizione dei propri creditori tutto il proprio patrimonio.

L'accordo con i creditori e il piano del consumatore condividono buona parte della disciplina dettata dalla L. 3/12 nella sezione prima, mentre la liquidazione del patrimonio si distingue anche proceduralmente dalle altre due procedure di composizione della crisi ed è disciplinata a sé nella seconda sezione della normativa.

Il buon fine delle procedure da sovraindebitamento dipende poi da diversi presupposti, oltre ai condivisi requisiti oggettivi, oggettivi e di ammissibilità comuni a tutte e tre le procedure. Ed in particolare, l'omologazione del piano del consumatore dipende esclusivamente dal giudizio del Giudice del sovraindebitamento, mentre l'accordo del creditore è omologato solo se si è raggiunto il consenso di almeno il 60% dei creditori ad esclusione di quelli per i quali è prevista la soddisfazione per l'intero loro ammontare del credito. La liquidazione del patrimonio invece viene dichiarata aperta solo ove il

Giudice, dall'analisi della proposta e dei documenti, nonchè della relazione particolareggiata del nominato Occ riscontri la presenza di atti in frode ai creditori, piuttosto che la carenza documentale o dei presupposti di cui all'art. 9 L. 3/12.

Tutte e tre le procedure da sovraindebitamento, oltre al beneficio di esdebitazione, riservato a favore del debitore che abbia dato puntualmente esecuzione alla proposta di piano / accordo / liquidatoria, sono accomunate dalla capacità di sospendere le procedure esecutive cautelari e di cessione del quinto pendenti nei confronti del debitore sovraindebitato oltre che dalla capacità di impedire che il creditore antecedente la procedura di sovraindebitamento possa agire nei confronti del soggetto sovraindebitato con tali modalità.

CAPITOLO 4
Il piano del consumatore e l'accordo con i creditori

Il piano del consumatore e l'accordo con i creditori sono disciplinati nella prima sezione della L. 3/12 per le quali il legislatore ha preso spunto dalla procedura di concordato disciplinata dalla legge fallimentare. Sempre la L.3/12 è dedicata alla disciplina dei presupposti e dei requisiti oggettivi e soggettivi necessari ad accedere alle procedure da sovraindebitamento, oltre che alle due procedure che si distinguono in particolar modo con riferimento ai soggetti ai quali le medesime si rivolgono.

Il piano del consumatore, come dice il nome stesso della procedura, si rivolge appunto ai consumatori, vale a dire quei soggetti i cui debiti non derivano in alcun modo, né direttamente né indirettamente, da attività imprenditoriale; mentre l'accordo con i creditori è rivolto a tutti quei soggetti non fallibili che non rientrano nella definizione di consumatore.

Al di là di questa fondamentale differenza, per il resto, le due procedure di composizione della crisi hanno molti aspetti tra loro comuni, a partire dal contenuto della proposta di piano o di accordo, disciplinato agli articoli 8 e 9 della normativa in commento.

Ai sensi dell'art. 8 L.3/12 il debitore può soddisfare i debiti in qualsiasi forma.

La relativa proposta, quindi, potrebbe anche prevedere l'intervento di un terzo, intervento fondamentale per coloro che non hanno alcun reddito, ma ai quali viene, così facendo, garantita la possibilità di accedere alle procedure da sovraindebitamento in analisi.

L'intervento del terzo può avere un ruolo di garanzia dell'adempimento da parte del debitore (quindi il terzo interviene con le proprie sostanze solo qualora, nel corso della procedura, il debitore non riesca a dare esecuzione alle obbligazioni assunte con la proposta) oppure essere solutorio (ovvero il terzo fornisce da subito liquidità o beni alla procedura da sovraindebitamento iniziata dal debitore)

La proposta, potrà, quindi, prevedere anche la cessione di beni/redditi futuri, la garanzia di terzi che intervengano mediante sottoscrizione della proposta insieme al debitore consentendo così il conferimento di propri redditi o beni a favore della procedura da sovraindebitamento, aumentando di fatto l'attivo a favore dei creditori.

Sempre per il principio secondo il quale la proposta di accordo e di piano è a forma libera, nelle procedure di composizione della crisi il debitore può decidere di non inserire un determinato bene nella procedura (ad es. l'immobile adibito a casa di abitazione familiare o l'auto utilizzata per recarsi al lavoro).

E ancora, nella proposta, quando venga avanzata da un consumatore o quando venga previsto, per l'imprenditore non fallibile, la continuità dell'impresa, può essere chiesta la moratoria fino ad un anno dall'omologazione per il pagamento dei creditori muniti di privilegio, pegno o ipoteca qualora non sia prevista la liquidazione dei beni su cui insiste la causa di prelazione.

Il Giudice, all'interno della procedura del piano del consumatore valuta in modo scrupoloso la meritevolezza del debitore, il quale ha massima libertà di decidere il contenuto della proposta di piano.

L'ammissione all'omologazione del piano proposto è subordinata alla dimostrazione da parte del debitore di non essersi colpevolmente indebitato nel tempo, avendo assunto obbligazioni proporzionate al proprio reddito e alle proprie capacità economiche, nella ragionevole convinzione di poterle adempiere puntualmente (art. 12 bis comma 3 L. 3/12).

Nell'accordo con i creditori, invece, non è previsto un provvedimento del Giudice ed una sua valutazione della proposta, ma l'omologazione del piano avviene solo se i creditori che rappresentano almeno il 60% dei crediti votano a favore della proposta stessa.

Sono esclusi dalla votazione i creditori per i quali è prevista l'integrale soddisfazione del loro credito (art. 11 comma 2 L. 3/12).

Per la votazione opera il principio del silenzio assenso, per il quale se un creditore non esprime il suo parere sulla proposta si ritiene che l'abbia approvata.

La proposta deve in ogni caso garantire il pagamento integrale dei crediti impignorabili nonché dei crediti di cui all'art. 7 (iva e ritenute), per i quali al massimo può essere prevista una dilazione.

L'art. 9 della L. 3/12 elenca la documentazione necessaria da allegare alla proposta di piano o di accordo. Trattasi dell'elenco dei creditori con l'indicazione delle somme dovute, dell'elenco dei beni del debitore, dell'elenco degli atti dispositivi degli ultimi 5 anni, delle dichiarazioni dei redditi degli ultimi 3 anni o, se trattasi di imprenditore, delle scritture contabili dichiarate conformi riferite al medesimo periodo, dell'elenco delle spese correnti necessarie al sostentamento del debitore e del suo nucleo familiare corredato dal certificato di stato di famiglia e residenza, nonché dell'attestazione di fattibilità del piano che deve essere redatta dall'Occ.

Quest'ultimo viene autorizzato dal Giudice a poter accedere a tutte le banche dati pubbliche come anagrafe tributaria, sistemi di informazione creditizia come centrale rischi della Banca d'Italia, CRIF, CAI, ecc., ai sensi dell'art. 15 della normativa di riferimento.

Il compito dell'Occ, infatti, è in primo luogo ricostruire, sulla base di dati contabili veritieri, la reale situazione economico finanziaria del debitore che chiede di avere accesso alle procedure di composizione della crisi, verificando la correttezza delle informazioni fornite dal debitore e, in secondo luogo, argomentare l'effettiva capacità del debitore di sostenere gli impegni proposti.

Il legislatore ha previsto che, qualora il Giudice ritenga non sufficiente la documentazione prodotta, possa concedere un termine di 15 giorni al debitore per integrarla.

La norma prevede, nella procedura di accordo all'art. 12 comma 2 L.3/12 e in quella del piano del consumatore all'art. 12 bis comma 4

L. 3/12, che qualora i creditori contestino la convenienza dell'accordo o del piano il Giudice possa procedere all'omologazione del piano o dell'accordo solo qualora sia stato provato che la liquidazione del patrimonio del debitore non garantirebbe un soddisfacimento dei creditori in misura maggiore rispetto a quanto previsto nella proposta di piano o di accordo.

A tal proposito giova sottolineare che l'Occ, nella propria attestazione, deve compiere una comparazione tra il risultato satisfattorio della procedura di composizione intrapresa, rispetto all'alternativa liquidatoria, punto fondamentale per il buon esito della procedura di accordo o del piano del consumatore.

Dal punto di vista procedurale le due procedure di composizione della crisi sono altrettanto simili, differenziandosi, come detto, solo per l'aspetto relativo alla votazione dei creditori nell'accordo, assente nel piano, nel quale invece la decisione è rimessa ad una valutazione esclusiva da parte del giudice.

Il procedimento è regolato dall'art. 10 L. 3/12, il quale prevede che qualora la proposta soddisfi i requisiti previsti dagli articoli 7, 8 e 9 della medesima normativa, già analizzati nei precedenti paragrafi, il giudice fissa immediatamente un'udienza da celebrarsi entro 60 giorni dal deposito della proposta. Proposta e decreto fissazione udienza devono essere quindi comunicati dall'Occ a tutti i creditori almeno 40 giorni prima dell'udienza fissata, tramite posta raccomandata, fax o pec.

Nel caso di accordo con i creditori, questi ultimi, ex art. 11 L. 3/12, avranno l'onere di far pervenire, sempre tramite fax pec o posta raccomandata, la propria dichiarazione di voto, debitamente sottoscritta, all'Occ almeno dieci giorni prima della data prestabilita per la celebrazione dell'udienza. Nel caso in cui la dichiarazione di voto non pervenga entro tale termine, la proposta si intende approvata dal singolo creditore che non ha espresso la propria votazione (c.d. silenzio assenso).

Se l'accordo è raggiunto, in quanto vi è stato parere favorevole sulla proposta da parte dei creditori che rappresentano almeno il 60% dei crediti (esclusi quelli per i quali è prevista la soddisfazione integrale, che non hanno diritto al voto), l'Occ trasmette a tutti i creditori una relazione sui consensi espressi e sul raggiungimento della percentuale allegando il testo dell'accordo. I creditori nei dieci giorni successivi al ricevimento dell'accordo possono sollevare delle contestazioni. In presenza di contestazioni l'Occ redige una relazione definitiva sulla fattibilità dell'accordo e la inoltra al giudice insieme alle contestazioni stesse. Il Giudice quindi può convocare una nuova udienza e superate le contestazioni, procedere ad omologare l'accordo. Se le contestazioni non vengono superate il Giudice potrà omologare l'accordo solo dopo aver compiuto quel giudizio di comparazione con l'alternativa liquidatoria, di cui si è detto addietro. Sul punto i creditori posso fare reclamo secondo il rito camerale disciplinato dagli art. 737 e seguenti c.p.c..

Nel caso di piano del consumatore, invece, successivamente al deposito della proposta con l'attestazione dell'Occ, il Giudice fisserà comunque udienza, come previsto dall'art. 12-bis comma 1, in analogia a quanto disposto all'art. 10 per il caso di accordo. Sono previsti medesimi termini e medesimi incombenti a carico dell'Occ, che anche nell'ipotesi di piano deve comunicare la proposta ai creditori, ma, diversamente dall'ipotesi di accordo, nel piano ai creditori non è concesso alcun diritto di voto e pertanto, come detto, l'omologazione della proposta dipende esclusivamente dal giudizio del Giudice circa la meritevolezza del debitore e la mancanza di colpa nell'indebitamento.

L'accordo e il piano omologati sono obbligatori per tutti i creditori anteriori al momento in cui è stata eseguita la pubblicità della proposta disposta dall'art. 10 comma 2 L. 3/12. I creditori non possono quindi più agire esecutivamente sui beni oggetto dell'accordo e del piano la cui omologa impedisce che possano essere iniziate o proseguite le azioni esecutive / cautelari nei confronti del debitore, analogamente a quanto succede nel caso di concordato per l'imprenditore fallibile, il quale, anch'egli, gode dell'ombrello protettivo dato dalla pendenza della procedura concorsuale.

Tale periodo di protezione, peraltro può essere anticipato, ad espressa richiesta del debitore, al momento del deposito della proposta. Nel caso di accordo, il provvedimento di sospensione delle procedure esecutive viene emesso *de plano* dal Giudice nel decreto di fissazione udienza. Nel caso di piano del consumatore, invece, il provvedimento di sospensione viene emesso dal Giudice solo nel caso in cui venga rilevato che nelle more della convocazione dei creditori la prosecuzione di specifici procedimenti di esecuzione forzata potrebbe pregiudicare la fattibilità del piano. In entrambi i casi il Giudice procede a sospendere le procedure esecutive sino al momento in cui il provvedimento di omologa diventa definitivo (art. 10 comma 2 e art. 12-bis comma 2 L. 3/12).

L'omologa, nelle procedure di composizione della crisi, deve intervenire nel termine massimo di sei mesi dal deposito della proposta (art. 12, comma 3 bis e art. 12-bis comma 6 L. 3/12).

La proposta di piano/accordo insieme al decreto di fissazione udienza, prima, nonché a maggior ragione il piano e l'accordo omologati, poi, devono essere pubblicati e trascritti nei registri mobiliari e immobiliari qualora abbiamo ad oggetto beni mobili registrati o beni immobili.

Qualora nel piano/accordo venga prevista la liquidazione di beni mobili registrati o beni immobili, il giudice provvederà a nominare un liquidatore che si occupi di porre in vendita tali beni mediante procedure competitive simili a quelle utilizzate nelle aste di vendita all'interno delle procedure esecutive immobiliari.

Il Giudice nomina appositamente un liquidatore per l'esecuzione del piano/ accordo, il quale si occupa oltre alla liquidazione di eventuali beni anche dell'incasso dei crediti, come nel caso in cui il debitore o un terzo mettano a disposizione della procedura una provvista liquida mensile; il liquidatore provvederà ad aprire un conto corrente intestato alla procedura da sovraindebitamento, sul quale il debitore ed il terzo dovranno compiere i versamenti promessi.

Il liquidatore avrà quindi anche il compito, in un secondo momento, di disporre delle somme di denaro raccolte e provvedere alla loro distribuzione tra i vari creditori rispettando i termini e le modalità della proposta omologata.

Il Giudice, qualora vengano effettuati atti dispositivi da parte del debitore, dovrà raccogliere il relativo parere del liquidatore e verificare la conformità dell'atto dispositivo all'accordo o al piano. Successivamente potrà autorizzare lo svincolo delle somme, ordinare la cancellazione delle trascrizioni ed iscrizioni pregiudizievoli o ogni altro vincolo che insista sui beni oggetto di disposizione.

Gli atti dispositivi non conformi all'accordo / piano, posti in essere dal debitore sono inefficaci nei confronti dei creditori antecedenti alla pubblicazione della proposta ai sensi degli artt. 10, comma 2 e 12-bis comma 3 L. 3/12 (art. 13 L. 3/12).

Il Giudice può sospendere gli atti di esecuzione dell'accordo qualora ricorrano gravi e giustificati motivi.

CAPITOLO 5
La liquidazione del patrimonio e l'esdebitazione

- La procedura.

La liquidazione del patrimonio è disciplinata dalla L. 3/12, seconda sezione e rappresenta una novità introdotta dal D. L. 179 del 18/10/2012: in origine il legislatore, infatti, aveva previsto le sole procedure di composizione della crisi, vale a dire il piano del consumatore e l'accordo con i creditori.

La liquidazione del patrimonio richiama le logiche procedurali del fallimento ed è, pertanto, assimilabile alla procedura fallimentare.

La procedura in commento può essere attivata per iniziativa del debitore oppure può essere aperta d'ufficio quando, per cause imputabili al debitore, il piano del consumatore o l'accordo con i creditori vengono revocati o annullati o risolti.

Il debitore deve mettere a disposizione tutto il proprio patrimonio (pignorabile), fatto salvo il minimo indispensabile che, a livello economico, permetta a lui e al suo nucleo famigliare un sostentamento dignitoso.

La normativa da sovraindebitamento cerca di tutelare entrambe le parti: da un lato il debitore assicurandogli un'esistenza economica accettabile e, dall'altro, i creditori garantendo il soddisfacimento del proprio credito, in considerazione di quanto stabilito all'art. 2740 c.c., che prevede una responsabilità patrimoniale del debitore che si estende a tutti i suoi beni.

E' possibile suddividere la procedura liquidatoria in quattro fasi:

1. la fase di apertura, finalizzata alla nomina del liquidatore
2. la fase di accertamento del passivo
3. la fase di liquidazione vera e propria
4. l'esdebitazione.

Con il decreto di apertura della procedura liquidatoria e durante la stessa, vengono sospese tutte le azioni esecutive e/o cautelari in atto ed, inoltre, i creditori non possono iniziarne di nuove.

Il debitore ha, inoltre, la possibilità di chiedere l'esdebitazione, depositando un'istanza al Giudice del sovraindebitamento entro l'anno dalla chiusura della procedura liquidatoria.

La durata di tale procedura è di almeno 4 anni dall'apertura e richiede tale impegno temporale minimo da parte del debitore, proprio per evitare che la liquidazione del patrimonio venga utilizzata in modo improprio e distorto, non rispettando le finalità nobili, sopra richiamate, alle quali il legislatore si è ispirato per creare tale strumento.

La competenza del Tribunale e dell'Occ viene individuata sempre con riferimento al luogo di residenza del debitore, cosi come accade nelle ipotesi di piano e di accordo, e noteremo altresì che i presupposti di ammissibilità e la documentazione necessaria per ottenere l'accesso alla liquidazione del patrimonio sono sostanzialmente i medesimi previsti nel caso di piano o di accordo (art. 6, 7 e 9 L. 3/12, come richiamati dall'art. 14 – ter L. 3/12).

Sarà pertanto necessario fornire al nominato Occ la documentazione elencata all'art. 9 comma 2 e cioè:

- l'elenco di tutti i creditori, avendo cura di indicarne l'anagrafica, gli indirizzi pec e il credito residuo vantato;
- l'elenco di tutti i beni, mobili e immobili del debitore, avendo cura di compiere un inventario dei beni mobili, indicare la presenza di conti correnti attivi, di titoli o di forme di risparmio, di partecipazioni societarie, nonché indicando tutte le fonti di reddito, al fine di dare una visione completa della situazione economico patrimoniale del debitore;

- ultime tre dichiarazioni dei redditi o, in caso di attività d'impresa, le scritture contabili degli ultimi 3 esercizi da dichiararsi conformi agli originali;
- certificato di stato di famiglia e residenza del debitore;
- elenco delle spese correnti necessarie al sostentamento del debitore e del nucleo familiare;
- dichiarazione di atti dispositivi (come vendite o donazioni) eventualmente eseguiti negli ultimi 5 anni.

Seppur non previsto dalla normativa, è opportuno fornire all'Occ anche tutta l'ulteriore documentazione utile a ricostruire la situazione complessiva del debitore, che, nel corso della procedura, è tenuto a mantenere un comportamento collaborativo con gli organi della procedura.

È utile, pertanto, fornire, ad esempio, visura catastale degli immobili, visura pra, CR, CRIF, CAI, estratto di ruolo dell'Agenzia per la Riscossione, oltre che contratti da cui hanno origine i debiti ed eventuali atti giudiziari.

Oltre alla documentazione di cui all'art. 9 comma 2 L.3/12, a corredo della domanda di liquidazione proposta dal debitore, è necessario produrre la relazione dell'Occ. Tale documento, non previsto nelle altre due procedure di composizione della crisi, deve avere un contenuto specifico.

L'Occ è chiamato, più precisamente, ad indicare le cause dell'indebitamento, la diligenza del debitore nell'assunzione delle obbligazioni, le ragioni dell'incapacità del debitore ad adempiere le obbligazioni assunte, un resoconto sulla solvibilità del debitore negli ultimi 5 anni, l'indicazione di presenza di atti del debitore impugnati dal creditore, oltre che a fornire un giudizio sulla completezza e attendibilità della documentazione depositata a corredo della domanda.

Entro 3 giorni dalla richiesta di relazione di cui al comma 3 dell'art. 14-ter L. 3/12 l'Occ deve darne notizia all'agente della riscossione e agli uffici fiscali anche presso gli enti locali.

L'organismo di composizione della crisi, alla quale il debitore deve fornire più documentazione possibile relativa alla sua situazione economica, riveste sicuramente un ruolo fondamentale nella procedura liquidatoria e diventa, altresì, un organo di ausilio al debitore per la redazione della proposta da sottoporre al Giudice, il quale può dare un termine al debitore per procedere all'integrazione qualora la documentazione prodotta non sia sufficiente a ricostruire la situazione economica patrimoniale del debitore, nonostante sia prevista l'inammissibilità della domanda ex art. 14 ter L. 3/12 a causa della documentazione insufficiente.

Diversamente, qualora il Giudice ritenga che la domanda soddisfi i requisiti di cui all'art. 14-ter, verificata l'assenza di atti in frode ai creditori negli ultimi 5 anni, emette decreto con il quale dichiara aperta la procedura di liquidazione, nomina un liquidatore (che può essere lo stesso Occ), dispone la sospensione delle procedure esecutive e cautelari in essere e l'impossibilità di iniziarne di nuove, stabilisce idonea forma di pubblicità per la domanda e per il decreto di apertura della procedura (che, in caso di esercizio dell'attività d'impresa, dovrà essere annotato anche nel registro delle imprese), ordina la trascrizione del decreto a cura del liquidatore nel registro di beni immobili o mobili registrati, ordina la liberazione o autorizza il debitore a permanere negli immobili facenti parte del patrimonio di liquidazione e fissa i limiti entro i quali il debitore può trattenere, per il mantenimento proprio e della propria famiglia, stipendi, salari, pensioni, ciò che guadagna con la propria attività o crediti alimentari e di mantenimento ai sensi di quanto disposto dall'art. 14-ter, comma 5 lett. b L. 3/12.

Successivamente all'emissione del decreto si apre la fase di accertamento del passivo. Il liquidatore ha il compito di compiere immediatamente l'inventario dei beni oggetto di procedura da un lato e dall'altro deve comunicare ai vari creditori e ai titolari di diritti reali e personali sui beni oggetto di procedura, che possono partecipare alla liquidazione inoltrando, secondo modi e termini ben precisati dall'art. 14 septies L. 3/12, una apposita domanda in tutto e per tutto simile all'istanza di insinuazione al passivo nelle procedure fallimentari.

Ricevute le domande di partecipazione alla procedura liquidatoria, il liquidatore dovrà redigere il progetto di stato passivo che dovrà essere comunicato a tutti i creditori intervenuti, i quali avranno 15 giorni di tempo, ai sensi dell'art. 14-octies, per comunicare eventuali osservazioni (ad esempio, se il liquidatore avesse proposto un credito tra i chirografari mentre sarebbe da considerarsi tra i privilegiati, ecc).

In assenza di osservazioni lo stato passivo si considera approvato e pertanto diventa definitivo e deve essere comunicato nuovamente, come tale, ai vari creditori.

Nel caso in cui dei creditori presentino delle osservazioni al progetto di stato passivo, il liquidatore può ritenerle fondate e pertanto procedere alla redazione di un nuovo progetto di stato passivo da comunicare ai creditori, oppure, se le contestazioni non siano superabili, deve rimettere gli atti al giudice nominato il quale provvede alla definitiva formazione del passivo. È ammesso reclamo ai sensi dell'art. 10 comma 6 L. 3/12.

Compiuto lo stato passivo e l'inventario dei beni, il liquidatore, ai sensi dell'art. 14 nonies L. 3/12, dà avvio alla vera e propria fase di liquidazione. Elabora quindi un programma di liquidazione che dovrà essere comunicato al debitore e ai creditori, oltre che essere depositato presso la cancelleria del Tribunale in cui pende la procedura.

A tale programma di liquidazione dovrà essere data esecuzione dal liquidatore in modo tale da rispettare termini ragionevoli di durata della procedura, che non può durare meno di 4 anni, adottando misure di garanzia per la procedura. Ad esempio devono essere intraprese procedure di vendita o di liquidazione competitive, avvalendosi di esperti estimatori e assicurando adeguate forme di pubblicità di informazione e partecipazione degli interessati. Prima del completamento delle operazioni di vendita il liquidatore deve informare degli esiti delle procedure il debitore, i creditori e il Giudice. Quest'ultimo, ove ricorrano gravi motivi può disporre la sospensione degli atti di esecuzione del programma di liquidazione. Diversamente, il Giudice, sentito il liquidatore e verificata la conformità degli atti dispositivi al programma di liquidazione, autorizza lo svincolo delle somme, ordina la cancellazione delle trascrizioni e iscrizioni pregiudizievoli e di ogni altro vincolo e dichiara la cessazione di ogni altra forma di pubblicità.

Accertata la completa esecuzione del programma di liquidazione e comunque non prima del termine di quattro anni dal deposito della domanda, il Giudice dispone con decreto la chiusura della procedura.

Entro l'anno dalla chiusura della procedura il debitore dovrà quindi procedere con il deposito di istanza di esdebitazione ex art. 14-terdecies L. 3/12 al Giudice del sovraindebitamento.

Il legislatore si è sicuramente ispirato alla procedura fallimentare per elaborare   la normativa sul sovraindebitamento, in quanto le analogie tra quest'ultima e il fallimento sono notevoli.

Il debitore, in entrambi i casi, viene spogliato dei propri beni; viene nominato un soggetto terzo che deve occuparsi dell'amministrazione di tali beni; viene effettuata un'analoga forma pubblicitaria (es. vendite di beni immobili e mobili).

Sia nella procedura liquidatoria che in quella fallimentare i creditori vengono coinvolti con i medesimi meccanismi di partecipazione (es. domande di partecipazione alla liquidazione).

Anche i meccanismi di gestione della procedura sono analoghi al fallimento: vengono fatti inventari, vengono redatti progetti di stato passivo, si instaurano rapporti con il Giudice della procedura, ecc..

Durante la procedura il liquidatore, analogamente al curatore fallimentare, esercita ogni azione della legge finalizzata a conseguire la disponibilità dei beni compresi nel patrimonio da liquidare. Può altresì esercitare le azioni volte al recupero dei crediti compresi nella liquidazione (art. 14-decies L. 3/12).

Da ultimo si rende noto che, pendendo delle procedure esecutive in capo al debitore che è stato ammesso alla procedura di liquidazione del patrimonio, la normativa prevede che il liquidatore possa decidere di subentravi. Il dato letterale della norma, art. 14 – nonies comma 2 L. 3/12, lascia intendere che il subentro nella procedura esecutiva in corso è decisione che spetta ad una valutazione discrezionale dell'Occ, il quale, al contrario, come il più delle volte accade nella prassi, può decidere di non proseguire nella procedura esecutiva ma, ad esempio, nel caso in cui si tratti di esecuzione immobiliare, quale gestore del bene immobile, decidere di porlo in vendita autonomamente, chiaramente nel rispetto dei principi sanciti dalla legge (pubblicità, competitività della vendita).

Pare opportuno sottolineare che, nel caso in cui, nell'ambito di una procedura esecutiva immobiliare, nelle more della redazione di una proposta di liquidazione il bene immobile venisse venduto, si può intervenire nella procedura esecutiva, nell'interesse del debitore, per chiedere che la somma ricavata dalla vendita del bene nell'asta della procedura esecutiva immobiliare venga messo nella disponibilità della procedura da sovraindebitamento, in modo tale che la ripartizione del ricavato venga eseguita dal liquidatore e non nell'ambito della procedura esecutiva e in ogni caso nel pieno rispetto del diritto dei creditori procedenti ed intervenuti, in quanto anche nel sovraindebitamento verrà garantito il rispetto delle cause di prelazione.

- L'esdebitazione.

Come anticipato nei precedenti paragrafi, l'esdebitazione deve essere richiesta dal debitore entro un anno dalla chiusura della procedura, mediante deposito di apposita istanza al Giudice del sovraindebitamento.

L'esdebitazione, quindi, è un provvedimento finale del Giudice, a differenza, invece, delle altre due procedure di composizione della crisi, nelle quali è un effetto automatico dell'esatta esecuzione del piano o dell'accordo.

L'esdebitazione, e cioè la liberazione dai debiti residui nei confronti dei creditori concorsuali e non soddisfatti è ammessa a condizione che il debitore che l'ha richiesta:

- abbia cooperato con la procedura, fornendo tutte le informazioni e la documentazione utile al corretto svolgimento delle operazioni;
- non abbia in alcun modo ritardato o contribuito a ritardare lo svolgimento della procedura;
- non abbia beneficiato di altra esdebitazione negli otto anni precedenti la domanda;
- non sia stato condannato con sentenza definitiva per uno dei reati di cui all'art. 16 L. 3/12 che sanzionano condotte simili a quelle della bancarotta;
- abbia svolto nei quattro anni di procedura un'attività produttiva di reddito adeguata rispetto alle proprie competenze e al mercato e in ogni caso abbia cercato lavoro e non abbia rifiutato offerte di lavoro senza giustificato motivo;
- siano stati soddisfatti, almeno in parte, i creditori per titolo e causa anteriore al decreto di apertura della liquidazione.

Ci sono cause di esclusione della concessione dell'esdebitazione da parte del Giudice: quando la situazione di sovraindebitamento sia conseguenza di un ricorso al credito colposo e sproporzionato rispetto alle capacità patrimoniali del debitore; quando siano stati posti in essere atti in frode ai creditori nei 5 anni precedenti all'apertura della procedura liquidatoria o quando il debitore abbia compiuto nei medesimi termini pagamenti o atti dispositivi sul proprio patrimonio o simulazioni di titoli di prelazione per garantire un trattamento preferenziale ad alcuni creditori a svantaggio di altri.

In questi casi peraltro la normativa prevede che se anche il Giudice dovesse concedere l'esdebitazione al debitore, il decreto potrebbe sempre essere revocato (art. 14-terdecies comma 5 lett. a). Altro caso di revoca del decreto di esdebitazione è previsto nel caso in cui sia stato dissimulato o sottratto una parte dell'attivo oppure dolosamente o con colpa grave aumentato o diminuito il passivo o simulate attività inesistenti (art. 14-terdecies comma 5 lett. b).

L'esdebitazione non opera mai per i debiti alimentari, per i debiti da risarcimento del danno per fatto illecito extrapenale nonché per le sanzioni penali e amministrative che non siano accessorie a debiti estinti; per debiti fiscali aventi causa anteriore al decreto di apertura della procedura liquidatoria ma che siano stati accertati solo successivamente, in ragione di elementi nuovi che li abbiano portati a conoscenza dell'autorità.

L'esdebitazione viene concessa con decreto da parte del Giudice del sovraindebitamento dopo aver sentito i creditori e aver verificato tutte le condizioni appena passate in esame.

Il decreto con il quale vengono dichiarati inesigibili i debiti anteriori all'apertura della procedura non saldati, può essere reclamato dai creditori secondo termini e regole tipiche dei reclami camerali di cui all'art. 737 e seguenti cpc.

Il decreto di esdebitazione è peraltro sempre revocabile, su istanza dei creditori anteriori alla procedura se risulta che è stato concesso nell'ipotesi in cui il debitore, nei 5 anni precedenti l'apertura della liquidazione o nel corso della stessa abbia posto in essere atti in frode ai creditori o abbia posto in essere atti diretti a favorire alcuni creditori (es. pagamenti preferenziali, simulazioni di titoli di prelazione, ecc) oppure nel caso in cui sia accertato che è stato dolosamente o con colpa grave aumentato o diminuito il passivo oppure sottratta o dissimulata una parte importante dell'attivo o simulate attività inesistenti (art. 14-terdecies L. 3/12 comma 5).

CAPITOLO 6
Approfondimenti e questioni particolari

A) La delicata questione delle cessioni del quinto e del pignoramento presso terzi in relazione alle procedure di sovraindebitamento.

Una delle questioni dibattute in ambito di sovra indebitamento riguarda la possibilità di ottenere la revoca della cessione del quinto operante sulla busta paga del soggetto che chiede accesso alle procedure di cui alla L. 3/2012 nonché la sospensione di un eventuale trattenuta relativa all'esistenza di un pignoramento presso terzi operato dal creditore nei confronti del datore di lavoro del soggetto sovra indebitato.

Essendo molto frequente l'ipotesi di accesso alle procedure da sovra indebitamento da parte di soggetti con cessioni del quinto o pignoramenti della busta paga, su tali argomenti vi è vastità di pronunce e altrettanta vastità di orientamenti diversi da Tribunale a Tribunale con riferimento alla possibilità della loro sospensione con l'omologa del piano o dell'accordo piuttosto che con l'emissione del decreto di apertura della procedura liquidatoria.

Ad esempio il Tribunale di Brescia, chiamato a pronunciarsi, nell'ambito di una procedura di piano del consumatore, sulla richiesta di **sospensione di un pignoramento presso terzi**, ha ritenuto di non accogliere l'eccezione avanzata dal legale della finanziaria creditrice secondo il quale la sospensione non avrebbe potuto operare in quanto il procedimento esecutivo si era già concluso con ordinanza di assegnazione, ma ha statuito, al contrario, che *"quanto al pignoramento del quinto dello stipendio, con l'omologazione del piano del consumatore per il principio della par condicio credito rum (principio immanente in tutte le procedure concorsuali quali sono quelle relative al sovra indebitamento del* *debitore non fallibile), cessa definitivamente il suddetto pignoramento ed il credito residuo sarà pagato secondo le condizioni previste dal piano"*. Ha poi aggiunto *"ritenuto che ciò non viola la par condicio creditorum in quanto, a differenza dell'ipoteca relativa al bene immobile specifico e ben determinato, il pignoramento del quinto dello stipendio si esegue man mano che lo stipendio viene accreditato al debitore e potrebbe venir meno, qualora, ad esempio, il debitore non percepisca più lo stipendio, tant'è che in questo caso il credito tornerebbe ad essere semplicemente chirografario"* (Tribunale di Brescia, omologa di piano del consumatore del 23/06/2017 . cfr. capitolo intitolato "piano del consumatore dalla A alla Z").

Non è dello stesso avviso il Tribunale di Venezia che, nell'ambito di una procedura liquidatoria, chiamato a pronunciarsi sulla richiesta di cessazione/sospensione di un pignoramento presso terzi operante sulla busta paga del debitore, ha ritenuto, al contrario che, essendo già intervenuta l'ordinanza di assegnazione somme nell'ambito della citata procedura esecutiva, quest'ultima doveva ritenersi conclusa definitivamente e pertanto nessuna sospensione/ cessazione della trattenuta operata in base a tale ordinanza poteva essere disposta. Al riguardo, nel procedimento *de quo* si legge *"ritenuto che, con la pronuncia dell'ordinanza di assegnazione, la procedura esecutiva debba essere considerata chiusa, con la conseguenza che il provvedimento giudiziale assunto deve considerarsi intangibile e vincolante nella presente sede [...], per quanto sopra detto il credito di omissis deve continuare ad essere soddisfatto nelle forme e con le modalità previste dall'ordinanza di assegnazione, con conseguente detrazione degli importi attribuiti a omissis dalle disponibilità liquide mensili dei debitori"* (Tribunale di Venezia decreto di apertura della procedura liquidatoria del 19/07/2017).

Nel medesimo citato provvedimento emesso dal Tribunale di Venezia, il Giudice si occupa peraltro anche della **questione relativa alla sospensione / cessazione delle cessioni volontarie del**

quinto che gravano sulla busta paga dei debitori sovra indebitati. Al riguardo il Tribunale ha disposto la sospensione della cessione del quinto affermando che la cessione del quinto garantita da TFR non rappresenta un credito privilegiato ma chirografario e come tale *"deve essere soddisfatto, al pari degli altri crediti di pari rango, mediante il ricavato della liquidazione".* Si legge testualmente *"ritenuto che il credito ceduto dal lavoratore alla finanziaria è un credito futuro, perché lo stesso sorge relativamente ai ratei di stipendio soltanto nel momento in cui il lavoratore medesimo matura il diritto a percepire il relativo rateo mensile di stipendio e, relativamente al TFR, soltanto nel momento in cui cessa il rapporto di lavoro; rilevato che, nel caso di cessione di un credito futuro, il trasferimento si verifica soltanto nel momento in cui il credito viene ad esistenza e, anteriormente, il contratto, pur essendo perfetto, essendo a tal fine sufficiente il consenso delle parti, esplica efficacia obbligatoria (cfr. Cass. 551/2012 e Cass. 17590/05); rilevato, con riferimento al TFR, che lo stesso sorge, a norma dell'art, 2120 c.c., al momento della cessazione del rapporto ed in conseguenza di essa, essendo irrilevante, al fine di ipotizzare una diversa decorrenza, l'accantonamento annuale della quota del trattamento, che costituisce una mera modalità di calcolo dell'unico diritto che matura nel momento anzidetto; osservato che è parimenti irrilevante la previsione dell'anticipazione sul trattamento del medesimo, che è corresponsione di somme provvisoriamente quantificate e prive del requisito della certezza, atteso che il diritto all'integrale prestazione matura, per l'appunto, solo alla fine del rapporto lavorativo (cfr. Cass. 3894/2010)"* per tali ragioni il Giudice veneziano ha ritenuto che il credito della finanziaria fosse chirografario, nonostante fosse garantito da TFR, e fosse pertanto da soddisfarsi nella procedura da sovra indebitamento nella stessa percentuale garantita agli altri creditori chirografari.

Il Tribunale veneziano ha sostanzialmente deciso conformemente a quanto stabilito già dal **Tribunale di Livorno con proprio**

provvedimento del 20/02/2017 del quale viene ripercorso il ragionamento. Nel provvedimento del Tribunale di Livorno si legge che *"la natura consensuale del contratto di cessione di credito comporta che esso si perfeziona per effetto del solo consenso dei contraenti, cedente e cessionario, ma non anche che dal perfezionamento del contratto consegua sempre il trasferimento del credito dal cedente al cessionario, in quanto, nel caso di cessione di un credito futuro, il trasferimento si verifica soltanto nel momento in cui il credito viene ad esistenza e, anteriormente, il contratto, pur essendo perfetto, esplica efficacia meramente obbligatoria"*. Infine, conclude il Tribunale, *"ritenere che il contratto di cessione del quinto dello stipendio sia opponibile alla procedura di sovraindebitamento appare in radicale contrasto con l'effetto sospensivo (addirittura) delle procedure esecutive in corso che la presentazione del ricorso ha. [...] Se [infatti] la procedura ha l'effetto di sospendere le procedure esecutive (e, in caso di omologazione, ha l'effetto di estinguere le procedure esecutive, con rimodulazione dei crediti azionati), con la sola limitazione – deve ritenersi – delle procedure esecutive concluse, è evidente che, a maggior ragione, il medesimo effetto sospensivo (e, con l'omologazione, risolutivo) deve aversi anche nei confronti delle cessioni di credito futuro a garanzia della restituzione di prestiti"*.

Dello stesso avviso il **Tribunale di Grosseto** il quale, con proprio provvedimento, reso in data 09/05/2017 nell'ambito di un piano del consumatore ha rilevato che *ratio* della L. 3/12 è quella di permettere ad un soggetto non fallibile di ristrutturare i propri debiti, prevedendo dei pagamenti eventualmente parziali ed eventualmente secondo un piano di rientro dilatato nel tempo. Non prevedere pertanto la cessazione delle cessioni del quinto volontarie equivarrebbe ad impedire di fatto la possibilità a molti soggetti sovra indebitati di poter avere accesso alle procedure da sovra indebitamento. Ed infatti il Giudice di Grosseto ha stabilito che *"la ratio dell'istituto introdotto dalla L. 3/2012 è quella di consentire a* *soggetti che non possono accedere alle procedure concorsuali previste e regolamentate dalla legge fallimentare, di ristrutturare i propri debiti [...] Diversamente, se gli accordi volontariamente raggiunti in precedenza tra creditore e debitore dovessero essere ritenuti vincolanti, gli stessi dovrebbero impedire l'accesso a queste procedure, in quanto consentirebbero il soddisfacimento integrale dei singoli creditori e la proporzionale riduzione del patrimonio da destinare al soddisfacimento di tutti gli altri"*. Viene quindi messa in evidenza la necessità del rispetto della par condicio creditorum anche all'interno delle procedure da sovra indebitamento, che altro non sono che delle procedure concorsuali come quelle previste sino a prima del 2012 solo a favore delle imprese commerciali secondo la disciplina contenuta nel Regio Decreto 267/42. Ed infatti, nel provvedimento in commento si legge *"la natura concorsuale del procedimento e la necessità di applicare la parità di trattamento ai creditori renderebbe incoerente, dal punto di vista sistemico, non assoggettare anche il cessionario del quinto ad un'eventuale riformulazione dell'adempimento così come prevista per gli altri creditori chirografari"*.

Si trovano poi numerose altre pronunce, alcune più risalenti nel tempo, ma che, in ogni caso, risultano favorevoli alla possibilità di revoca dei contratti di cessione del quinto nell'ambito di procedure da sovraindebitamento.

Ed in particolare si cita il provvedimento emesso dal Tribunale di Pistoia il 27/12/2013, nel quale viene disposta la revoca della cessione del quinto nell'ambito di un piano del consumatore. Il provvedimento citato prende le mosse dall'analisi dell'art 12 bis comma 4, dell'art 7 e dell'art. 14 tre comma 6 L.3/12. Posto che, in caso di contestazione all'omologazione di un piano del consumatore è necessario accertare la convenienza del piano rispetto all'alternativa liquidatoria, posto altresì che l'art 7, che è norma di applicazione gerale nelle procedure da sovraindebitamento, prevede che i crediti muniti di privilegio pegno o ipoteca possano essere soddisfatti anche non integralmente allorchéne sia garantito il pagamento in misura non inferiore a quella realizzabile avuto riguardo al valore di mercato attribuibile al bene su cui insiste la causa di prelazione, posto infine che in forza dell'art 14 tre comma 6 L. 3/2012 non sono compresi nella liquidazione, tra gli altri crediti impignorabili, gli stipendi le pensioni e i salari e ciò che il debitore guadagna con la sua attività, nei limiti di quanto occorra al mantenimento suo e della sua famiglia indicati dal giudice, conclude sottolineando come questo principio di indisponibilità a favore della procedura da sovraindebitamento di tale tipologia di crediti al di fuori dei limiti suddetti é un principio *"tassativo, non escludendo dalla previsione i casi in cui tali emolumenti abbiano formato oggetto di cessione volontarie"*. In altre parole il credito ceduto tramite finanziamenti con cessione del quinto, nell'ambito delle procedure da sovraindebitamento deve essere considerato nella disponibilità del debitore cedente e non del cessionario, pertanto la cessione puo essere revocata in modo che lo stipendio o la pensione su cui grava tale cessione possa essere utilizzato dal debitore per il sostentamento del proprio nucleo familiare in primis e, ove possibile, a vantaggio della procedura da sovraindebitamento e di tutti i creditori della medesima.

E ancora, sempre il Tribunale di Pistoia con provvedimento del 23/02/2015 ha ritenuto di poter interrompere i contratti di finanziamento semplicemente applicando per analogia alle procedure da sovraindebitamento l'art 169 bis L.F. che disciplina lo scioglimento dei contratti di finanziamento per le procedure di concordato preventivo.

Le pronunce pistoiesi, tuttavia, non hanno trovato d'accordo il **Tribunale di Monza** che, con proprio provvedimento del 26/07/2017, dopo averle richiamate, ritenendo quindi che fosse indispensabile trovare un giusto equilibrio tra le due esigenze opposte di favorire l'accesso alle procedure da sovraindebitamento da un lato e non rendere difficoltoso l'accesso ai finanziamenti con cessione del quinto dall'altra, per via di un atteggimento maggiormente restrittivo che banche e finanziarie potrebbero tenere a fronte di un ricorso frequente alle procedure di cui alla legge 3/2012, è giunto a ritenere che le cessioni del quinto siano da ritenersi opponibili alle procedure da sovraindebitamento nel limite in cui le medesime lo possono essere nei confronti di eventuali pignoramenti, applicando così per analogia gli articoli 2918 c.c., 2643 comma 9 c.c. e 2914 n. 2 c.c..

Si legge *"assumendo possibile tale analogia se ne può trarre la conclusione che la cessione di crediti futurie la conseguente sottrazione di tali risorse alla disponibilità del debitore ai fini della ristrutturazione del proprio debito, sia tutelabile nel termine di tre anni dall'omologa dl piano del consumatore, dovendo poi lasciare il passo all'efficacia conformativa del piano"*.

La pronuncia di Monza risulta altresì interessante in quanto il Giudice si occupa di stabilire la natura del credito vantato dalle finanziarie. Al riguardo viene sancito che *"con riferimentoinfine al rango del credito, va rammentato che in caso di credito derivante da un finanziamento da rimborsarmi attraverso los tru entro di cessione pro-solvendo di quote dello stipendio vi sono due posizioni debitorie: una del debitore nei confronti della finanziaria, che integra un debito di finanziamento di natura meramente chirografaria; l'altra della finanziaria nei confronti del datore di lavoro, nella quale il cessionario subentra nella posizione del creditore privilegiato nei confronti del datore di lavoro ai sensi dell'art. 2751 bis c.c.."*

Da ultimo si segnala il provvedimento reso dal Tribunale di Siracusa in data 07/06/2016 che ha ritenuto revocabili due cessioni del quinto gravanti sullo stipendio del soggetto sovraindebitato che aveva chiesto accesso alla procedura di piano del consumatore, assumendo che l'art. 7 della L. 3/12 stabilisce che è possibile prevedere che i crediti muniti di privilegio pegno e ipoteca possano non essere soddisfatti per l'intero se se ne garantisce il pagamento in misura non inferiore a quella realizzabile in ragione della collocazione sul ricavato della liquidazione avuto riguardo al valore di mercato dei beni sui quali insite la causa di prelazione. Ciò posto sancisce che *"la situazione del cessionario del quinto non è equiparabile a quella del creditore privilegiato o munito di pegno o ipoteca. Indi nulla osta alla riduzione proporzionale della percentuale di soddisfazione del creditore chirografario (la finanziaria che ha concesso credito dietro cessione del quinto ndr)"*.

Il panorama giurisprudenziale in tema di rapporti tra sovraindebitamento e cessione del quinto e pignoramento presso terzi è evidentemente vario e frammentato. Non resta che attendere un intervento legislativo o una ponuncia della suprema Corte di Cassazione che possano, con la loro autorevolezza, segnare un indirizzo comune a cui possano e debbano rifarsi i vari Tribunali di merito. Anche perché, partendo dal presupposto che i giudici del merito non riconoscono il credito derivante da cessione del quinto o da pignoramento presso terzi come credito privilegiato, non revocare la cessione o sospendere il pignoramento, non interrompendo il pagamento mensile nei confronti delle finanziarie che hanno concesso credito in tal modo o che abbiano portato a termine un pignoramento presso terzi, significherebbe, nell'ambito di una procedura da sovraindebitamento, rischiare di violare il principio della par condicio creditorum. Ed infatti, al riguardo, potrebbe darsi il caso di finanziarie che, pur essendo creditrici chirografarie, percepiscano nel corso degli anni di durata della procedura da sovraindebitamento un credito di molto maggiore rispetto a quanto percepito da eventuali altri creditori chirografari che non abbiano operato mediante cessione del quinto o che non abbiamo compiuto un pignoramento. Senza contare che, non prevedere l'interruzione della cessione del quinto e del pignoramento presso terz nell'ambito delle procedure disciplinate della L. 3/12, potrebbe, per alcuni debitori, significare l'impossibilità di fatto di poter accedere a questa tipologia di procedura, restando senza alcunaltra risorsa da mettere a disposizione della stessa, in quanto assorbita da cessioni o pignoramenti.

B) Sovraindebitamento e rapporto con le procedure esecutive immobiliari; la liquidazione dei beni immobili nelle procedure da sovraindebitamento.

Nella prassi è ricorrente che i soggetti che chiedono accesso alle procedure di cui alla legge 3/2012 siano debitori esecutati sui quali pende una procedura esecutiva, con maggiore frequenza immobiliare, ma anche mobiliare. Pare pertanto interessante analizzare in questo paragrafo quale sia il rapporto tra procedure da sovra indebitamento e procedure esecutive, di qualsiasi tipo esse siano.

Innanzitutto, va sottolineato che **le procedure da sovraindebitamento comportano la sospensione delle procedure esecutive pendenti e l'impossibilità di iniziarne di nuove.**

Ad una lettura più attenta della normativa in commento, tuttavia, ci si accorge che esistono delle piccole differenze a seconda della procedura intrapresa tra le tre messe a disposizione dalla L. 3/2012.

La normativa di riferimento è data dall'art. 10, comma 2°, lett. c, dall'art. 12 bis, comma 2 e dall'art. 14-quinquies L. 3/12.

L'art. 10, comma 2°, lett. c, nell'ambito di accordo di composizione della crisi, sancisce che con il decreto che fissa l'udienza per l'omologa dell'accordo, il Giudice *"dispone che, sino al momento in cui il provvedimento di omologazione diventa definitivo, non possono, sotto pena di nullità, essere iniziate o proseguite azioni esecutive individuali né disposti sequestri conservativi, nè acquisiti diritti di prelazione sul patrimonio del debitore che ha presentato la proposta di accordo, da parte dei creditori aventi titolo o causa anteriore; la sospensione non opera nei confronti dei titolari di crediti impignorabili"*.

L'art. 12 bis, nell'ambito del piano del consumatore, invece, sancisce che, con il decreto con cui viene fissata l'udienza per l'omologa del piano, *"quando, nelle more della convocazione dei creditori, la prosecuzione di specifici procedimenti di esecuzione forzata potrebbe pregiudicare la fattibilità del piano, il Giudice, con lo stesso decreto, può disporre la sospensione degli stessi sino al momento in cui il provvedimento di omologazione diventa definitivo"*.

L'art. 14 quinquies infine recita che con il decreto con cui il Giudice dispone l'apertura della procedura di liquidazione del patrimonio, il Giudice dispone altresì che *"sino al momento in cui il provvedimento di omologazione diventa definitivo, non possono, sotto pena di nullità essere iniziate o proseguite azioni cautelari o esecutive né acquisiti diritti di prelazione sul patrimonio oggetto di liquidazione da parte dei creditori aventi titolo o causa anteriore"*.

Non sfuggirà al lettore attento che **mentre nell'accordo con i creditori la sospensione delle procedure esecutive, ex art. 10, comma 2, lett. c, opera automaticamente** dovendo sempre essere disposta dal Giudice con il decreto di fissazione udienza successivo al deposito dell'accordo, **nell'ambito del piano del consumatore la sospensione è disposta con il decreto di fissazione udienza successivo al deposito del piano ma a discrezione del Giudice** che ritenga che nelle more dalla convocazione in udienza dei creditori il perdurare di eventuali procedure esecutive possa in qualche modo compromettere il piano proposto.

Per quanto attiene invece alla liquidazione del patrimonio bisogna innanzitutto evidenziare un grossolano errore commesso dal legislatore nella redazione dell'art. 14 quinquies nella misura in cui subordina la sospensione delle procedure esecutive all'emanazione di un provvedimento di omologazione che in realtà non esiste in questa tipologia di procedura. La norma quindi va riletta dovendosi intendere che **con il decreto di apertura della procedura liquidatoria il Giudice deve disporre la sospensione (secondo**

parte della giurisprudenza di merito meglio improcedibilità), sospensione/improcedibilità che diventa definitiva con l'emanazione non tanto dell'inesistente decreto di omologazione, quanto piuttosto con l'emanazione del decreto di chiusura della procedura di liquidazione. Ciò posto, pare evidente che anche in questo caso, come nell'ipotesi di accordo di cui all'art. 10, comma 2, lett. c, la sospensione delle procedure esecutive (meglio, improcedibilità) non è rimessa alla discrezionalità del Giudice ma è obbligatoria.

La sospensione delle procedure esecutive e il divieto di iniziarne di nuove vengono, come visto, disposta, sostanzialmente con il deposito della proposta di accordo o di piano o con l'apertura della procedura liquidatoria, per diventare definitiva con l'omologazione dell'accordo o del piano o con il decreto che dispone la chiusura della procedura liquidatoria.

Competente a disporre la sospensione delle procedure esecutive è il Giudice del sovra indebitamento, il cui provvedimento, tuttavia, nella prassi, è sempre bene che venga comunicato anche al Giudice della procedura esecutiva pendente mediante deposito di una apposita istanza di parte informativa, alla quale si allegherà il provvedimento emesso dal Giudice del sovra indebitamento chiedendo che venga recepito dal Giudice dell'esecuzione.

Al riguardo, si segnala che, nella procedura liquidatoria la L. 3/12 ha sancito che una volta disposta la sospensione delle procedure esecutive, con il decreto di apertura della procedura liquidatoria il Giudice del sovraindebitamento invita il liquidatore, nominato nel medesimo provvedimento, a pronunciarsi circa la volontà di intervenire nelle eventuali procedure esecutive pendenti per continuarle o a pronunciarsi circa la volontà di interromperle. Ciò comporta, ad esempio, che il liquidatore possa autonomamente decidere di proseguire l'azione esecutiva immobiliare intrapresa nei confronti del debitore esecutato che ha avuto accesso alla procedura da sovra indebitamento. La decisione di proseguire o meno nelle azioni esecutive intraprese è rimessa alla discrezionalità del liquidatore il quale dovrà quindi compiere una valutazione di convenienza. Sono frequenti casi in cui il liquidatore ritenga di non intervenire nella procedura esecutiva in quanto ritiene, ad esempio, più conveniente per i creditori del sovra indebitamento, attivare delle procedure di vendita dell'immobile ex novo, così da non essere vincolato al deprezzamento d'asta, cercando in tal modo di rimettere in vendita l'immobile ad un prezzo che sia più confacente al valore commerciale; oppure ci sono casi in cui il liquidatore ritiene più conveniente intervenire nella procedura esecutiva immobiliare già iniziata al fine di contenere per quanto possibile i costi relativi alla messa in vendita tramite procedure competitive, potendo altresì godere del supporto tecnico del delegato alla vendita nominato nella procedura immobiliare.

Da ultimo, ma non per importanza, si segnala il caso particolare in cui intervenga la vendita dell'immobile pignorato in pendenza di una procedura da sovra indebitamento. In tale ipotesi l'aggiudicazione del bene non può in nessun modo essere revocata e l'acquisto è garantito in capo all'acquirente della procedura esecutiva immobiliare. Ciò che si potrà fare, sarà chiedere al Giudice dell'esecuzione, tramite apposita istanza, che il prezzo ricavato dalla vendita dell'immobile non venga assegnato ai soli creditori della procedura esecutiva immobiliare, ma venga vincolato alla procedura da sovra indebitamento, in modo che possa essere utilizzato a beneficio di tutti i creditori nel rispetto del principio della *par condicio creditorum*, che, come sappiamo, regola tutte le procedure concorsuali, comprese quelle disciplinate dalla L. 3/12.

Compresa la portata della normativa da sovraindebitamento in tema di sospensione delle procedure esecutive, non sfuggirà che la stessa è stata sostanzialmente mutuata per analogia dalla legge fallimentare, al fine di creare un **ombrello protettivo a favore del debitore** per proteggere il suo patrimonio da azioni di recupero credito individuali, nel più ampio interesse di tutta la massa creditoria e non del singolo creditore che si sia attivato per il recupero del proprio credito. Ciò proprio in forza, come detto, del **principio della *par condicio creditorum*,** che è fondamento anche delle procedure da sovraindebitamento.

Ciò posto vale la pena in chiusura accennare che **la L. 3/12 non disciplina le modalità con le quali debba essere liquidato un immobile nella procedura da sovra indebitamento. In assenza di specifiche disposizioni, nella prassi si fa riferimento, per analogia, alla vendita nelle procedure concorsuali e alla vendita nelle esecuzioni immobiliari.** Innanzitutto è fondamentale che venga garantita la vendita tramite procedure competitive. In altri termini non sarà possibile procedere alla vendita tramite procedure private di contrattazione, ma dovrà essere data la possibilità a chiunque di partecipare alla vendita e gareggiare per l'aggiudicazione. Dovrà quindi essere garantita la pubblicità come nelle aste immobiliari, anche se spetterà alla discrezionalità del liquidatore decidere i canali di pubblicazione degli avvisi, a scelta tra giornali locali o nazionali, cartacei o pubblicità on line, anche in base alla capacità della procedura di far fronte ai relativi costi economici.

Il liquidatore dovrà quindi stilare un avviso di vendita, dal contenuto simile a quello degli avvisi di vendita delle aste giudiziarie, nel quale dovranno indicarsi, tra le altre informazioni, i dati dell'immobile, la data d'asta, il valore dell'immobile e l'ammontare della caparra da versare al momento del deposito della proposta d'acquisto.

Il prezzo base di vendita dell'immobile verrà determinato dal liquidatore in base ad una perizia di stima commissionata ad un tecnico, il quale dovrà redigerla secondo i criteri utilizzati nelle procedure giudiziali. E' evidente che qualora l'immobile da vendere nel sovraindebitamento sia già oggetto di esecuzione nella quale è già stata depositata CTU di stima dal perito nominato dal Tribunale, tale elaborato potrà essere preso a riferimento dal liquidatore per la determinazione del prezzo base di vendita, tenuto conto di eventuali aste già eseguite al ribasso.

Al fine di massimizzare il ricavato di vendita, nell'interesse dei creditori e, conseguentemente, al fine di dimostrare la buona volontà del debitore nell'ottica di ottenere poi la sperata esdebitazione, è buona regola, seppur non obbligatorio – ben inteso – dare atto nella proposta di composizione della crisi, che il debitore, oltre ad aver conferito il bene immobile di sua proprietà alla procedura da sovraindebitamento, abbia trovato altresì un possibile acquirente. In tal caso, alla proposta dovrà essere allegata una proposta d'acquisto sottoscritta dal promissario acquirente nella quale quest'ultimo, oltre a dichiarare la propria disponibilità ad acquistare l'immobile, dichiari altresì di disporre di una somma da versare su richiesta del liquidatore a titolo di caparra confirmatoria (cfr. capitolo intitolato "esempio di procedura liquidatoria").

In tali ipotesi l'Occ prenderà atto dell'esistenza di un'offerta minima d'acquisto e ciò contribuirà a rendere la proposta del sovra indebitato ancor più concreta dando così la possibilità allo stesso Occ, al Giudice e soprattutto ai creditori di poter contare, quanto meno su un ricavato certo, velocizzando di molto le operazioni di vendita e contenendone altresì i costi.

C) Crediti Iva, crediti da ritenute e, più in generale, crediti che rappresentano risorse proprie dell'Unione Europea.

Come già anticipato nel paragrafo dedicato ai requisiti oggettivi e soggettivi da soddisfare per avere accesso alle procedure da sovraindebitamento, l'art. 7 pone l'attenzione sulla infalcidiabilità di alcune tipologie di credito, che pertanto non possono essere stralciate nell'ambito del sovraindebitamento ma vi devono trovare piena soddisfazione.

L'art. 7, al comma 1 recita "In ogni caso, con riguardo ai tributi costituenti risorse proprie dell'Unione Europea, all'imposta sul valore aggiunto (I.V.A.) e alle ritenute operate e non versate, il piano (del consumatore, ma anche l'accordo con i creditori e la proposta liquidatoria n.d.r.) può prevedere esclusivamente la dilazione di pagamento" dovendosene garantire l'integrale soddisfazione.

Tale disposizione, pur apparendo chiara, nella prassi è divenuta questione molto dibattuta, che ha comportato l'emissione di diverse pronunce giurisprudenziali contrastanti.

Ed infatti, alcuni Giudici si sono limitati ad applicare pedissequamente quanto sancito letteralmente dall'art. 7 L. 3/12, altri, invece, si sono spinti a guardare come la questione venga trattata a livello europeo o, a livello nazionale, nelle procedure concorsuali pure.

Pare opportuno ricordare che nell'ambito delle procedure disciplinate dal R.D. 267/42, a seguito dell'entrata in vigore della legge di bilancio 2017, ed in particolare con l'entrata in vigore dell'art. 1 comma 81 L. 232/2016), è stato recentemente modificato l'art. 182 ter che disciplina la transazione fiscale nell'ambito del concordato preventivo e degli accordi di ristrutturazione.

Tale riforma ha consentito per la prima volta la possibilità di stralciare i debiti iva e da ritenute applicate e non versate per le quali fino a quel momento era imposta necessariamente l'integrale soddisfazione, eventualmente dilazionata, non ritenendosi consentito la possibilità di disposizione e pertanto di falcidia da parte degli Stati membri di risorse appartenenti alla Comunità Europea.

La rivoluzionaria riforma di cui si è appena fatto cenno, è stata tuttavia ritenuta necessaria a fronte del fatto che da un lato l'originaria rigidità di sistema implicava di fatto l'impossibilità di accesso alla procedura di concordato, magari in continuità, o alla procedura di ristrutturazione del debito da parte di quelle imprese il cui patrimonio non poteva garantire l'integrale soddisfazione di tali tipologie di debito, costringendole pertanto al fallimento con tutte le conseguenze del caso anche dal punto di vista delle ripercussioni sociali, economiche e sul mercato del lavoro; dall'altro, tale riforma è stata accolta anche grazie ai pronunciamenti sul punto da parte della Corte di Giustizia Europea.

Ed infatti la riforma dell'art. 182 ter L.F. riferita alla stralciabilità, a certe condizioni, anche del debito Iva e da ritenute, rappresenta il recepimento di quanto stabilito dalla sentenza del 7 aprile 2016 emessa nella causa C – 546/14 da parte della Corte di Giustizia Europea la quale, in buona sostanza, ha sancito l'ammissibilità di un pagamento parziale, all'interno di una procedura di concordato, del credito Iva e dei tributi che rappresentano risorse proprie dell'Unione, purchè sia stato dimostrato, da un professionista indipendente, nella sua qualità di attestatore, che il credito Iva o da ritenute non riceverebbe un trattamento migliore in sede fallimentare.

In altre parole, il credito Iva e da ritenute, stando a quanto espresso dalla Corte di Giustizia Europea, non sarebbe dotato di nessun superprivilegio né sarebbe in assoluto infalcidiabile, ma potrebbe subire lo stralcio qualora pur mettendo a disposizione tutto il patrimonio dell'impresa in crisi non si riuscisse a garantirne il pieno soddisfacimento. Pare peraltro evidente che il debitore debba riuscire a dimostrare altresì che l'incapienza del proprio patrimonio sia un'incapienza incolpevole, cioè un'incapienza che non derivi dall'aver nascosto attività o proventi. Deve in ogni caso essere garantito allo Stato membro, in qualità di creditore di tale tipologia di credito, il diritto di voto nella proposta di concordato; voto che concorrerà insieme a quello degli altri creditori e che insieme ai voti di questi ultimi determinerà la possibilità di omologazione o meno della procedura.

Dello stesso parere la più recente sentenza emessa sempre dalla Corte di Giustizia Europea il 16/03/2017 nella causa C – 493/15.

La riforma normativa introdotta con la legge di bilancio 2017, così come le sentenze europee appena commentate non richiamano tuttavia in alcun modo la normativa da sovraindebitamento nè l'art. 7 della legge 3/12.

Ciò comporta ad oggi un differente trattamento dei crediti Iva e da ritenute all'interno della disciplina da sovraindebitamento e all'interno delle procedure disciplinate dalla legge fallimentare.

Ed infatti alcuni Tribunali hanno ritenuto inapplicabile alle procedure da sovraindebitamento la falcidia dei crediti Iva e da ritenute disciplinata nella normativa fallimentare, in forza di un'interpretazione strettamente letterale della legge 3/12, della riforma dell'art. 182 ter L.F. e delle pronunce della Corte di Giustizia Europea. Altri Tribunali invece hanno ritenuto applicabile per analogia quanto disciplinato a livello normativo e giurisprudenziale nell'ambito delle procedure di concordato e ristrutturazione del debito alle procedure da sovraindebitamento.

Pare tuttavia auspicabile un veloce intervento normativo in materia o, per lo meno, un intervento giurisprudenziale forte a livello di pronunce della Corte di Cassazione a Sezioni Unite o di nuove pronunce della Corte di Giustizia Europea che, questa volta, si vogliano esprimere direttamente sulla questione falcidiabilità delle ritenute e del credito Iva nell'ambito delle procedure da sovraindebitamento. Ciò permetterebbe di scongiurare che, come è accaduto sino ad oggi, a livello nazionale situazioni simili trovino nei Tribunali trattamenti diversi in materia di stralciabilità dell'Iva e delle ritenute.

Si rileva che tale questione, seppur di evidente importanza e delicatezza, non è stata oggetto nemmeno della legge delega 155/17 di riforma delle procedure concorsuali. Ad oggi pertanto non vi sono concrete prospettive di risoluzione della presente problematica dal punto di vista normativo. Sarà quindi più probabile forse un intervento sul punto da parte delle Corti Superiori a cui la questione dovesse essere proposta nell'ambito di fattispecie specifiche.

SENTENZA DELLA CORTE (Settima Sezione) 16 marzo 2017

«Rinvio pregiudiziale – Fiscalità – Imposta sul valore aggiunto – Articolo 4, paragrafo 3, TUE – Sesta direttiva – Aiuti di Stato – Procedura di esdebitazione – Inesigibilità dei debiti IVA»

Nella causa C-493/15,

avente ad oggetto la domanda di pronuncia pregiudiziale proposta alla Corte, ai sensi dell'articolo 267 TFUE, dalla Corte suprema di cassazione (Italia), con ordinanza del 6 maggio 2015, pervenuta in cancelleria il 21 settembre 2015, nel procedimento

Agenzia delle Entrate

contro

Marco Identi,

LA CORTE (Settima Sezione),

composta da A. Prechal, presidente di sezione, C. Toader e E. Jarašiūnas (relatore), giudici, avvocato generale: E. Sharpston

cancelliere: A. Calot Escobar

vista la fase scritta del procedimento, considerate le osservazioni presentate:

–   per il governo italiano, da G. Palmieri, in qualità di agente, assistita da G. De Bellis, avvocato dello Stato;

–   per il governo spagnolo, da M.A. Sampol Pucurull, in qualità di agente;

–   per la Commissione europea, da A. Caeiros, L. Lozano Palacios e F. Tomat, in qualità di agenti,

vista la decisione, adottata dopo aver sentito l'avvocato generale, di giudicare la causa senza conclusioni, ha pronunciato la seguente

Sentenza

1   La domanda di pronuncia pregiudiziale verte sull'interpretazione dell'articolo 4, paragrafo 3, TUE e degli articoli 2 e 22 della sesta direttiva 77/388/CEE del Consiglio, del 17 maggio 1977, in materia di armonizzazione delle legislazioni degli Stati membri relative alle imposte sulla cifra di affari – Sistema comune di imposta sul valore aggiunto: base

imponibile uniforme (GU 1977, L 145, pag. 1; in prosieguo: la «sesta direttiva»).

2   Tale domanda è stata presentata nell'ambito di una controversia tra l'Agenzia delle Entrate e il sig. Marco Identi in merito ad una cartella di pagamento relativa all'imposta sul valore aggiunto (IVA) e all'imposta regionale sulle attività produttive (IRAP) per l'anno di imposta 2003.

Contesto normativo

Diritto dell'Unione

3   In forza dell'articolo 2 della sesta direttiva, sono soggette all'IVA le cessioni di beni e le prestazioni di servizi effettuate a titolo oneroso all'interno del paese da un soggetto passivo che agisce in quanto tale, come pure le importazioni di beni.

4   L'articolo 22 della sesta direttiva dispone quanto segue:

«(…)

    4.   Ogni soggetto passivo deve presentare una dichiarazione entro un termine che dovrà essere stabilito dagli Stati membri. (…)

(…)

    5.   Ogni soggetto passivo deve pagare l'importo netto dell'[IVA] al momento della presentazione della dichiarazione periodica. Gli Stati membri possono tuttavia stabilire un'altra scadenza per il pagamento di questo importo o per la riscossione di acconti provvisori.

(…)

    8.   (…) Gli Stati membri hanno la facoltà di stabilire (...) altri obblighi che essi ritengano necessari ad assicurare l'esatta riscossione dell'imposta e ad evitare le frodi (…)

(…)»

Diritto italiano

5   Il decreto legislativo n. 5, del 9 gennaio 2006 (supplemento ordinario alla GURI n. 13, del 16 gennaio 2006), ha introdotto la procedura di esdebitazione, modificando gli articoli da 142 a 144 della legge

fallimentare approvata con il regio decreto n. 267, del 16 marzo 1942 (GURI

n. 81, del 6 aprile 1942), e modificata con il decreto legislativo n. 169, del 12 settembre 2007 (GURI n. 241, del 16 ottobre 2007) (in prosieguo: la «legge fallimentare»).

6   Ai termini dell'articolo 142 della legge fallimentare, intitolato «Esdebitazione»:

«Il fallito persona fisica è ammesso al beneficio della liberazione dai debiti residui nei confronti dei creditori concorsuali non soddisfatti a condizione che:

1)   abbia cooperato con gli organi della procedura, fornendo tutte le informazioni e la documentazione utile all'accertamento del passivo e adoperandosi per il proficuo svolgimento delle operazioni;

2)   non abbia in alcun modo ritardato o contribuito a ritardare lo svolgimento della procedura;

3)   non abbia violato le disposizioni di cui all'articolo 48;

4)   non abbia beneficiato di altra esdebitazione nei dieci anni precedenti la richiesta;

5)   non abbia distratto l'attivo o esposto passività insussistenti, cagionato o aggravato il dissesto rendendo gravemente difficoltosa la ricostruzione del patrimonio e del movimento degli affari o fatto ricorso abusivo al credito;

6)   non sia stato condannato con sentenza passata in giudicato per bancarotta fraudolenta o per delitti contro l'economia pubblica, l'industria e il commercio, e altri delitti compiuti in connessione con l'esercizio dell'attività d'impresa, salvo che per tali reati sia intervenuta la riabilitazione. Se è in corso il procedimento penale per uno di tali reati, il tribunale sospende il procedimento fino all'esito di quello penale.

L'esdebitazione non può essere concessa qualora non siano stati soddisfatti, neppure in parte, i creditori concorsuali.

Restano esclusi dall'esdebitazione:

a)   gli obblighi di mantenimento e alimentari e comunque le obbligazioni derivanti da rapporti estranei all'esercizio dell'impresa;

b)   i debiti per il risarcimento dei danni da fatto illecito extracontrattuale nonché le sanzioni penali ed amministrative di carattere pecuniario che non siano accessorie a debiti estinti.

Sono salvi i diritti vantati dai creditori nei confronti di coobbligati, dei fideiussori del debitore e degli obbligati in via di regresso».

7   L'articolo 143 della legge fallimentare, intitolato «Procedimento di esdebitazione», prevede quanto segue:

«Il tribunale, con il decreto di chiusura del fallimento o su ricorso del debitore presentato entro l'anno successivo, verificate le condizioni di cui all'articolo 142 e tenuto altresì conto dei comportamenti collaborativi del medesimo, sentito il curatore ed il comitato dei creditori, dichiara inesigibili nei confronti del debitore già dichiarato fallito i debiti concorsuali non soddisfatti integralmente. (...)

Contro il decreto che provvede sul ricorso, il debitore, i creditori non integralmente soddisfatti, il pubblico ministero e qualunque interessato possono proporre reclamo a norma dell'articolo 26».

Procedimento principale e questione pregiudiziale

8   Con decreto del 14 aprile 2008, il Tribunale di Mondovì (Italia) ha concesso una esdebitazione al sig. Identi, socio accomandatario della fallita PVA di Identi Marco e C. Sas, e fallito in proprio. Successivamente a tale decreto, l'Agenzia delle Entrate ha inviato al sig. Identi una cartella di pagamento a titolo dell'IVA e dell'IRAP per l'anno d'imposta 2003.

9   Dinanzi alla Corte suprema di cassazione, l'Agenzia delle Entrate chiede la cassazione della sentenza della Commissione tributaria regionale del Piemonte, del 26 marzo 2012, che ha confermato una decisione di primo grado constatante l'illegittimità di tale cartella di pagamento e ha rigettato l'appello proposto dall'Agenzia delle Entrate avverso tale decisione.

10   Il giudice del rinvio indica che la procedura di esdebitazione, applicabile al debitore, persona fisica, imprenditore commerciale dichiarato fallito, è tesa a consentire al suo beneficiario di «ripartire da zero» dopo aver cancellato tutti i debiti pregressi nei confronti dei creditori concorsuali rimasti insoddisfatti dalla liquidazione fallimentare, affinché tale debitore ridiventi un soggetto economico attivo senza subire limitazioni all'iniziativa o alle proprie potenzialità di favorire la produzione di ricchezza per effetto del peso di tali debiti. Il Tribunale fallimentare, in composizione collegiale, decide di ammettere il debitore al beneficio di tale

procedura dopo aver sentito i pareri non vincolanti del curatore e del comitato dei creditori e verificato segnatamente se le condizioni previste all'articolo 142, primo comma, della legge fallimentare siano soddisfatte.

11   Il giudice del rinvio si interroga sulla compatibilità della procedura di esdebitazione con il diritto dell'Unione. Secondo detto giudice si pone la questione se, come in relazione alla procedura di concordato preventivo di cui trattasi nella causa che ha dato luogo alla sentenza del 7 aprile 2016, Degano Trasporti (C-546/14, EU:C:2016:206), considerazioni pratiche, accertate giudizialmente, quali la insolvenza del debitore meritevole, o la possibilità di percepire solo una parte del credito IVA, possano giustificare la rinuncia, in tutto o in parte, a tale credito.

12   Il giudice del rinvio ritiene che, elencando tassativamente, all'articolo 142, terzo comma, della legge fallimentare, i debiti da cui il debitore può essere liberato, senza menzionare i crediti tributari, il legislatore nazionale abbia considerato che il soggetto che può beneficiare della procedura di esdebitazione può essere liberato anche dal pagamento dei debiti fiscali. Occorre tuttavia verificare, a suo avviso, se l'applicazione di tale procedura ai debiti IVA non sia contraria al diritto dell'Unione.

13   Detto giudice aggiunge che si pone anche la questione se la normativa nazionale di cui trattasi nel procedimento principale sia compatibile con le regole dell'Unione europea in materia di concorrenza, in quanto tale normativa favorisce il reinserimento nella vita economica dei soggetti ammessi al beneficio di detta procedura rispetto ad altri soggetti dichiarati falliti che ne sono esclusi ex lege.

14   È in tale contesto che la Corte suprema di cassazione ha deciso di sospendere il procedimento e di sottoporre alla Corte la seguente questione pregiudiziale:

«L'articolo 4, paragrafo 3, TUE e gli articoli 2 e 22 della sesta direttiva devono essere interpretati nel senso che essi ostano all'applicazione, in materia di imposta sul valore aggiunto, di una disposizione nazionale che prevede l'estinzione dei debiti nascenti dell'IVA in favore dei soggetti ammessi alla procedura di esdebitazione disciplinata dagli articoli 142 e 143 [della legge fallimentare?]».

Sulla questione pregiudiziale

15   Con la sua questione, il giudice del rinvio chiede, in sostanza, se il diritto dell'Unione, in particolare l'articolo 4, paragrafo 3, TUE e gli articoli 2 e 22 della sesta direttiva nonché le norme in materia di aiuti di Stato, debba essere interpretato nel senso che osta a che i debiti IVA siano dichiarati inesigibili in applicazione di una normativa nazionale, quale quella di cui trattasi nel procedimento principale, che prevede una procedura di esdebitazione con cui un giudice può, a certe condizioni, dichiarare inesigibili i debiti di una persona fisica non liquidati in esito alla procedura fallimentare cui tale soggetto è stato sottoposto.

16   Occorre ricordare che dagli articoli 2 e 22 della sesta direttiva IVA nonché dall'articolo 4, paragrafo 3, TUE emerge che gli Stati membri hanno l'obbligo di adottare tutte le misure legislative e amministrative atte a garantire il prelievo integrale dell'IVA nel loro territorio (v., in tal senso, sentenza del 7 aprile 2016, Degano Trasporti, C-546/14, EU:C:2016:206, punto 19 e la giurisprudenza ivi citata).

17   Nell'ambito del sistema comune dell'IVA, gli Stati membri sono tenuti a garantire il rispetto degli obblighi a carico dei soggetti passivi e beneficiano, a tale riguardo, di una certa libertà in relazione, segnatamente, al modo di utilizzare i mezzi a loro disposizione (sentenza del 7 aprile 2016, Degano Trasporti, C-546/14, EU:C:2016:206, punto 20 e la giurisprudenza ivi citata).

18   Questa libertà, tuttavia, è limitata dall'obbligo di garantire una riscossione effettiva delle risorse proprie dell'Unione e da quello di non creare differenze significative nel modo di trattare i contribuenti e questo sia all'interno di uno degli Stati membri che nell'insieme dei medesimi. La direttiva IVA deve essere interpretata in conformità al principio di neutralità fiscale inerente al sistema comune dell'IVA, in base al quale gli operatori economici che effettuano le stesse operazioni non devono essere trattati diversamente in materia di riscossione dell'IVA. Ogni azione degli Stati membri riguardante la riscossione dell'IVA deve rispettare questo principio (sentenza del 7 aprile 2016, Degano Trasporti, C-546/14, EU:C:2016:206, punto 21 e la giurisprudenza ivi citata).

19   Le risorse proprie dell'Unione comprendono, in particolare, ai sensi dell'articolo 2, paragrafo 1, della decisione 2007/436/CE, Euratom del

Consiglio, del 7 giugno 2007, relativa al sistema delle risorse proprie delle Comunità europee (GU 2007, L 163, pag. 17), le entrate provenienti dall'applicazione di un'aliquota uniforme agli imponibili IVA armonizzati determinati secondo regole dell'Unione. Sussiste quindi un nesso diretto tra la riscossione del gettito dell'IVA nell'osservanza del diritto dell'Unione applicabile e la messa a disposizione del bilancio dell'Unione delle corrispondenti risorse IVA, poiché qualsiasi lacuna nella riscossione del primo determina potenzialmente una riduzione delle seconde (sentenza del 7 aprile 2016, Degano Trasporti, C-546/14, EU:C:2016:206, punto 22 e la giurisprudenza ivi citata).

20   Alla luce di tali elementi, occorre determinare se la possibilità, a certe condizioni, di dichiarare inesigibili debiti IVA in applicazione della procedura di esdebitazione di cui al procedimento principale, sia contraria all'obbligo degli Stati membri di garantire il prelievo integrale dell'IVA nel loro territorio nonché la riscossione effettiva delle risorse proprie dell'Unione. Per fare ciò, occorre esaminare le condizioni di applicazione di detta procedura.

21   Risulta, innanzitutto, che la procedura di esdebitazione, quale descritta dal giudice del rinvio ed esposta ai punti da 5 a 7 della presente sentenza, mira a consentire ad una persona fisica dichiarata fallita di essere liberata dai debiti non liquidati in esito alla procedura fallimentare cui tale persona è stata sottoposta, affinché quest'ultima possa riprendere un'attività imprenditoriale. Concomitante o successiva alla procedura fallimentare, l'applicazione della procedura di esdebitazione presuppone quindi che il patrimonio del debitore sia stato totalmente liquidato e che la ripartizione tra i creditori dell'attivo risultante da tale liquidazione non abbia permesso di soddisfare l'integralità dei debiti. Inoltre, secondo l'articolo 142, secondo comma, della legge fallimentare, l'esdebitazione può essere concessa solo qualora i creditori concorsuali siano stati soddisfatti almeno in parte.

22   La procedura di esdebitazione, poi, si applica solo alle persone fisiche che soddisfano talune condizioni, elencate all'articolo 142, primo comma, della legge fallimentare, attinenti al comportamento del debitore anteriormente all'apertura della procedura concorsuale e durante la medesima. Emerge segnatamente da tali condizioni che il debitore, da un lato, non deve aver già beneficiato di una siffatta procedura nel corso dei dieci anni precedenti la domanda, non deve essere stato condannato per

bancarotta fraudolenta o per delitti economici o delitti compiuti in connessione con l'esercizio dell'attività d'impresa, né aver distratto l'attivo dell'impresa, cagionato o aggravato il dissesto mediante ricorso abusivo al credito e, dall'altro, deve essere stato cooperativo e diligente durante la procedura concorsuale. Siffatte condizioni sembrano quindi riguardare, essenzialmente, la probità e la lealtà del debitore, ed essere pertanto idonee a riservare il beneficio della procedura di esdebitazione ai debitori in buona fede.

23   Infine, per quanto riguarda lo svolgimento della procedura, l'articolo 143 della legge fallimentare prevede, in primo luogo, che il giudice adito debba verificare che siano soddisfatte le condizioni di cui all'articolo 142 di detta legge, in secondo luogo, che il curatore ed il comitato dei creditori debbano essere consultati e, in terzo luogo, che i creditori non integralmente soddisfatti, il pubblico ministero e qualunque interessato possano proporre un ricorso avverso la decisione di detto giudice che dichiara inesigibili i debiti non integralmente soddisfatti nell'ambito della procedura concorsuale. La procedura di esdebitazione implica pertanto un esame caso per caso, svolto da un organo giurisdizionale. Essa consente inoltre allo Stato membro interessato, detentore di un credito IVA, da un lato, di emettere un parere su domanda del debitore che chiede il beneficio di tale procedura, previamente alla decisione che statuisce su tale domanda, e, dall'altro, di proporre un ricorso, eventualmente, contro la decisione che dichiara inesigibili i debiti IVA non integralmente soddisfatti, conducendo ad un secondo controllo giurisdizionale.

24   Si evince da tali constatazioni che, allo stesso modo della procedura di concordato preventivo esaminata nella sentenza del 7 aprile 2016, Degano Trasporti (C-546/14, EU:C:2016:206, punto 28), la procedura di esdebitazione di cui trattasi nel procedimento principale è assoggettata a condizioni di applicazione rigorose che offrono garanzie per quanto riguarda segnatamente la riscossione dei crediti IVA e che, tenuto conto di tali condizioni, essa non costituisce una rinuncia generale e indiscriminata alla riscossione dell'IVA e non è contraria all'obbligo degli Stati membri di garantire il prelievo integrale dell'IVA nel loro territorio nonché la riscossione effettiva delle risorse proprie dell'Unione (v. sentenza del 7 aprile 2013, Degano Trasporti, C-546/14, EU:C:2016:206, punto 28).

25   Per quanto riguarda le norme in materia di aiuti di Stato, occorre ricordare che la qualifica di una misura nazionale come «aiuto di Stato» richiede, secondo una giurisprudenza costante, che siano soddisfatti tutti i requisiti seguenti. In primo luogo, deve trattarsi di un intervento dello Stato o effettuato mediante risorse statali. In secondo luogo, tale intervento deve poter incidere sugli scambi tra Stati membri. In terzo luogo, deve concedere un vantaggio selettivo al suo beneficiario. In quarto luogo, deve falsare o minacciare di falsare la concorrenza (sentenze del 21 dicembre 2016, Commissione/Hansestadt Lübeck, C-524/14 P, EU:C:2016:971, punto 40, nonché del 21 dicembre 2016, Commissione/World Duty Free Group SA e a., C-20/15 P e C-21/15 P, EU:C:2016:981, punto 53 e la giurisprudenza ivi citata).

26   Per quanto riguarda il requisito di selettività del vantaggio che è un elemento costitutivo della nozione di «aiuto di Stato», ai sensi dell'articolo 107, paragrafo 1, TFUE, da una giurisprudenza parimenti costante della Corte risulta che la valutazione del requisito in parola richiede di stabilire se, nell'ambito di un dato regime giuridico, la misura nazionale in discussione sia tale da favorire «talune imprese o talune produzioni» rispetto ad altre che si trovino in una situazione fattuale e giuridica analoga, tenuto conto dell'obiettivo perseguito da detto regime e che sono quindi oggetto di un trattamento differenziato idoneo, in sostanza, ad essere qualificato come discriminatorio (sentenza del 21 dicembre 2016, Commissione/World Duty Free Group SA e a., C-20/15 P e C-21/15 P, EU:C:2016:981, punto 54 e la giurisprudenza ivi citata).

27   Peraltro, si deve ricordare che il fatto che solo i contribuenti che soddisfano i requisiti per l'applicazione di una misura possano beneficiare della stessa non può, di per sé, conferire a quest'ultima carattere selettivo (v., in tal senso, sentenze del 29 marzo 2012, 3M Italia, C-417/10, EU:C:2012:184, punto 42, nonché del 21 dicembre 2016, Commissione/World Duty Free Group SA e a., C-20/15 P e C-21/15 P, EU:C:2016:981, punto 59).

28   Nella fattispecie, basta constatare che, nel quadro delle disposizioni della legge fallimentare che disciplinano la procedura di esdebitazione, le persone cui il beneficio di tale procedura non è concesso, o perché non rientrano nell'ambito di applicazione di tale procedura, o perché non sono soddisfatti i requisiti previsti all'articolo 142 di detta

legge, non si trovano in una situazione fattuale e giuridica analoga a quella delle persone cui detto beneficio è concesso tenuto conto dell'obiettivo perseguito da tali disposizioni, che, come emerge dai punti 10 e 12 nonché dai punti 21 e 22 della presente sentenza, è di consentire ad una persona fisica dichiarata fallita, debitrice in buona fede, di riprendere un'attività imprenditoriale venendo liberata dai debiti non liquidati in esito della procedura concorsuale cui tale persona è stata sottoposta.

29   Ne consegue, senza che occorra esaminare gli altri requisiti richiamati al punto 25 della presente sentenza, che una esdebitazione quale quella prevista dalla legge fallimentare non può essere qualificata come aiuto di Stato.

30   Alla luce di tutte le considerazioni che precedono occorre rispondere alla questione posta dichiarando che il diritto dell'Unione, in particolare l'articolo 4, paragrafo 3, TUE e gli articoli 2 e 22 della sesta direttiva nonché le norme sugli aiuti di Stato, deve essere interpretato nel senso che non osta a che i debiti IVA siano dichiarati inesigibili in applicazione di una normativa nazionale, quale quella di cui trattasi nel procedimento principale, che prevede una procedura di esdebitazione con cui un giudice può, a certe condizioni, dichiarare inesigibili i debiti di una persona fisica non liquidati in esito alla procedura fallimentare cui tale persona è stata sottoposta.

Sulle spese

31   Nei confronti delle parti nel procedimento principale la presente causa costituisce un incidente sollevato dinanzi al giudice nazionale, cui spetta quindi statuire sulle spese. Le spese sostenute da altri soggetti per presentare osservazioni alla Corte non possono dar luogo a rifusione.

Per questi motivi, la Corte (Settima Sezione) dichiara:

Il diritto dell'Unione, in particolare l'articolo 4, paragrafo 3, TUE e gli articoli 2 e 22 della sesta direttiva 77/388/CEE del Consiglio, del 17 maggio 1977, in materia di armonizzazione delle legislazioni degli Stati Membri relative alle imposte sulla cifra di affari – Sistema comune di imposta sul valore aggiunto: base imponibile uniforme, nonché le

norme sugli aiuti di Stato, deve essere interpretato nel senso che non osta a che i debiti da imposta sul valore aggiunto siano dichiarati inesigibili in applicazione di una normativa nazionale, quale quella di cui trattasi nel procedimento principale, che prevede una procedura di esdebitazione con cui un giudice può, a certe condizioni, dichiarare inesigibili i debiti di una persona fisica non liquidati in esito alla procedura fallimentare cui tale persona è stata sottoposta.

Prechal Toader Jarašiūnas

Così deciso e pronunciato a Lussemburgo il 16 marzo 2017.

Il cancelliere

Il presidente della
Settima Sezione

SENTENZA DELLA CORTE (Seconda Sezione)
7 aprile 2016

«Rinvio pregiudiziale – Fiscalità – IVA – Articolo 4, paragrafo 3, TUE – Direttiva 2006/112/CE – Insolvenza – Procedura di concordato preventivo – Pagamento parziale dei crediti IVA»

Nella causa C-546/14,

avente ad oggetto la domanda di pronuncia pregiudiziale proposta alla Corte, ai sensi dell'articolo 267 TFUE, dal Tribunale di Udine (Italia), con ordinanza del 30 ottobre 2014, pervenuta in cancelleria il 28 novembre 2014, nel procedimento avviato da

Degano Trasporti S.a.s. di Ferruccio Degano & C., in liquidazione,

con l'intervento del

Pubblico Ministero presso il Tribunale di Udine,

LA CORTE (Seconda Sezione),

composta da M. Ilešič, presidente di sezione, C. Toader, A. Rosas, A. Prechal ed E. Jarašiūnas (relatore), giudici,

avvocato generale: E. Sharpston

cancelliere: A. Calot Escobar

vista la fase scritta del procedimento,

considerate le osservazioni presentate:

–   per la Degano Trasporti S.a.s. di Ferruccio Degano & C., in liquidazione, da P. Bregalanti, avvocato;

–   per il governo italiano, da G. Palmieri, in qualità di agente, assistita da G. De Bellis, avvocato dello Stato;

–   per il governo spagnolo, da A. Gavela Llopis, in qualità di agente;

–   per la Commissione europea, da F. Tomat, A. Caeiros e L. Lozano Palacios, in qualità di agenti,

sentite le conclusioni dell'avvocato generale, presentate all'udienza del 14 gennaio 2016,

ha pronunciato la seguente

Sentenza

1   La domanda di pronuncia pregiudiziale verte sull'interpretazione dell'articolo 4, paragrafo 3, TUE e della direttiva 2006/112/CE del

Consiglio, del 28 novembre 2006, relativa al sistema comune d'imposta sul valore aggiunto (GU L 347, pag. 1; in prosieguo: la «direttiva IVA»).

2   Tale domanda è stata sollevata nell'ambito di una proposta di concordato preventivo presentata dalla Degano Trasporti S.a.s. di Ferruccio Degano & C., in liquidazione (in prosieguo: la «Degano Trasporti»), dinanzi al Tribunale di Udine (Italia).

Contesto normativo

Diritto dell'Unione

3   Ai sensi dell'articolo 2, paragrafo 1, lettere a), c) e d), della direttiva IVA, sono soggette all'imposta sul valore aggiunto (in prosieguo: l'«IVA») le cessioni di beni e le prestazioni di servizi effettuate a titolo oneroso nel territorio di uno Stato membro da un soggetto passivo che agisca in quanto tale, nonché le importazioni di beni.

4   L'articolo 250, paragrafo 1, della direttiva IVA dispone quanto segue:

«Ogni soggetto passivo deve presentare una dichiarazione IVA in cui figurino tutti i dati necessari per determinare l'importo dell'imposta esigibile e quello delle detrazioni da operare, compresi, nella misura in cui sia necessario per la determinazione della base imponibile, l'importo complessivo delle operazioni relative a tale imposta e a tali detrazioni, nonché l'importo delle operazioni esenti».

5   Ai sensi dell'articolo 273, primo comma, della direttiva IVA:

«Gli Stati membri possono stabilire, nel rispetto della parità di trattamento delle operazioni interne e delle operazioni effettuate tra Stati membri da soggetti passivi, altri obblighi che essi ritengono necessari ad assicurare l'esatta riscossione dell'IVA e ad evitare le evasioni, a condizione che questi obblighi non diano luogo, negli scambi tra Stati membri, a formalità connesse con il passaggio di una frontiera».

Diritto italiano

6   Il Regio Decreto del 16 marzo 1942, n. 267, recante «Disciplina del fallimento, del concordato preventivo, dell'amministrazione controllata e

della liquidazione coatta amministrativa» (GURI n. 81 del 6 aprile 1942), nella versione applicabile ai fatti del procedimento principale (in prosieguo: la «legge fallimentare»), disciplina la procedura di concordato preventivo agli articoli 160 e seguenti.

7   Con tale procedura, che mira a evitare una dichiarazione di fallimento, l'imprenditore che si trovi in stato di crisi o di insolvenza propone ai suoi creditori di mettere a disposizione il proprio patrimonio al fine di rimborsare integralmente i crediti privilegiati e parzialmente i crediti chirografari. Il concordato preventivo può, tuttavia, prevedere un pagamento parziale di talune categorie di crediti privilegiati, purché un esperto indipendente attesti che questi ultimi non riceverebbero un trattamento migliore nel caso di fallimento dell'imprenditore.

8   La procedura di concordato preventivo, cui partecipa il Pubblico Ministero, è avviata su domanda dell'imprenditore dinanzi al giudice competente. Quest'ultimo si pronuncia anzitutto sulla ricevibilità della domanda, dopo aver verificato la sussistenza dei presupposti di legge per il concordato preventivo. In seguito, i creditori ai quali il debitore non proponga un pagamento integrale del rispettivo credito sono chiamati a votare la proposta di concordato preventivo, che deve essere approvata da tanti creditori che rappresentino la maggioranza del totale dei crediti dei creditori ammessi al voto. Se infine tale maggioranza è raggiunta, il tribunale – decise eventuali opposizioni di creditori dissenzienti e comunque verificati nuovamente i presupposti di legge – omologa il concordato preventivo. Il concordato preventivo così omologato è vincolante per tutti i creditori.

9   Peraltro, l'articolo 182 ter della legge fallimentare, intitolato «Transazione fiscale», prevede che, con il piano di cui all'articolo 160 di tale legge, il debitore possa proporre il pagamento, parziale o anche dilazionato, dei tributi amministrati dalle agenzie fiscali e dei relativi accessori, nonché dei contributi amministrati dagli enti gestori di forme di previdenza e assistenza obbligatorie e dei relativi accessori, limitatamente alla quota di debito avente natura chirografaria anche se non iscritti a ruolo, ad eccezione dei tributi costituenti risorse proprie dell'Unione europea. Con riguardo, tuttavia, all'IVA e alle ritenute operate e non versate, la proposta del debitore può solo prevedere la dilazione del pagamento.

Procedimento principale e questione pregiudiziale

10   Il 22 maggio 2014, la Degano Trasporti ha presentato al giudice del rinvio una domanda di concordato preventivo. Trovandosi in stato di crisi, essa intende liquidare in tal modo il suo patrimonio, al fine di provvedere al pagamento integrale di taluni creditori privilegiati e al pagamento in percentuale dei creditori chirografari e di creditori privilegiati di grado inferiore, per i cui crediti sostiene che non vi sarebbe comunque capienza, neppure in caso di fallimento. Tra questi ultimi vi è un debito di IVA che la Degano Trasporti propone di pagare parzialmente, senza vincolare tale proposta alla conclusione di una transazione fiscale.

11   Dovendosi pronunciare in merito alla ricevibilità della domanda della Degano Trasporti, il giudice del rinvio rileva, in particolare, che l'articolo 182 ter della legge fallimentare pone il divieto di concordare, nell'ambito di una transazione fiscale, un pagamento parziale dei crediti dello Stato relativi all'IVA – ai quali la legge riconosce il rango di crediti privilegiati di grado 19° –, ammettendone soltanto un pagamento dilazionato nel tempo.

12   Esso precisa che, secondo la giurisprudenza della Corte suprema di cassazione (Italia), tale divieto – seppure posto dall'articolo 182 ter della legge fallimentare, che disciplina la transazione fiscale – vale in ogni caso e rimane inderogabile anche nell'ambito di una proposta di concordato preventivo. Tale interpretazione del diritto nazionale s'impone, secondo detto giudice, alla luce del diritto dell'Unione, in particolare dell'articolo 4, paragrafo 3, TUE e della direttiva IVA, come interpretati nelle sentenze Commissione/Italia (C-132/06, EU:C:2008:412), Commissione/Italia (C-174/07, EU:C:2008:704) e Belvedere Costruzioni (C-500/10, EU:C:2012:186).

13   Il giudice del rinvio si domanda, tuttavia, se l'obbligo degli Stati membri di adottare tutte le misure legislative e amministrative necessarie a garantire il prelievo integrale dell'IVA, obbligo previsto dal diritto dell'Unione, impedisca effettivamente di ricorrere a una procedura concorsuale alternativa al fallimento, nel cui ambito l'imprenditore in stato di insolvenza liquidi tutto il proprio patrimonio per pagare i propri creditori e preveda pagamenti dei crediti IVA non deteriori rispetto all'ipotesi alternativa del fallimento.

14   Il Tribunale di Udine ha pertanto deciso di sospendere il procedimento e di sottoporre alla Corte la seguente questione pregiudiziale: «Se i principi e le norme contenuti nell'[articolo] 4, paragrafo [3, TUE] e nella direttiva [IVA], così come già interpretati nelle sentenze della Corte [Commissione/Italia (C-132/06, EU:C:2008:412), Commissione/Italia (C-174/07, EU:C:2998:704) e Belvedere Costruzioni (C-500/10, EU:C:2012:186)], debbano essere altresì interpretati nel senso di rendere incompatibile una norma interna (e, quindi, per quanto riguarda il caso qui in decisione, un'interpretazione degli [articoli] 162 e 182 ter [della legge fallimentare]) tale per cui sia ammissibile una proposta di concordato preventivo che preveda, con la liquidazione del patrimonio del debitore, il pagamento soltanto parziale del credito dello Stato relativo all'IVA, qualora non venga utilizzato lo strumento della transazione fiscale e non sia prevedibile per quel credito – sulla base dell'accertamento di un esperto indipendente e all'esito del controllo formale del Tribunale – un pagamento maggiore in caso di liquidazione fallimentare».

Sulla questione pregiudiziale

15   Dato che il giudice del rinvio precisa di sollevare il presente rinvio pregiudiziale in fase di valutazione della ricevibilità della domanda di cui è stato investito – sebbene la fase propriamente contenziosa della procedura di concordato preventivo abbia inizio solamente dopo l'approvazione di un siffatto concordato quando i creditori messi in minoranza possono proporre formale opposizione – occorre, in via preliminare, rilevare che tali elementi non ostano alla competenza della Corte a conoscere della presente domanda di rinvio pregiudiziale.

16   I giudici nazionali possono, infatti, adire la Corte se al loro cospetto pende una lite e se sono stati chiamati a statuire nell'ambito di un procedimento destinato a risolversi in una pronuncia di carattere giurisdizionale (sentenze Grillo Star Fallimento, C-443/09, EU:C:2012:213, punto 21, nonché Torresi, C-58/13 e C-59/13, EU:C:2014:2088, punto 19), e la scelta del momento più idoneo per interrogare la Corte in via pregiudiziale è di loro esclusiva competenza (v., in tal senso, sentenze X, C-60/02, EU:C:2004:10, punto 28, e AGM-COS.MET, C-470/03, EU:C:2007:213, punto 45).

17   La Corte è quindi competente a conoscere della presente domanda di rinvio pregiudiziale, sebbene sia stata presentata dal giudice del rinvio in fase di esame non contraddittorio della ricevibilità della domanda di cui è stato investito, domanda diretta ad aprire una procedura di concordato preventivo che, come emerge dalle norme procedurali nazionali citate al punto 8 della presente sentenza, sfocia, se ricevibile, in una decisione di tipo giurisdizionale, adottata in presenza del Pubblico Ministero, dopo che il giudice abbia eventualmente statuito sulle opposizioni sollevate dai creditori messi in minoranza.

18   Con la sua questione il giudice del rinvio domanda, sostanzialmente, se l'articolo 4, paragrafo 3, TUE nonché gli articoli 2, 250, paragrafo 1, e 273 della direttiva IVA ostino a una normativa nazionale, come quella di cui al procedimento principale, interpretata nel senso che un imprenditore in stato di insolvenza può presentare a un giudice una domanda di apertura di una procedura di concordato preventivo al fine di saldare i propri debiti mediante la liquidazione del suo patrimonio, con la quale proponga di pagare solo parzialmente un debito IVA attestando, sulla base dell'accertamento di un esperto indipendente, che tale debito non riceverebbe un trattamento migliore in caso di proprio fallimento.

19   A tale riguardo occorre ricordare che dagli articoli 2, 250, paragrafo 1, e 273 della direttiva IVA nonché dall'articolo 4, paragrafo 3, TUE emerge che gli Stati membri hanno l'obbligo di adottare tutte le misure legislative e amministrative atte a garantire il prelievo integrale dell'IVA nel loro territorio (sentenze Commissione/Italia, C-132/06, EU:C:2008:412, punto 37; Belvedere Costruzioni, C-500/10, EU:C:2012:186, punto 20; Åkerberg Fransson, C-617/10, EU:C:2013:105, punto 25, e WebMindLicenses, C-419/14, EU:C:2015:832, punto 41).

20   Nell'ambito del sistema comune dell'IVA, gli Stati membri sono tenuti a garantire il rispetto degli obblighi a carico dei soggetti passivi e beneficiano, al riguardo, di una certa libertà in relazione, segnatamente, al modo di utilizzare i mezzi a loro disposizione (sentenze Commissione/Italia, C-132/06, EU:C:2008:412, punto 38, e Belvedere Costruzioni, C-500/10, EU:C:2012:186, punto 21).

21   Tale libertà è tuttavia limitata dall'obbligo di garantire una riscossione effettiva delle risorse proprie dell'Unione e da quello di non creare differenze significative nel modo di trattare i contribuenti, e questo

sia all'interno di uno degli Stati membri che nell'insieme dei medesimi. La direttiva IVA deve essere interpretata in conformità al principio di neutralità fiscale inerente al sistema comune dell'IVA, in base al quale operatori economici che effettuino operazioni uguali non devono essere trattati diversamente in materia di riscossione dell'IVA. Ogni azione degli Stati membri riguardante la riscossione dell'IVA deve rispettare tale principio (v., in tal senso, sentenze Commissione/Italia, C-132/06, EU:C:2008:412, punto 39; Commissione/Germania, C-539/09, EU:C:2011:733, punto 74, e Belvedere Costruzioni, C-500/10, EU:C:2012:186, punto 22).

22   Le risorse proprie dell'Unione comprendono, in particolare, ai sensi dell'articolo 2, paragrafo 1, della decisione 2007/436/CE, Euratom del Consiglio, del 7 giugno 2007, relativa al sistema delle risorse proprie delle Comunità europee (GU L 163, pag. 17), le entrate provenienti dall'applicazione di un'aliquota uniforme agli imponibili IVA armonizzati determinati secondo regole dell'Unione. Sussiste quindi un nesso diretto tra la riscossione del gettito dell'IVA nell'osservanza del diritto dell'Unione applicabile e la messa a disposizione del bilancio dell'Unione delle corrispondenti risorse IVA, poiché qualsiasi lacuna nella riscossione del primo determina potenzialmente una riduzione delle seconde (sentenza Åkerberg Fransson, C-617/10, EU:C:2013:105, punto 26 nonché giurisprudenza ivi citata).

23   Alla luce di tali elementi occorre esaminare se l'ammissione di un pagamento parziale di un credito IVA, da parte di un imprenditore in stato di insolvenza, nell'ambito di una procedura di concordato preventivo come prevista dalla normativa nazionale di cui al procedimento principale, sia contraria all'obbligo degli Stati membri di garantire il prelievo integrale dell'IVA nel loro territorio nonché la riscossione effettiva delle risorse proprie dell'Unione.

24   Al riguardo occorre constatare che, come rilevato dall'avvocato generale ai paragrafi da 38 a 42 delle conclusioni, la procedura di concordato preventivo, come descritta dal giudice del rinvio ed esposta ai punti da 6 a 8 della presente sentenza, è soggetta a presupposti di applicazione rigorosi, allo scopo di offrire garanzie per quanto concerne, in particolare, il recupero dei crediti privilegiati e pertanto dei crediti IVA.

25   In tal senso, anzitutto, la procedura di concordato preventivo comporta che l'imprenditore in stato di insolvenza liquidi il suo intero patrimonio per saldare i propri debiti. Se tale patrimonio non è sufficiente a rimborsare tutti i crediti, il pagamento parziale di un credito privilegiato può essere ammesso solo se un esperto indipendente attesta che tale credito non riceverebbe un trattamento migliore nel caso di fallimento del debitore. La procedura di concordato preventivo appare quindi tale da consentire di accertare che, a causa dello stato di insolvenza dell'imprenditore, lo Stato membro interessato non possa recuperare il proprio credito IVA in misura maggiore.

26   Inoltre, dato che la proposta di concordato preventivo è soggetta al voto di tutti i creditori ai quali il debitore non proponga un pagamento integrale del loro credito e che deve essere approvata da tanti creditori che rappresentino la maggioranza del totale dei crediti dei creditori ammessi al voto, la procedura di concordato preventivo offre allo Stato membro interessato la possibilità di votare contro una proposta di pagamento parziale di un credito IVA qualora, in particolare, non concordi con le conclusioni dell'esperto indipendente.

27   Infine, supponendo pure che, nonostante tale voto negativo, detta proposta sia adottata e che, di conseguenza, il concordato preventivo debba essere omologato dal giudice adito, dopo che quest'ultimo abbia eventualmente statuito sulle opposizioni sollevate dai creditori in disaccordo con la proposta di concordato, la procedura di concordato preventivo consente allo Stato membro interessato di contestare ulteriormente, mediante opposizione, un concordato che preveda un pagamento parziale di un credito IVA e a detto giudice di esercitare un controllo.

28   Tenuto conto di tali presupposti, l'ammissione di un pagamento parziale di un credito IVA, da parte di un imprenditore in stato di insolvenza, nell'ambito di una procedura di concordato preventivo che, a differenza delle misure di cui trattasi nelle cause che hanno dato origine alle sentenze Commissione/Italia (C-132/06, EU:C:2008:412) e Commissione/Italia (C-174/07, EU:C:2008:704) cui fa riferimento il giudice del rinvio, non costituisce una rinuncia generale e indiscriminata alla riscossione dell'IVA, non è contraria all'obbligo degli Stati membri di

garantire il prelievo integrale dell'IVA nel loro territorio nonché la riscossione effettiva delle risorse proprie dell'Unione.

29   Di conseguenza occorre rispondere alla questione sollevata dichiarando che l'articolo 4, paragrafo 3, TUE nonché gli articoli 2, 250, paragrafo 1, e 273 della direttiva IVA non ostano a una normativa nazionale, come quella di cui al procedimento principale, interpretata nel senso che un imprenditore in stato di insolvenza può presentare a un giudice una domanda di apertura di una procedura di concordato preventivo, al fine di saldare i propri debiti mediante la liquidazione del suo patrimonio, con la quale proponga di pagare solo parzialmente un debito IVA attestando, sulla base dell'accertamento di un esperto indipendente, che tale debito non riceverebbe un trattamento migliore nel caso di proprio fallimento.

Sulle spese

30   Nei confronti delle parti nel procedimento principale la presente causa costituisce un incidente sollevato dinanzi al giudice nazionale, cui spetta quindi statuire sulle spese. Le spese sostenute da altri soggetti per presentare osservazioni alla Corte non possono dar luogo a rifusione.

Per questi motivi, la Corte (Seconda Sezione) dichiara:
L'articolo 4, paragrafo 3, TUE nonché gli articoli 2, 250, paragrafo 1, e 273 della direttiva 2006/112/CE del Consiglio, del 28 novembre 2006, relativa al sistema comune d'imposta sul valore aggiunto, non ostano a una normativa nazionale, come quella di cui al procedimento principale, interpretata nel senso che un imprenditore in stato di insolvenza può presentare a un giudice una domanda di apertura di una procedura di concordato preventivo, al fine di saldare i propri debiti mediante la liquidazione del suo patrimonio, con la quale proponga di pagare solo parzialmente un debito dell'imposta sul valore aggiunto attestando, sulla base dell'accertamento di un esperto indipendente, che tale debito non riceverebbe un trattamento migliore nel caso di proprio fallimento.

Firme

D) La segnalazione a sofferenza nelle procedure da sovraindebitamento.

Con comunicazione dell'11 Novembre 2015, che si allega in calce al presente paragrafo, la Banca d'Italia ha fornito chiarimenti in merito ai criteri di classificazione della qualità del credito in caso di procedimenti da sovraindebitamento.

Anzitutto viene premesso che va fatto riferimento alle definizioni di attività deteriorate (non-performing exposures) e di sofferenze (forbearance) pubblicate dalla European Banking Authority (EBA).

In secondo luogo, viene fatta una sostanziale differenza di classificazione del credito in base al fatto che il debitore abbia intrapreso una procedura di composizione della crisi (accordo o piano del consumatore) o una procedura liquidatoria.

Ed infatti la Banca d'Italia specifica che nel caso di avvio di una procedura di composizione della crisi, il soggetto sovraindebitato sostanzialemnte chiede di poter ristrutturare la propria situazione debitoria, dando atto pertanto di essere in una situazione di indebitamento ancora "reversibile", similmente a quanto avviene per le procedure di concordato per gli imprenditori commerciali. Al contrario il soggetto che avvia una procedura liquidatoria ammette la non reversibilità del proprio stato di indebitamento.

Ciò comporta, sotto il profilo della segnalzione, che chi accede alle procedure di composizione della crisi possa essere classificato nella categoria delle "inadempienze probabili", mentre chi accede ad una procedura liquidatoria possa essere classificato nella categoria delle "segnalazioni a sofferenza".

Si riporta comunque di seguito il testo della circolare in commento i cui criteri di classificazione si applicano a partire dalle rilevazioni compiute dal 30 novembre 2015 in poi per una più ampia disamina della questione.

BANCA D'ITALIA – EUROSISTEMA
VIGILANZA BANCARIA E FINANZIARIA
DOCUMENTO PER LA CONSULTAZIONE
LUGLIO 2015

I PROCEDIMENTI DI COMPOSIZIONE DELLA CRISI DA SOVRAINDEBITAMENTO E DI LIQUIDAZIONE PER I SOGGETTI NON FALLIBILI. RIFLESSI SULLA CLASSIFICAZIONE PER QUALITÀ DEL CREDITO DEI DEBITORI.

Premessa

Con Legge 27 gennaio 2012, n. 3 (come modificata dal D.L. 18 ottobre 2012, n.179, convertito con modificazioni nella Legge 17 dicembre 2012, n. 221) è stata introdotta nel nostro ordinamento una disciplina organica per regolare la crisi "da sovraindebitamento" dei soggetti non fallibili (c.d. "insolvenza civile").

Si tratta, pertanto, di procedure che hanno un <u>ambito soggettivo</u> di applicazione residuale rispetto alle tradizionali procedure concorsuali e riguardano:

a) l'imprenditore non soggetto a fallimento in quanto "piccolo" imprenditore ai sensi dell'art. 1 della Legge Fallimentare, oppure perché imprenditore non commerciale;

b) il debitore civile, ad esempio il professionista, anche organizzato in forma di associazione tra professionisti, non soggetto o assoggettabile a procedure concorsuali;

c) il consumatore, ossia il debitore persona fisica che ha assunto obbligazioni per scopi estranei all'attività imprenditoriale o professionale.

Per quanto attiene il <u>presupposto oggettivo</u> di accesso alla disciplina, la legge definisce il "sovraindebitamento" come *"la situazione di perdurante squilibrio tra le obbligazioni assunte e il patrimonio prontamente liquidabile per farvi fronte, che determina la rilevante difficoltà di adempiere le proprie obbligazioni, ovvero la definitiva incapacità di adempierle regolarmente"*.

La legge delinea tre procedure che essa stessa definisce di "natura concorsuale".

In particolare la norma prevede:

- due procedure di <u>composizione della crisi</u>, modellate sull'istituto del concordato preventivo:

  a) la procedura di composizione mediante accordo, tramite cui il debitore propone ai creditori, con l'ausilio di un organismo di composizione della crisi[1], un accordo di ristrutturazione dei debiti e di soddisfazione dei crediti sulla base di un piano che, ove approvato da parte dei titolari di almeno il 60% dei crediti complessivi, è depositato in tribunale per il procedimento di omologazione. In caso di omologazione, l'accordo è obbligatorio anche nei confronti dei creditori non aderenti;

  b) la procedura di composizione dedicata esclusivamente al consumatore, basata su un piano sempre redatto con l'ausilio di un organismo di composizione della crisi e avente le medesime finalità dell'accordo di cui al precedente punto a). Tale procedura non richiede l'approvazione dei creditori e, laddove riceva l'omologazione da parte del tribunale[2], produce effetti esdebitatori nei confronti di tutti i creditori;

- una procedura di <u>liquidazione dei beni</u>, più vicina alla procedura fallimentare, che non produce automaticamente effetti esdebitatori, salvo che non venga attivato uno specifico sub-procedimento su ricorso del debitore presentato entro l'anno successivo alla chiusura della liquidazione.

---

[1] Possono costituire organismi per la composizione delle crisi da sovraindebitamento enti pubblici dotati di requisiti di indipendenza e professionalità, organismi di conciliazione costituiti presso le camere di commercio, industria, artigianato e agricoltura, gli ordini professionali degli avvocati, dei commercialisti ed esperti contabili e dei notai, ecc. (art. 15 Legge 17 dicembre 2012, n. 221).

[2] Ai fini dell'omologa il giudice deve, tra l'altro, escludere "che il consumatore ha assunto obbligazioni senza la ragionevole prospettiva di poterle adempiere ovvero che ha colposamente determinato il sovraindebitamento, anche per mezzo di un ricorso al credito non proporzionato alle proprie capacità patrimoniali" (art. 12 bis, co. 3 Legge 17 dicembre 2012, n. 221).

Il suddetto intervento legislativo ha riflessi sulla classificazione per qualità del credito delle esposizioni verso soggetti che accedono alle procedure sopra descritte, ai fini delle segnalazioni di vigilanza, del bilancio e della Centrale dei Rischi.

Al riguardo, sono stati chiesti alla Banca d'Italia chiarimenti sui criteri di classificazione per qualità del credito da adottare nelle fattispecie in argomento e su come detti criteri si raccordino con le definizioni di non-performing exposures e di forbearance pubblicate dall'EBA.

Al riguardo, si osserva preliminarmente che in base alle vigenti disposizioni segnaletiche[3] devono essere ricondotte tra le sofferenze le esposizioni nei confronti di un soggetto in stato di insolvenza (anche non accertato giudizialmente) o in situazioni sostanzialmente equiparabili; devono, invece, essere classificate fra le inadempienze probabili le esposizioni per le quali la banca ritiene improbabile che, senza il ricorso ad azioni quali l'escussione delle garanzie, il debitore adempia integralmente alle sue obbligazioni creditizie.

Ciò premesso, si forniscono di seguito i criteri di classificazione da adottare, rispettivamente, nel caso di procedure di composizione della crisi e di liquidazione dei beni.

1.1 Le procedure di composizione della crisi

1.1.1 Segnalazioni di vigilanza e di bilancio

Coerentemente con le indicazioni fornite agli intermediari bancari e finanziari in relazione all'istituto del concordato preventivo, al fine di evitare il rischio di frapporre ostacoli al processo di ripristino delle condizioni di solvibilità del debitore, le esposizioni verso soggetti che accedono alle procedure di composizione della crisi sono classificate tra le inadempienze probabili dalla data di richiesta di ammissione. Resta comunque fermo che le esposizioni in questione sono classificate tra le

---

[3] Cfr., ad esempio, Circolare n. 272 "Matrice dei conti" – Avvertenze generali, paragrafo "Qualità del credito", pag. B.6 e Circolare n. 139 "Centrale dei rischi–Istruzioni per gli intermediari" – Sezione 3, par. 1.5.

sofferenze: a) qualora ricorrano elementi obiettivi nuovi che inducano gli intermediari, nella loro responsabile autonomia, a classificare il debitore in tale categoria; b) le esposizioni erano già in sofferenza al momento della richiesta di ammissione.

In caso di successiva omologazione da parte del tribunale, le relative esposizioni sono anche classificate nell'ambito della sottocategoria delle esposizioni oggetto di concessioni deteriorate (forborne non-performing secondo i criteri EBA).

1.1.2 Centrale dei Rischi

Analoghi criteri di rappresentazione sono adottati nelle segnalazioni alla Centrale dei Rischi.

1.2 La procedura di liquidazione dei beni

1.2.1 Segnalazioni di vigilanza e bilancio

La procedura di liquidazione dei beni presenta connotati simili a quelli della procedura fallimentare; essa non mira al ripristino della solvibilità del debitore, bensì alla mera liquidazione di tutti i suoi beni. Pertanto, in caso sia di richiesta di liquidazione da parte del debitore sia di conversione della procedura di composizione della crisi in liquidazione, devono essere adottati gli ordinari criteri di classificazione, che prevedono una valutazione soggettiva da parte degli intermediari circa l'esistenza delle condizioni di insolvenza per la classificazione tra le sofferenze.

1.2.2 Centrale dei Rischi

Analoghi criteri di rappresentazione sono adottati nelle segnalazioni alla Centrale dei Rischi.

E) La valutazione della meritevolezza in rapporto al credito al consumo: la responsabilità bilaterale.

L'omologazione di un piano del consumatore, così come l'esdebitazione al termine della procedura liquidatoria, sono strettamente correlate alla valutazione della meritevolezza del debitore.

Con riguardo al piano del consumatore, l'art. 12 bis L. 3/2012 comma 3 sancisce infatti che *"il giudice, quando esclude che il consumatore ha assunto obbligazioni senza la ragionevole prospettiva di poterle adempiere ovvero che ha colposamente determinato il sovraindebitamento, anche per mezzo di un ricorso al credito non proporzionato alle proprie capacità patrimoniali, omologa il piano"*. Allo stesso modo, con riguardo alla liquidazione del patrimonio, l'art. 14 terdecies comma 2 sancisce che l'esdebitazione è esclusa *"quando il sovra indebitamento del debitore è imputabile ad un ricorso al credito colposo e sproporzionato rispetto alle sue capacità patrimoniali"*.

Nulla di simile viene invece previsto con riferimento all'accordo con i creditori, forse per via del fatto che, come intuitivamente si può capire anche solo dal nome dato a questa specifica procedura, il buon esito della stessa dipende dal consenso rilasciato dai creditori cui si propone l'accordo; consenso che, evidentemente, esclude e supera la necessità per il Giudice di vagliare la meritevolezza del sovraindebitato nell'assunzione dei debiti.

Non si può ignorare però che molte situazioni di sovra indebitamento, soprattutto quelle che coinvolgono i consumatori e le persone fisiche, sono spesso determinate da un ricorso al credito "troppo facile" ed "irresponsabile" da parte di istituti di credito e finanziarie che, pur avendo gli strumenti necessari ad operare una corretta valutazione dell'affidabilità e della solvibilità del debitore richiedente, in assenza di un cogente sistema sanzionatorio, troppo spesso erogano denaro a chi già si trova in una situazione di crisi, nella consapevolezza che quel denaro molto probabilmente non verrà mai restituito per l'intero.

In questo senso un argine alle situazioni di sovraindebitamento dovrebbe essere posto da una corretta disciplina dell'erogazione dei finanziamenti ai consumatori. Non di rado infatti si presentano a chiedere accesso alle procedure da sovraindebitamento soggetti con plurimi finanziamenti richiesti nel corso degli anni, alcuni dei quali talvolta chiesti addirittura per chiuderne di antecedenti. E' evidente pertanto che il professionista finanziatore che, pur conoscendo o potendo conoscere le difficoltà economiche finanziarie del richiedente, si determini a concedere ugualmente il credito richiesto, concorre direttamente a determinare o a peggiorare, nel lungo periodo, lo stato di crisi, rendendolo talvolta irreversibile. Rappresenterebbe quindi un vero paradosso, a parere di chi scrive, che colui che ha contribuito a rendere la situazione di indebitamento irreversibile, possa ostacolare l'accesso ai rimedi dati dalla disciplina del sovraindebitamento, lamentando la mancanza di meritevolezza del debitore richiedente.

Questo è esattamente il caso che si è prospettato presso il Tribunale di Pistoia nel 2014 quando, dopo aver ottenuto l'omologa del piano del consumatore, il consumatore medesimo si è visto precluso l'accesso a tale procedura di composizione della crisi in conseguenza al reclamo proposto da una delle finanziarie creditrici che lamentava appunto la mancanza di meritevolezza del debitore e un ricorso al credito sproporzionato (cfr. Tribunale di Pistoia – provvedimento di omologa del piano del consumatore del 27.12.2013 e decreto del 28.02.2014 a chiusura del successivo procedimento di reclamo all'omologa).

La questione che sorge spontanea è la seguente: non è forse una stortura il fatto che al consumatore venga negato l'accesso alla procedura di piano del consumatore a causa di un'opposizione compiuta dallo stesso finanziatore che lamenta la mancanza di meritevolezza del richiedente ma che, allo stesso tempo, anni prima, dopo un'analisi di solvibilità operata sul debitore stesso, l'aveva ritenuto egli stesso meritevole tanto da erogargli il denaro richiesto?

Attualmente, in materia di contratti di credito al consumo l'approccio preminente a livello europeo e italiano è quello di una responsabilizzazione del consumatore che richiede il credito (c.d. responsible borrowing), piuttosto che quello della responsabilizzazione dell'intermediario che lo concede (c.d. responsible lending), al quale comunque vengono imposti, se non altro, degli obblighi di informativa e di diligenza che, qualora violati, lo possono comunque esporre ad una responsabilità con conseguente possibilità per il consumatore di agire per il risarcimento del danno (c.d. responsible lending affievolito).

Andando per ordine, il panorama normativo attuale in materia di credito al consumo è dato, in principalità, dagli articoli 124 e 124 bis TUB, in materia di obblighi informativi dell'intermediario finanziario, oltre che dagli articoli 1175 e 1337 c.c. in materia di buona fede – diligenza - correttezza e responsabilità pre contrattuale, nonché dalla direttiva europea 2008/48/CE in materia di credito al consumo recepita con d.lgs. 141/2010.

L'art. 124 TUB prevede che l'intermediario finanziario debba necessariamente assolvere una seria di obblighi informativi a tutela del cliente consumatore al fine di permettere al medesimo di essere in grado, prima della conclusione del contratto, di prendere una decisione informata e consapevole circa la portata di un'offerta di credito alla quale il medesimo si sta per vincolare. Si legge al comma 1 dell'articolo citato: *"il finanziatore o l'intermediario del credito, sulla base delle condizioni offerte dal finanziatore e, se del caso, delle preferenze espresse e delle informazioni fornite dal consumatore, forniscono al consumatore, prima che egli sia vincolato da un contratto o da un'offerta di credito, le informazioni necessarie per consentire il confronto delle diverse offerte di credito sul mercato, al fine di prendere una decisione informata e consapevole in merito alla conclusione di un contratto di credito"*. E ancora al comma 5 del medesimo articolo *"Il finanziatore o l'intermediario del credito forniscono al consumatore chiarimenti adeguati, in modo che questi possa valutare se il contratto di credito proposto sia adatto alle sue esigenze e alla sua situazione finanziaria, eventualmente illustrando (...) le conseguenze del mancato pagamento"*.

Allo stesso modo, il 124 bis TUB prevede a carico dell'intermediario degli obblighi di verifica del merito creditizio del consumatore che fa richiesta di accedere al credito. Al riguardo il comma 1 della norma citata così recita: *"prima della conclusione del contratto di credito, il finanziatore valuta il merito creditizio del consumatore sulla base di informazioni adeguate, se del caso fornite dal consumatore stesso e, ove necessario, ottenute consultando una banca dati pertinente"*.

Tali norme devono essere lette insieme e alla luce dei principi di affidamento - buona fede - diligenza (professionale) e correttezza che vengono disciplinati all'interno del nostro codice civile, il quale, nella sezione dedicata ai contratti, prevede, in generale, che i contraenti devono agire cercando di tutelare l'interesse anche della controparte contrattuale oltre che il suo affidamento incolpevole, tanto nella fase di concepimento del contratto che nella sua fase di esecuzione (art. 1175 c.c. e 1337 c.c.).

Pare evidente che a maggior ragione tale principio vale nel nei contratti business – consumer e cioè nei contratti tra professionisti e consumatori.

Il finanziatore che non tiene un comportamento approntato a tali principi, compie una violazione che comporta per il consumatore la possibilità di chiedere la risoluzione per inadempimento ex art. 1455 c.c. e il risarcimento del danno per responsabilità precontrattuale o extracontrattuale per violazione degli obblighi informativi e del principio di buona fede e di affidamento incolpevole nonché per violazione della libertà negoziale. A tal riguardo si è espresso altresì l'ABF Collegio di Roma n. 4440 del 20 agosto 2013 secondo cui *"nella realtà attuale dell'ordinamento giuridico, l'informazione al cliente nella fase delle trattative che precedono la stipulazione di un contratto di finanziamento non può essere più considerata come una sorta di consiglio amichevole, ma costituisce ormai la prestazione di un vero e proprio servizio di consulenza professionale, e in ogni caso l'adempimento di uno specifico dovere di protezione nei confronti dell'altra parte contraente (...) Non vi è quindi dubbio che la violazione di tale obbligo determini il diritto del cliente di essere risarcito dal danno cagionatogli".*

La tutela del consumatore, secondo i principi appena esposti, la si ritrova e in qualche modo deriva altresì dalla direttiva europea 2008/48, in materia di credito al consumo, recepita con d.lgs. 141/2010. Al riguardo nel considerando 8 si legge *"è opportuno che il mercato offra un livello di tutela dei consumatori sufficiente, in modo da assicurare la fiducia dei consumatori"*. E ancora al considerando 9 si legge *"è necessaria una piena armonizzazione che garantisca a tutti i consumatori della Comunità di fruire di un livello elevato ed equivalente di tutela dei loro interessi e che crei un vero mercato interno"*. Al considerando n. 23 si legge *"gli Stati membri stabiliscono le norme relative alle sanzioni applicabili in caso di violazione delle disposizioni nazionali adottate a norma della presente direttiva e prendono tutti i provvedimenti necessari per garantirne l'attuazione. Le sanzioni previste devono essere efficaci, proporzionate e dissuasive"*.

Dello stesso tenore la direttiva 2014/17 in materia di finanziamenti aventi ad oggetto beni immobili residenziali. Si legge all'art. 18 *"gli Stati membri provvedono affinché prima della conclusione di un contratto di credito, il creditore svolga una valutazione approfondita del merito creditizio del consumatore. Tale valutazione tiene adeguatamente conto dei fattori pertinenti ai fini della verifica delle prospettive di adempimento da parte del consumatore degli obblighi stabiliti dal contratto di credito. [...] Gli Stati membri assicurano che: a) il creditore eroghi il credito al consumatore solo quando i risultati della valutazione del merito creditizio indicano che gli obblighi derivanti dal contratto di credito saranno verosimilmente adempiuti secondo le modalità prescritte dal contratto di credito; [...]"*.

E ancora all'art 20 si legge: *"La valutazione del merito creditizio di cui all'articolo 18 è effettuata sulla base delle informazioni sul reddito e le spese del consumatore e altre informazioni sulla situazione economica e finanziaria necessarie, sufficienti e proporzionate. Le informazioni sono ottenute dal creditore da pertinenti fonti interne o esterne, incluso il consumatore, e comprendono le informazioni fornite all'intermediario del credito o al rappresentante designato nel corso della richiesta di credito. Le informazioni sono opportunamente verificate, anche attingendo, se necessario, a documentazione indipendente verificabile."*

L'obiettivo del legislatore europeo delle due direttive citate è pertanto quello di garantire la tutela degli interessi dei consumatori europei nonché quello di creare un mercato del credito al consumo affidabile, efficiente e non distorto da logiche aziendali contrarie all'interesse della parte contrattuale più debole.

Auspicando che sia a livello nazionale che a livello europeo ci si orienti sempre più verso il *responsible lending*, andando a sanzionare quei finanziatori che concedono credito senza un'adeguata valutazione della solvibilità del consumatore, alla luce di quanto esposto nel presente paragrafo, allo stato attuale delle cose, con riferimento al sovraindebitamento, parrebbe opportuno che il magistrato che è tenuto ad esprimere un giudizio di meritevolezza al fine di concedere l'omologazione del piano del consumatore o, per analogia, l'esdebitazione conseguente alla procedura di liquidazione del patrimonio, accertasse il grado di responsabilità nell'indebitamento da parte del soggetto sovraindebitato, non dimenticando tuttavia di valutare l'eventuale irresponsabilità dagli intermediari finanziari che abbiano violato quei principi e norme civilistiche, del TUB e del panorama normativo a livello europeo, di cui si è detto in questo capitolo.

Se è pur vero, infatti, che un finanziatore non è (ancora) obbligato a rifiutare l'erogazione di credito a persone in situazioni economiche precarie, per mancanza di norme sanzionatorie specifiche che inficino la validità di contratti di credito al consumo così conclusi, tuttavia, come spiegato, la sua decisione di concedere credito a soggetti immeritevoli concorre direttamente a causare o a rendere irreversibile lo stato di crisi e non va né deve andare esente in modo assoluto da responsabilità.

Il giudice del sovraindebitamento e, ancor prima di lui, l'organismo di composizione della crisi, dovranno quindi operare un corretto bilanciamento delle responsabilità del debitore e del finanziatore al fine di compiere un corretto giudizio di meritevolezza ed assicurare conseguentemente un giusto accesso alle procedure da sovraindebitamento da parte di soggetti che ne facciano richiesta.

D'altra parte, questa sembra essere la strada che il nostro legislatore ha voluto indicare in occasione dell'emanazione della legge delega n. 155/2017 di riforma delle procedure concorsuali. Al riguardo, la lettera e) dell'art. 9 della legge delega prevede che *"nella relazione dell'organismo di cui all'art. 9, comma 3 bis, della legge 27 gennaio 2012, n. 3 sia indicato se il soggetto finanziatore abbia tenuto conto del merito creditizio del richiedente, valutato in relazione al suo reddito disponibile, dedotto l'importo necessario a mantenere un dignitoso tenore di vita"*.

Operare un corretto bilanciamento di responsabilità contribuirebbe certamente a raggiungere quell'obiettivo prefissato dalla direttiva europea 2008/48 ovvero rendere il mercato del credito al consumo un mercato affidabile, in cui operino istituti finanziari che non mirino solo al guadagno ma altresì a tutelare l'incolumità del consumatore che richiede loro credito. E a livello sociale questa sarebbe indubbiamente una grande conquista in quanto porterebbe ad una responsabilizzazione del consumatore e condurrebbe altresì a ridurre delle situazioni di crisi economiche in cui versano oggi molte persone e molte famiglie e delle quali si sente tanto (troppo) parlare in questi anni.

F) Le responsabilità penali nelle procedure da sovraindebitamento.

L'impianto normativo della L. 3/12 prevede nelle disposizioni finali degli articoli dedicati alle responsabilità penali per gli organi di procedura e per il debitore che abbia chiesto accesso ad una delle procedure da sovraindebitamento.

Centrale è l'art. 16 della L. 3/12, che prevede delle misure sanzionatorie che possono andare dalle multe alla reclusione.

Sei sono le condotte del debitore che vengono tipizzate dall'articolo in commento e che comportano una responsabilità penale che preclude al debitore stesso di poter avere accesso al beneficio dell'esdebitazione e tutte vengono descritte nel comma 1 dell'art. 16 L. 3/2012. Due invece sono le condotte tipiche degli organi di procedura che comportano in capo ai medesimi una responsabilità penale e vengono descritte nel comma 2 dell'articolo citato.

Pare evidente da un lato l'ispirazione alla normativa fallimentare e all'impianto sanzionatorio ivi previsto; dall'altro pare altrettanto evidente che l'intento ultimo del legislatore è quello di evitare la strumentalizzazone di procedure da sovraindebitamento che devono e possono rappresentare un'àncora di salvezza solo per quei soggetti che siano meritevoli e non devono al contrario in alcun modo prestarsi a diventare scappatoie illegali per evitare pagamenti dovuti di obbligazioni per le quali il debitore è nelle condizioni di adempiere.

Tale presidio penale previsto dall'art. 16 L. 3/2012 è a tutela degli interessi collettivi della massa creditoria della singola procedura da sovraindebitamento, e, più in generale, a tutela del mercato e dell'economia.

Tutte le fattispecie criminose indicate dall'art. 16 sono accomunate dal fatto di essere procedure sussidiarie, ossia che vengono applicate nel caso in cui i fatti non costituiscano più grave reato (come ad es. nel caso in cui venga integrato il reato di truffa, bancarotta, ecc); sono procedure per le quali è prevista la perseguibilità d'ufficio, il che significa che anche il Giudice stesso ha il dovere di trasmettere gli atti in procura affinché il pm incaricato possa dar seguito all'azione penale qualora ne ravvisi i presupposti; sono fattispecie caratterizzate dalla presenza del dolo specifico come elemento soggettivo del reato, con esclusione pertanto di previsione di ipotesi criminose di natura colposa che invece sono previste nella normativa fallimentare e sono collegate per l'appunto a comportamenti imprudenti o negligenti che vengono ritenuti rilevanti ai fini penali nella misura in cui possano compromettere la corretta evoluzione della procedura.

L'art. 16 L. 3/2012 al comma 1, tratta, in particolare, delle fattispecie criminose che possono essere imputate al debitore e prevede testualmente che "salvo che il fatto costituisca più grave reato, è punito con la reclusione da sei mesi a due anni e con la multa da 1.000 a 50.000 euro il debitore che: a) al fine di ottenere l'accesso alla procedura di composizione della crisi di cui alla sezione prima del presente capo aumenta o diminuisce il passivo ovvero sottrae o dissimula una parte rilevante dell'attivo ovvero dolosamente simula attività inesistenti; b) al fine di ottenere l'accesso alle procedure di cui alle sezioni prima e seconda del presente capo, produce documentazione contraffatta o alterata, ovvero sottrae, occulta o distrugge, in tutto o in parte, la documentazione relativa alla propria situazione debitoria ovvero la propria documentazione contabile; c) omette l'indicazione di beni nell'inventario di cui all'art. 14 ter, comma 3; d) nel corso della procedura di cui alla sezione prima del presente capo, effettua pagamenti in violazione dell'accordo o del piano del consumatore, e per tutta la durata della procedura aggrava la sua posizione debitoria; f) intenzionalmente non rispetta i contenuti dell'accordo e del piano del consumatore."

Il comma a) e il comma b) trattano due fattispecie che vengono considerate pericolose e pertanto punibili in quanto sono idonee a viziare il consenso del creditore o il parere dell'Occ tramite l'illecita dissimulazione/simulazione del patrimonio o tramite la produzione di documentazione alterata o incompleta che potrebbe indurre il creditore o l'Occ a ritenere conveniente/fattibile una proposta che in realtà è basata su una composizione falsata del reale patrimonio del debitore, a discapito della massa creditoria stessa.

La condotta descritta alla lettera c) in qualche modo richiama quelle descritte alle lettere a) e b) in quanto anch'essa si riferisce alla incompleta indicazione dei beni nell'inventario che si deve redigere in occasione della procedura liquidatoria di cui all'art. 14 ter e ss. Si distingue tuttavia dalle fattispecie di cui alla lettera a) e b) per il fatto che in questo caso non è prevista la specificità del dolo ovvero la condotta è punita anche quando il comportamento è posto in atto per motivi diversi dall'ottenere accesso alle procedure da sovraindebitamento, come invece è previsto nelle fattispecie già esaminate.

La condotta descritta alla lettera d) tratta di un'ipotesi delittuosa simile a quella prevista dall'art. 236 L.F. ossia il pagamento preferenziale di alcuni creditori durante il corso di tutta la procedura. Chiaramente tali pagamenti sono proibiti in quanto metterebbero a repentaglio il buon esito della procedura nella quale, come sappiamo, deve essere rispettato il principio della par condicio creditorum. Ciò comporta che se tali pagamenti venissero effettuati, da un lato il debitore che li avesse eseguiti potrebbe incorrere nelle sanzioni penali indicate, dall'altra sarebbero da ritenere in ogni caso inefficaci e quindi il creditore che li avesse percepiti sarebbe tenuto a restituirli conferendoli alla procedura da sovraindebitamento. Da notare che l'articolo in commento fa riferimento ai soli versamenti posti in essere nel corso della procedura, ciò significa ad accordo già perfezionato, non dovendosi ritenere rilevanti dal punto di vista penale quei pagamenti eseguiti appena prima del perfezionamento della procedura da sovraindebitamento, ancorchè pure tali versamenti, nella pratica, potrebbero minare la tenuta della procedura stessa. Al fine di evitare problematiche, sarebbe in ogni caso opportuno che dal deposito della proposta di piano/accordo in attesa dell'emanazione del decreto di omologa, il debitore si limitasse a compiere i soli atti di ordinaria amministrazione, eventualmente depositando un'istanza al Giudice per chiedere apposita autorizzazione qualora fosse necessario affrontare un atto di straordinaria amministrazione (cfr. sul punto art. 10 comma 3 bis).

L'art. 16 L. 3/2012 ai commi 2 e 3, tratta, in particolare, delle fattispecie criminose che possono essere imputate agli organi di procedura e prevede testualmente che "2.Il componente dell'organismo di composizione della crisi, ovvero il professionista di cui all'art. 15, comma 9, che rende false attestazioni in ordine alla veridicità dei dati contenuti nella proposta o nei documenti ad essa allegati, alla fattibilità del piano ai sensi dell'art. 9, comma 2, ovvero nella relazione di cui agli articoli 9, comma 3 bis, 12, comma 1 e 14-ter, comma 3, è punito con la reclusione da uno a tre anni e con la multa da 1.000 a 50.000 euro. 3.La stessa pena di cui al comma 2 si applica al componente dell'Organismo di composizione della crisi, ovvero al professionista di cui all'art. 15, comma 9, che cagiona danno ai creditori omettendo o rifiutando senza giustificato motivo un atto del suo ufficio".

Si tratta di due fattispecie di reato proprio, che cioè devono essere compiute da un soggetto specifico, quale il componente dell'organismo di composizione della crisi o il professionista di cui all'art. 15 L. 3/2012; a forma vincolata, nel senso che prevedono una condotta specificatamente descritta; di evento, nel senso che devono produrre un danno in capo al creditore derivante per l'appunto dall'aver posto in essere l'attività illecita descritta. L'elemento soggettivo del reato, in entrambe le ipotesi è il dolo generico.

La prima ipotesi criminosa è quella relativa alle false attestazioni che il professionista potrebbe emettere con riferimento ai dati indicati nelle proposte di accordo di piano o nella proposta liquidatoria, o all'attestazione di fattibilità del piano e alla relazione particolareggiata da allegare alla proposta liquidatoria. Tale responsabilità gli deriva per via del fatto che l'Occ è l'organismo che nelle procedure da sovraindebitamento è incaricato innanzitutto di verificare la veridicità di quanto dichiarato nella proposta dal debitore, nonché di verificare la completezza della documentazione allegata, oltre ad avere il compito di valutare la diligenza del consumatore. È in buona sostanza organo di garanzia delle procedure da sovraindebitamento e come tale, pur potendo essere nominato dallo stesso debitore, deve svolgere il proprio operato con diligenza, autonomia, indipendenza e terzietà rispetto al debitore, nell'interesse della massa creditoria e della collettività intera.

La seconda ipotesi criminosa, disciplinata dal riportato art. 16 comma 3 L. 3/2012, ispirato chiaramente all'art. 328 c.p., riguarda invece l'omissione di atti d'ufficio ed espone l'Occ ad una responsabilità penale quando comporti un danno, anche lieve, ai creditori, consistente in una effettiva riduzione del patrimonio del debitore, sottratto alla loro disposizione.

G) La legge delega 155/2017 di riforma delle procedure concorsuali e l'attesa dell'emanazione dei decreti attuativi.

La legge 155/2017 ha delegato il Governo a riformare le discipline concorsuali mediante l'emanazione di decreti attuativi che dovrebbero essere emanati entro fine ottobre 2018, ovvero entro un anno dalla pubblicazione della legge delega. Obiettivo è quello di compiere un riordino della normativa riguardante la crisi d'impresa e più in generale l'insolvenza, andando a mettere mano anche alla recente normativa sul sovraindebitamento, con riferimento alla quale, evidentemente, in questi pochi anni di applicazione pratica, il

Legislatore ha preso coscienza delle sue aporie, delle sue carenze, degli errori e delle contraddizioni del testo normativo.

Le principali novità in materia di sovraindebitamento sono racchiuse nell'art. 9 della legge delega 155/2017, nel quale vengono indicati i principi e criteri direttivi che il Parlamento ha sancito affinchè il Governo riordini e semplifichi la materia.

Innanzitutto, viene previsto che dovranno essere emanate delle norme specifiche che permettano un coordinamento nella gestione delle procedure riguardanti società di persone e soci illimitatamente responsabili o più membri della famiglia. Ed infatti, per i tecnici che si sono già approcciati alla disciplina del sovraindebitamento, non sarà difficile ricordare che molti Tribunali e organismi di composizione della crisi attualmente impongono l'avvio di singole procedure per ciascun soggetto che voglia accedere al sovraindebitamento, non tenendo conto che, in alcune situazioni, quali ad esempio quelle connesse alla gestione di una società in ambito familiare, non è raro che più soggetti condividano sostanzialmente le stesse posizioni di debito, anche se magari a titolo diverso (ad es. genitori che hanno prestato fideiusioni o garanzie reali per i figli o soci, magari anche di società di capitali, che hanno garantito per le stesse) e le stesse posizioni di credito. Pare evidente che l'avvio di singole procedure non raccordate tra loro, con nomina di Occ diversi, oltre a comportare un'inutile duplicazione di costi, potrebbe comportare nella pratica delle difficoltà di gestione a scapito della stessa massa creditoria. Sarebbe pertanto auspicabile, come già percepito da alcuni Tribunali lungimiranti, poter accorpare procedure da sovraindebitamento che avessero masse debitorie / creditori comuni e, ancor meglio, riuscire ad introdurre una disciplina che potesse raccordare le procedure da sovraindebitamento con le procedure concorsuali come concordato e fallimento (si pensi ad esempio al caso di Srl fallita con soci garanti che a loro volta vogliono accedere alla procedura da sovraindebitamento: è evidente che lo stato di sovraindebitamento a carico dei soci e conseguentemente la loro massa debitoria, è strettamente dipendente dalle sorti della procedura concorsuale della società).

Un'altra importante direttiva data dal Parlamento è quella che il Governo possa nei decreti di futura emanazione disciplinare soluzioni dirette a promuovere la continuazione dell'attività svolta dal debitore, impedendo, ove possibile, la liquidazione giudiziale della quota sociale, che spesso viene imposta nelle procedure liquidatorie pur nella consapevolezza che non si tratti sempre della soluzione migliore per la massa creditoria, la quale, al contrario, potrebbe trovare maggiore soddisfazione delle proprie pretese nel permettere al debitore di continuare l'attività e nell'imporgli di mettere a disposizione una parte degli utili per tutto il corso della procedura di liquidazione, piuttosto che accontentarsi del prezzo di liquidazione della quota sociale facente capo al sovraindebitato.

Altro profilo particolarmente innovativo riguarda la possibilità secondo la legge delega di avviare procedure da sovraindebitamento utili all'esdebitazione anche per quei soggetti che non abbiano alcun reddito/bene da mettere a disposizione: c.d. procedure da sovraindebitamento a zero. In altre parole con la legge delega il Parlamento ha voluto ancora di più sottolineare come la L. 3/12 deve essere uno strumento a disposizione dei soggetti non fallibili utile a permettere ai medesimi, ancorchè privi di beni o di redditi, anche futuri, di riabilitarsi, almeno per una volta nella vita, tramite il beneficio dell'esdebitazione qualora dimostrino la propria meritevolezza. Vale la pena ricordare che attualmente tale possibilità non è prevista dalla L. 3/12 ed è fortemente ostacolata dalla giurisprudenza di merito salvo l'ipotesi, per la verità veramente residuale, nella quale il debitore non riesca a reperire un terzo garante disposto a mettere gratuitamente risorse nella procedura a beneficio del debitore stesso. Giusto, ad avviso di chi scrive, l'inciso che prevede che se nel corso della procedura da sovraindebitamento "a zero" sopraggiungano utilità per il debitore, quest'ultimo sia tenuto a metterle a disposizione della procedura a soddisfazione dei propri creditori.

Un'altra fondamentale novità, che dimostra come il legislatore voglia responsabilizzare i vari soggetti coinvolti nelle pratiche di accesso al credito al consumo, sta nella necessità, secondo la legge delega, che nella relazione di cui all'art. 9 comma 3-bis L. 3/12, riferito al piano del consumatore, sia indicato se il soggetto finanziatore abbia tenuto conto del merito creditizio del richiedente, valutato in relazione al suo reddito disponibile, dedotto l'importo necessario a mantenere un dignitoso tenore di vita. Ed infatti, nella pratica, non è infrequente per i tecnici imbattersi in padri / madri di famiglia, dipendenti con busta paga media, con a proprio carico numerosissimi finanziamenti, concessi loro troppe volte con superficialità da quegli stessi istituti di credito / finanziarie che poi avviando procedure di recupero credito aggressive pretendono di essere soddisfatte interamente, ben sapendo / potendo sapere sin dal principio che il consumatore a cui hanno concesso denaro non sarebbe stato in grado di assolvere correttamente alla propria obbligazione. Ed infatti nella legge in commento il legislatore demanda al Governo il compito di prevedere un impianto sanzionatorio, eventualmente di natura processuale con riguardo ai poteri di impugnativa e di opposizione, a carico del creditore che abbia colpevolmente contribuito all'aggravamento della situazione di indebitamento del soggetto che abbia chiesto accesso alla procedura da sovraindebitamento. Pare evidente il monito e il voluto richiamo alle normative europee di responsible landing, che mirano, come dice la parola stessa, alla responsabilizzazione del finanziatore. Per la trattazione più approfondita di tale argomento si rimanda al capitolo del presente libro dedicato all'argomento.

Altra importante novità che il Parlamento vuole introdurre riguarda le misure protettive derivanti dall'avvio di una delle procedure da sovraindebitamento. In particolare il legislatore della legge delega in commento ha stabilito la necessità di introdurre misure protettive simili a quelle previste nel concordato preventivo, revocabili su istanza dei creditori o anche d'ufficio nei casi di frode accertata. I tipici effetti protettivi delle procedure concorsuali sono quelli di impedire la prosecuzione o l'avvio di procedure esecutive da parte di creditori individuali a carico del debitore che abbia chiesto accesso, nel caso che ci occupa, alle procedure da sovraindebitamento. Tali misure protettive oggi sono ancorate all'emanazione del decreto di fissazione udienza successivo al deposito del piano o dell'accordo o al decreto di apertura della procedura liquidatoria (art. 10, 12-bis e 14-quinquies L. 3/2012). La ratio di tale disposizione, chiaramente, è quella di tutelare il principio di par condicio creditorum, impedendo che un creditore nelle more di una procedura da sovraindebitamento possa acquisire dei vantaggi preferenziali su altri creditori della massa, vanificando così il buon esito della procedura stessa. La novità di questa legge delega è quella di permettere tuttavia al singolo creditore o al Giudice d'ufficio di revocare tali effetti protettivi nel caso in cui venga accertato il compimento da parte del debitore di un atto in frode ai creditori. Dovremo attendere i decreti delegati per conoscere se la revoca potrà avvenire nel caso di atti in frode compiuti durante la procedura o anche prima dell'avvio della medesima, come parrebbe più logico.

La legge delega in commento prevede altresì che:

- debba essere precluso l'accesso alle procedure ai soggetti già esdebitati nei 5 anni precedenti la domanda o che abbiano usufruito dell'esdebitazione per due volte o nei casi di frode accertata;

-debba essere riconosciuta l'iniziativa per l'apertura delle soluzioni liquidatorie anche ai creditori, in pendenza di procedure esecutive individuali, e al pm quando l'insolvenza riguardi l'imprenditore; così come debba essere attribuita ai creditori e al pm l'iniziativa per la conversione in procedura liquidatoria delle procedure di accordo e di piano in caso di frode o inadempimento;

- ammettere all' esdebitazione anche le persone giuridiche su domanda e con procedura semplificata, purché non ricorrano ipotesi di frode ai creditori o di volontario inadempimento del piano e dell'accordo.

Numerose sono pertanto le novità introdotte in materia di sovraindebitamento. Ci aspetta quindi una vera e propria riorganizzazione dell'intera disciplina in materia concorsuale.

TRIBUNALE ORDINARIO DI BRESCIA

Sezione Procedure Concorsuali

Il giudice dr. ▮▮▮▮▮▮▮▮▮

Vista l'allegata istanza (n. ▮▮▮) con cui ▮▮▮▮▮▮▮▮, intendendo usufruire dei procedimenti di composizione della crisi da sovraindebitamento e liquidazione del patrimonio previsti dalla legge n.3/2012 e succ. mod. ed int., chiede la nomina dell'organismo di composizione della crisi ai sensi dell'art.15 comma IX della legge cit.;

vista la delega del Presidente del Tribunale a questo giudice;

rilevato che per i procedimenti di composizione della crisi da sovraindebitamento e liquidazion e del patrimonio è sempre previsto che la proposta del debitore vada presentata obbligatoriamente con l'ausilio degli organismi di composizione della crisi i cui compiti e funzioni possono essere svolti ai sensi dell'art.15 comma IX legge cit. anche da un professionista in possesso dei requisiti di cui all'art.28 del R.D. n.267/1942 ovvero da un notaio, nominati dal Presidente del Tribunale o dal giudice da lui delegato;

nomina

a) per i compiti e le funzioni attribuite agli organismi di composizione della crisi nel procedimento in oggetto la <u>dr.a</u> ▮▮▮▮▮▮ <u>dottore commercialista con studio in Brescia</u> ▮▮▮▮▮▮▮▮▮▮,

b) dispone che il nominato O.C.C. oltre a quanto espressamente previsto dalle legge, specifichi a questo giudice:

1) nel caso di esecuzioni pendenti a carico del debitore dica se intende subentrarvi o meno al fine di evitare perdite di tempo e stasi delle procedure, dovendosi ritenere in linea generale che, salvo previsioni migliorative, la procedura subentri nell'esecuzione pendente;

2) la prevista durata della procedura prescelta;

3) in caso di liquidazione del patrimonio, indichi i beni mobili ed immobili e la

destinazione dei beni personali in uso al debitore (come automezzi, arredamenti

dell'abitazione, altri beni mobili come gioielli, quadri, etc.) nonché l'importo che

il debitore propone di versare alla procedura ai sensi dell'art14ter comma 6

lett.b);

unichi al ricorrente ed al professionista nominato.

, 4 dicembre 2015

Il giudice delegato

Avv. Laura Girelli
Via Solferino n. 17, 25122 Brescia (BS)
Tel. 030 2030940 e Fax 030 5030995
PEC: laura.girelli@brescia.pecavvocati.it

Avv. Matteo Marini
Via Solferino n. 15, 25122 Brescia (BS)
Tel. 030 2944364 e Fax 030 2939738
PEC: matteo.marini@brescia.pecavvocati.it

TRIBUNALE DI BRESCIA

Ricorso per la nomina di un professionista ex art. 15 co 9 L.3/2012

come modificato dall'art. 18 D.L. 179/2012

Ill.mo Sig. Presidente, la sottoscritta signora ███████████ C.F. ████████████ nata a ████████ in ████████ il ████████ residente in ████████████ via ████████ n. ██ personalmente, rappresentata e difesa sia congiuntamente che disgiuntamente dall'Avv. Matteo Marini (C.F. MRNMTT84S04B157L) - PEC: *matteo.marini@brescia.pecavvocati.it*) e dall'Avv. Laura Girelli (C.F. GRLLRA86P56B157W) - PEC *laura.girelli@brescia.pecavvocati.it*), entrambi iscritti all'Ordine degli Avvocati di Brescia, eleggendo domicilio presso lo studio dell'Avv. Laura Girelli a Brescia (BS), in via Solferino n. 17, giusta procura a margine del presente atto, i quali avvocati dichiarano di volere ricevere le comunicazioni, ai sensi dell'art. 176 comma II c.p.c., al numero di fax: 030 2939738 e/o agli indirizzi di posta elettronica certificata: *matteo.marini@brescia.pecavvocati.it* e *laura.girelli@brescia.pecavvocati.it*

PREMESSO CHE

- L'istante non può essere assoggetto a procedure concorsuali diverse da quelle previste dalla L. 3/2012;

- L'istante non ha fatto ricorso nei cinque anni precedenti alla presente richiesta a procedure di composizione della crisi o liquidazione del patrimonio di cui alla legge 3/2012;

- L'istante dichiara di essere soggetto sovraindebitato e dunque non in grado di onorare i debiti contratti con le proprie disponibilità correnti;

- L'istante dichiara di aver contratto i debiti personalmente;

- L'istante dichiara altresì di aver contratto i suddetti debiti con la ragionevole certezza di poterli onorare alle scadenze e di non aver posto in essere atti in frode ai creditori.

CONSIDERATO CHE

- la procedura di Composizione della crisi prevede la nomina di un "Organismo di composizione della crisi" con varie funzioni, tra le quali la stesura di una relazione particolareggiata strettamente necessaria ai fini della presente procedura;

- l'art. 15 della legge 3/2012, come modificato dall'art. 18 D.L. 179/2012, dispone al nono comma che "i compiti e le funzioni attribuiti agli organismi di composizione della crisi possono essere svolti anche da un professionista o da una società di professionisti in possesso dei requisiti di cui all'art. 28 del regio decreto del 16 marzo 1942, n. 267 e successive modificazioni, ovvero da un notaio, nominati dal Presidente del Tribunale o dal Giudice da lui delegato";

- che la documentazione afferente la situazione economica e patrimoniale degli istanti verrà fornita al nominando Organismo di composizione della crisi.

TUTTO CIO' PREMESSO

la Sig.ra ▮▮▮▮▮▮▮▮ come sopra rappresentata, difesa e domiciliata

CHIEDE

alla S.V. Ill.ma che, ai sensi dell'art. 15 della legge 3/2012 e successive modifiche, voglia designare un professionista che svolga i compiti e le funzioni attribuiti agli organismi di composizione della crisi al fine di poter usufruire delle procedure previste dalla citata legge.

Si depositano i seguenti documenti:

1. carta d'identità sig.ra ▮▮▮▮▮▮▮▮

Con osservanza.

Brescia, 25 Novembre 2015

Avv. Laura Girelli   *Avv. Matteo Marini*

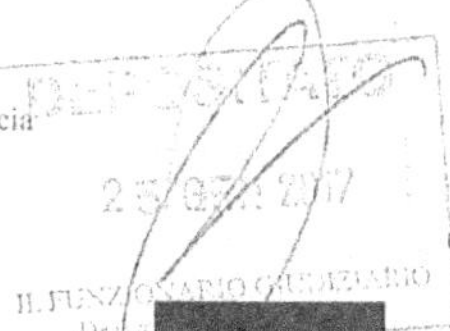

Avv. Laura Girelli
Via Lattanzio Gambara n. 42 – 25121 Brescia
Tel 030 6378729 - Fax 030.2053347
C.F. GRLLRA86P56B157W
laura.girelli@brescia.pecavvocati.it

Avv. Matteo Marini
Via Solferino n. 15, 25122 Brescia
Tel. 0302944364 – Fax 0302939738
CF MRNMTT84S04B157L
matteo.marini@brescia.pecavvocati.it

TRIBUNALE DI BRESCIA

PROPOSTA DI PIANO DEL CONSUMATORE

AI SENSI DELLA LEGGE 3/2012

La Sig.ra ███████████, CF. ███████████, nata a ███████ in ██████ il ███████, residente in ███████████, via █████████, personalmente, rappresentata e difesa sia congiuntamente che disgiuntamente dall'Avv. Matteo Marini (C.F. MRNMTT84S04B157L) - PEC: matteo.marini@brescia.pecavvocati.it) e dall'Avv. Laura Girelli (C.F. GRLLRA86P56B157W) - PEC laura.girelli@brescia.pecavvocati.it), entrambi iscritti all'Ordine degli Avvocati di Brescia - i quali dichiarano di volere ricevere le comunicazioni, ai sensi dell'art. 176 comma II c.p.c., al numero di fax: 030 2939738 e/o agli indirizzi di posta elettronica certificata: matteo.marini@brescia.pecavvocati.it e laura.girelli@brescia.pecavvocati.it – elettivamente domiciliata presso lo studio dell'Avv. Laura Girelli a Brescia (BS), in via Solferino ove-la Via Lattanzio Gambara ci 42, Brescia n. 17 giusta procura a margine del ricorso per la nomina di OCC, rappresenta e chiede quanto segue.

PREMESSA

La Sig.ra ███████████ come da autodichiarazione dello stato di famiglia (doc.1), è sposata con il Sig. ██████████ CF ███████████████ nato ad ██████████ il ███████ con il quale ha avuto tre figlie, █████, nata il █████████ a ████████████████, attualmente assunta presso ██████████ con sede in ██████ con contratto a tempo determinato (doc.2) e svolge attività nell'ambito delle pulizie per 8 ore settimanali con retribuzione oraria lorda pari a circa €. 16.50, █████, nata il █████████ a ████████████████, da poco laureata e in cerca di occupazione, e ███████ nata il █████████ a ████████████, attualmente assunta presso ██████████████, cf e p.iva ██████████ con sede legale in Brescia, █████████████████ con contratto di lavoro a tempo determinato e svolge attività come grafico creativo per 30 ore settimanali con busta paga mensile di € 950,00 (doc.3)

La Sig.ra █████ svolge da sempre attività come docente di scuola elementare a tempo indeterminato.

Il marito █████████████, invece, fino a ████████████ era titolare dell'omonima ditta individuale registrata come impresa artigiana presso la camera di commercio di Brescia dal █████.

Nel 2014, a seguito di vari accertamenti, alla figlia ███ è stato diagnosticato il morbo di Kron in conseguenza del quale la medesima è stata riconosciuta invalida al 60 % (**doc. 4**). Non percepisce alcun assegno/indennità.

Gli investimenti compiuti negli anni dalla Sig.ra ███ sono stati contratti sempre oculatamente e nel mero interesse della famiglia, come meglio precisato nella relazione direttamente compiuta dalla Sig.ra ███ (**doc. 5**) e come meglio descritto altresì nel successivo paragrafo 5 del presente atto.

Come già chiarito in occasione del ricorso per nomina di OCC, si ribadisce che l'istante non può essere assoggetta a procedure concorsuali diverse da quelle previste dalla L. 3/2012 e che la medesima non ha fatto ricorso nei cinque anni precedenti alla presente richiesta a procedure di composizione della crisi o liquidazione del patrimonio di cui alla legge 3/2012.

La situazione di sovraindebitamento vissuta oggi dalla Sig.ra ███ è sopraggiunta per cause non dovute ad imprudenza negli investimenti, quanto piuttosto per cause indipendenti dalla volontà della Sig.ra ███.

Per tale ragione la Sig.ra ███ con il presente atto intende fare ricorso alla procedura di sovraindebitamento proponendo, nello specifico, con il presente atto, un piano del consumatore che sarà verificato e attestato dal nominato OCC.

La composizione dei debiti è indicata nella presente proposta in cui viene data evidenza di ciascun creditore, dei relativi importi ancora dovuti e delle motivazioni del debito.

Si è ritenuto di non procedere alla vendita dell'immobile in quanto casa di abitazione del nucleo familiare della sig.ra ███, e in quanto si è considerato che, verosimilmente, le somme eventualmente recuperate dalla vendita all'asta del bene non sarebbero state sufficienti a saldare l'importo residuo di mutuo ad oggi ancora dovuto. Dalla vendita dell'immobile pertanto non potrebbe residuare alcun credito da mettere a disposizione del piano, ma, anzi, tale vendita comporterebbe un aggravio dei debiti in capo alla Sig.ra ███ con svantaggio anche per la procedura e per i creditori chirografari. Si deve anche considerare che se la Sig.ra ███ dovesse mettere in vendita l'unico suo immobile, dovrebbe in ogni caso reperire un appartamento in locazione per la famiglia e si troverebbe quindi a dover sostenere un canone mensile. Nella presente proposta di piano è previsto l'impegno delle figlie ███ a contribuire con i propri redditi al sostentamento delle spese famigliari al fine di consentire alla madre la possibilità di meglio soddisfare il ceto creditorio (doc.6).

***

Ai fini della valutazione circa l'attuabilità in concreto de presente accordo è stata richiesta a codesto Tribunale di Brescia la nomina di un OCC. Con provvedimento del ███ veniva nominata la Rag. ███ nata a ███ il ███ con studio professionale in Brescia, via

████████████████ n. ██, quale organismo di composizione della crisi ai sensi dell'art. 15,
comma 9, della L. 3/2012 (doc. 7).

Alla medesima è stato demandato il compito di procedere alle comunicazioni all'ente incaricato
della riscossione e agli uffici fiscali, nonché di predisporre la relazione contenente il giudizio sulla
completezza e attendibilità della documentazione depositata a corredo della domanda nonché il
giudizio sulla fattibilità del piano come proposto.

***

1) ***PROSPETTO DELLA SITUAZIONE DEBITORIA DELLA SIG.RA ████ ***

Si riporta di seguito un prospetto relativo alla situazione debitoria della Sig.ra ████████, con
evidenza delle somme residue dovute a ciascun creditore e con calcolo del totale dei debiti gravanti
sullo stesso alla data del ████████:

DEBITI:

FINDOMESTIC BANCA S.P.A. (doc. 8)	**Finanziamento** n. ████████ del ████████ **Debito residuo di € 1.987,87** Non assistito da garanzie Importo finanziato 6.150,00 – Totale da rimborsare 7.771,20 Contratto per l'acquisto di mobilio e arredo della casa principale
INTESA SANPAOLO SPA (doc. 9)	**Mutuo ipotecario** n. ████████ del ████████ cointestato con il coniuge **Debito residuo** al ████████ € 189.525,93 **rate scadute per € 8.870,71** Contratto per l'acquisto della casa familiare
COMPASS SPA oggetto di ATTO DI PIGNORAMENTO PRESSO TERZI (doc. 10)	**Finanziamento** n. ████ del ████████ **Debito residuo come da ordinanza di** assegnazione € 8.670,48 Non assistito da garanzie Importo totale da rimborsare all'origine € 12.299,40

	Contratto per esigenze familiari
PRESTITALIA SPA con decurtazione direttamente dalla busta paga (doc. 11)	**Finanziamento** n. ▮▮▮ del ▮▮▮ **Debito residuo al** ▮▮▮ € € 3.763,17 Importo originario erogato 10.037,84 – Importo totale da restituire 15.480,00 assistito da EX INPDAP (fondo TFR) Contratto per far fronte alla situazione debitoria familiare nella speranza che, nel frattempo, il marito trovasse lavoro
PRESTITO INPS ex INPDAP con decurtazione direttamente dalla busta paga (doc. 12)	**Finanziamento** n. ▮▮▮ del ▮▮▮ **Debito residuo al** ▮▮▮ € 10.771,63 Importo erogato € 18.188,65 assistito da fondo TFR Contratto per esigenze familiari
UBI BANCO DI BRESCIA SPA (doc. 13)	**Finanziamento** n. ▮▮▮ del ▮▮▮ **Debito residuo al** ▮▮▮ € 939,98 Importo totale da restituire € 1.581,63 Non assistito da garanzie Contratto proposto e richiesto dalla banca per ripianare fido bancario in conto corrente
EQUITALIA Ag. ENTRATE (doc. 14)	**EQUITALIA bolli auto** € 844,83 **AVVISO BONARIO AGENZIA DELLE ENTRATE** 730/2013 € 827,10
COMPENSI AVVOCATI (doc. 15)	€ 3.982,68 come da note proforma
COMPENSO OCC e spese di procedura	€ 4.806, 40

RIEPILOGO DEL DEBITO GRAVANTE SULLA SIG.RA ▮▮▮▮▮▮▮▮▮▮▮ :

DEBITO ASSISTITI DA GARANZIE Totale € 208.012,82	- MUTUTO € 189.525,93 di cui € - AVVOCATI € 3.982,68 - OCC € 3.806,40 - SPESE PROCEDURA 1.000,00 RATE ARRETRATE DEL MUTUO € 8.870,71 - AVVISO BONARIO AGENZIA DELLE ENTRATE 730/2013 € 827,10
DEBITI NON ASSISTITI DA GARANZIE AGGIORNATI AL MESE DI NOVEMBRE 2016 Totale € 12.443,16	- FINDOMESTIC SPA € 1.987,87 - COMPASS SPA € 8.670,48 - UBI BANCO DI BRESCIA € 939,98 (rata 11) - EQUITALIA (bolli auto) € 844,83
DEBITI ASSISTITI DA GARANZIE NON FALCIDIABILI Totale € 14.534,80	-PRESTITO INPS EX INPDAP € 10.771,63 (rata 54) - PRESTITALIA SPA € 3.763,17 (rata 89)

PER TOTALE COMPLESSIVO DEBITI: € 234.050,80

2) ***SITUAZIONE PATRIMONIALE DELLA SIG.RA ▮▮▮▮▮▮▮▮▮▮▮*** ***

QUOTA DI ½ in condivisione con il marito di FABBRICATO di tipo economico A/3 ad uso abitativo con autorimessa situato in ▮▮▮▮▮▮ (BS) alla via ▮▮▮▮▮ – abitazione e residenza del sig.ra ▮▮▮▮▮▮,	VALORE DELL'IMMOBILE:

del marito e delle tre figlie, gravata da ipoteca volontaria rilasciata a favore di Intesa Sanpaolo a garanzia di mutuo fondiario	€ 227.500,00 (per l'intero)
PROPRIETA' DI VEICOLO FIAT PUNTO TARGATO ████ del ████	VALORE € 650,00 come da visura PRA allegata (DOC. 16)
PROPRIETà DI VEICOLO NISSAN K12 TARGATO ████ del ████	VALORE € 700,00 come da visura PRA allegata (DOC. 16)

Si evidenzia come l'immobile sopra citato **costituisca l'attuale abitazione della Sig.ra** ████ **e della sua intera famiglia e come gli stessi non abbiano a disposizione altri immobili nei quali poter abitare.**

Tale circostanza dovrà essere necessariamente presa in considerazione dall'Organismo di Composizione della Crisi.

Si rileva altresi che se l'immobile in questione, cointestato con il coniuge, venisse messo a disposizione della procedura, verosimilmente la somma che verrebbe recuperata dalla vendita all'asta del bene non sarebbe in ogni caso sufficiente all'integrale soddisfazione del credito vantato dalla banca.

Ciò non comporterebbe alcun vantaggio per la procedura in quanto dalla eventuale vendita non residuerebbe alcuna somma da mettere a disposizione del piano, ma semmai residuerebbe un debito che andrebbe a gravare sul piano. A tale debito poi dovrebbe aggiungersi un ulteriore spesa per canone di locazione che la Sig.ra ████ dovrebbe versare per la necessità di trovare una nuova sistemazione per la propria famiglia, con ulteriore aggravio per la procedura e a svantaggio dei creditori chirografari.

Per tutte queste ragioni, pertanto, si è ritenuto maggiormente **opportuno non porre in vendita l'appartamento.**

3)***SITUAZIONE REDDITUALE DELLA FAMIGLIA ***

- SIG.RA ███████████████ : redditi da lavoro dipendente per circa € 1.650,00 mensili come da cud/buste paga **(doc.17)**

- SIG. ███████████████ : disoccupato, redditi zero, in attesa di pensione estera.

- SIG.NA ███████████████ : contratto di lavoro dipendente a tempo determinato per 8 ore settimanali come da documentazione allegata. Affetta da morbo di Kron a causa del quale le è stata riconosciuta un'invalidità del 60%, senza riconoscimento di assegno di invalidità.

- SIG.NA ███████████ : neolaureata in cerca di occupazione, reddito zero.

- SIG.NA ███████████████ : contratto di lavoro dipendente a tempo determinato per 30 ore settimanali, come da documentazione allegata.

Pertanto si dà atto che l'intero nucleo familiare, per il proprio sostentamento può contare attualmente sullo stipendio della sig.ra ████ per € **1.650,00**, della figlia ███████████ per € **950,00** e della figlia ██████████ per €. **400,00 circa**.

4)***SPESE CORRENTI PER IL MANTENIMENTO PROPRIO E DEI FAMILIARI***

Come meglio mostrato nel precedente punto del presente atto, attualmente le uniche fonti di reddito della famiglia della Sig.ra ████ sono lo stipendio della ricorrente e lo stipendio delle figlie ██████ e ████ ; queste ultime si sono rese disponibili a contribuire al sostentamento delle spese correnti del nucleo famigliare mediante l'apporto dei loro stipendi mensili unitamente a quanto già destinato dalla debitrice.

Si evidenzia come la spesa mensile complessiva necessaria al sostentamento dell'intero nucleo familiare è pari ad € 1.450,00 così ripartiti:

UTENZE DOMESTICHE (luce acqua e gas)	€ 250,00
ASSICURAZIONI (auto e casa)	circa € 50,00 mensili
VITTO E VESTIARIO	€ 1.800,00
BENZINA E BOLLO	€ 100,00
SPESE MEDICHE ORDINARIE	€ 50,00
VARIE E IMPREVISTI	€ 100,00
TOTALE	€ 2.350,00

5)***CAUSE DELL'INDEBITAMENTO, RAGIONI DELLA CRISI E DILIGENZA NELL'ASSUNZIONE DELLE OBBLIGAZIONI***

Le principali ragioni che hanno condotto alla situazione di sovraindebitamento della Sig.ra ███, come dalla medesima dichiarato nella propria relazione qui allegata, sono da ricondursi a:

- perdita dell'attività lavorativa del marito nel 2010 a seguito della crisi finanziaria che ha colpito i paesi occidentali dal 2009 e in particolare il settore edilizio nel quale il Sig. ███ svolgeva la propria attività;

- mancata approvazione delle svariate richieste di moratoria del mutuo ipotecario inoltrate alla Banca Intesa San Paolo;

- necessità di accertamenti medici riferiti alla figlia ███, affetta dal morbo di Kron;

- la pendenza di un pignoramento presso terzi da parte della Compass Spa.

La situazione di sovraindebitamento della ricorrente è dipesa chiaramente da cause indipendenti dalla propria volontà e non è derivata da investimenti imprudenti.

La Sig.ra ███ e la propria famiglia hanno sempre vissuto pacatamente, non assumendosi nel tempo debiti sproporzionati alle proprie capacità reddituali.

Va infatti considerato che molti dei finanziamenti e il mutuo sono stati contratti dalla Sig.ra ███ quando ancora il marito svolgeva attività lavorativa che gli garantiva buone entrate.

Peraltro si rileva come tutti i finanziamenti posti in essere dalla Sig.ra ███ sono stati compiuti al fine di soddisfare delle esigenze primarie della propria famiglia quali assicurarsi una casa e del mobilio, con esclusione pertanto di investimenti non necessari.

Gli ulteriori finanziamenti accesi dopo il 2010, dopo la perdita del lavoro da parte del marito, sono stati compiuti al fine di ripianare debiti pregressi e si sarebbero ben potuti evitare se solo fosse stata concessa la moratoria del mutuo sulla prima casa, più volte avanzata ma sempre rigettata senza una motivazione specifica da parte della banca.

La situazione debitoria ha da ultimo subito un ulteriore aggravamento a seguito della notifica da parte di Compass di un pignoramento presso terzi.

Si rileva pertanto che, ad oggi, la situazione economica della Sig.ra ███ e della sua famiglia è stabilmente entrata in un vortice in continuo peggioramento dal quale la Sig.ra ███, con l'aiuto della propria famiglia, è intenzionata ad uscirne responsabilmente, proponendo, con il presente atto, un piano del consumatore che preveda il soddisfacimento delle pretese dei propri creditori nella misura migliore possibile. Non è infatti volontà della Sig.ra ███ quella di sottrarsi al pagamento di quanto dovuto, se non nella misura minore possibile.

Dal quadro descritto nel presente atto pare evidente che la Sig.ra ███:

- non ha assunto obbligazioni senza la ragionevole prospettiva di poterle adempiere ma, anzi, lo ha fatto in prospettiva di riuscire ad ottenere una moratoria del mutuo, poi di fatto negata dalla banca, e nella prospettiva che il marito potesse trovare un impegno lavorativo, di fatto ad oggi mai arrivato per cause dipendenti alla difficoltà nel reperire offerte di lavoro rivolte

- non ha colposamente determinato il sovraindebitamento, anche per mezzo di un ricorso al credito non proporzionato alle proprie capacità patrimoniali ma anzi lo ha, suo malgrado, subito.

6)***RESOCONTO SULLA SOLVIBILITA' DELLA RICORRENTE NEGLI ULTIMI CINQUE ANNI ***

Al fine di meglio comprendere la solvibilità della debitrice negli ultimi cinque anni si producono in allegato le dichiarazioni dei redditi della Sig.ra ▮▮▮ (doc.20).

7)***INDICAZIONE DELL'ESISTENZA DI EVENTUALI ATTI DEL DEBITORE IMPUGNATI DAL CREDITORE***

Non risultano atti dispositivi della debitrice impugnati dai creditori.

8)***IL CONTENUTO DELLA PROPOSTA DI PIANO DEL CONSUMATORE***

Posto che, dalle relazioni sopra esposte si evince che:

a) situazione debitoria:

- i debiti prededucibili ammontano ad €. 8.798,08 di cui:

  - compensi per OCC assistiti da privilegio per € 4.806,40

  - compensi per avvocati assistiti da privilegio per € 3.982,68;

- i debiti privilegiati per obblighi fiscali ammontano ad €. 827,10

- i debiti chirografari per finanziamenti e Equitalia per bolli ammontano a € 12.443,16;

- i debiti non ritenuti falcidiabili sono:

  - mutuo ipotecario e rate in arretrato del mutuo ipotecario per €. 198.395,94;

  - finanziamento Ex Inpdap garantito da TFR per €. 10.771,63

  - finanziamento Prestitalia garantito da Ex Inpdap per €. 3.763,17;

b) situazione creditoria:

- credito da lavoro dipendente della Sig.ra ▮▮▮ : € 1.650,00/mensili x 13 mensilità

c) situazione patrimoniale:

- immobile in comunione tra la Sig.ra ▮▮▮ ed il marito al 50% ciascuno, situato in ▮▮▮ ▮▮. Via ▮▮▮ e utilizzato come abitazione familiare, con riferimento al quale sussiste mutuo ipotecario residuo di €. 198.395,94 ancora da versare

Tutto quanto sin qui premesso e riassunto, **si propone un piano del consumatore della durata di 4 anni che preveda:**

- pagamento integrale dei debiti in prededuzione per spese legali e procedura;
- pagamento integrale del mutuo ipotecario con moratoria iniziale di un anno con pagamento della sola rata per interessi stimati in €. 350,00 mensili e successiva ripresa della rata mensile già determinata nel piano di ammortamento pari ad €. 850,00;
- pagamento integrale dei finanziamenti in essere Ex Inpdap e Prestitalia garantiti da TFR (con addebito in busta paga) mediante la prosecuzione dei piani di ammortamento delle rate per complessivi €. 308,00 mensili di cui €. 129,00 con termine Maggio 2019 ed €. 179,00 con termine Maggio 2022;
- pagamento integrale dei debiti fiscali privilegiati;
- pagamento parziale nella misura del 27,16% dei debiti chirografari.

IL PIANO FINANZIARIO

Il piano finanziario prevede il pagamento dei creditori sulla base dei seguenti flussi sviluppati per un periodo temporale di 4 anni evidenziando che alla fine del periodo la debitrice proseguirà con il pagamento mensile del debito residuo Ex Inpdap e della rata del mutuo ipotecario. I flussi finanziari annuali sarebbero i seguenti:

Periodo	2017	2018	2019	2020	TOTALE
Entrate:					
Stipendio annuo 13 mensilità	21.450	21.450	21.450	21.450	85.800
Totale Entrate Annue	21.450	21.450	21.450	21.450	85.800
Uscite:					
Mutuo 12 rate per interessi	-4.200				-4.200
Mutuo piano ammortamento	0	-10.200	-10.200	-10.200	-30.600
Finanziamenti non falcidiati	-3.696	-3.696	-2.793	-2.148	-12.333
Sostentamento Famiglia	-6.000	-3.600	-3.600	-3.600	-16.800
Totale Uscite Annue	-13.896	-17.496	-16.593	-15.948	-63.933
Somme destinate alla procedura	-7.554	-3.954	-4.857	-5.502	-21.867
Residuo	0	0	0	0	0

La somma residua destinata alla procedura pari ad €. 21.867,00 verrà destinata come segue:

DEBITI PREDEDUZIONE

CREDITORE	IMPORTO DEBITO	NATURA	DETERMINAZIONE OFFERTA	IMPORTO OFFERTO
OCC	4.806,40	PREDEDUZIONE	100%	4.806,40
STUDIO LEGALE	3.982,68	PREDEDUZIONE	100%	3.982,68
TOTALE	8.789,08	TOTALE IMPORTI PROPOSTI		8.789,08

DEBITI NON CONSIDERATI FALCIDIABILI

CREDITORE	IMPORTO DEBITO	NATURA	DETERMINAZIONE OFFERTA	IMPORTO OFFERTO
IPOTECARIO B.CA INTESA	8.870,71	IPOTECA GIUDIZIALE	100%	8.870,71
AVVISO BONARIO	827,10	770/2013	100%	827,10
TOTALE	9.697,81	TOTALE IMPORTI PROPOSTI		9.697,81

DEBITI CHIROGRAFARI

ISTITITUO CREDITORE	IMPORTO DEBITO	NATURA	DETERMINAZIONE OFFERTA	IMPORTO OFFERTO
FINDOMESTIC	1.987,87	PRESTITO FINANZIAMENTO	27,16%	539,99
COMPASS	8.670,48	PRESTITO FINANZIAMENTO	27,16%	2.355,28
UBI BANCO DI BRESCIA	939,98	PRESTITO FINANZIAMENTO	27,16%	255,34
EQUITALIA PER BOLLI	844,83	BOLLI AUTO	27,16%	229,49
TOTALE	12.443,16	TOTALE IMPORTI PROPOSTI		3.380,11

Per tutti i motivi sin qui esposti si ritiene che la proposta di piano del consumatore elaborata nel presente atto dia prospettive di soddisfazione maggiori per i creditori rispetto a una proposta liquidatoria.

CONCLUSIONI

alla luce di quanto sin qui premesso la sig.ra ███████████, come sopra rappresentata e difesa e domiciliata

CHIEDE

che l'Ill.mo Tribunale adito voglia, previo ogni incombente di rito e ogni provvedimento opportuno, procedere all'omologazione del piano del consumatore, nei termini proposti dalla ricorrente e validati dall'OCC nominato, dichiarandolo esecutivo il piano e ordinando pertanto:

- la concessione della moratoria del mutuo n. ███████████ stipulato tra la Sig.ra ████ e Banca Intesa per un anno

- la sospensione/interruzione di tutte le procedure esecutive e cautelari in essere nei confronti della Sig.ra ███, attualmente costituite dalla summenzionata procedura esecutiva presso terzi - RGN ███████ – Tribunale di Brescia, in forza della quale è stato disposto il pignoramento del 1/5 dello stipendio;

- la sospensione di tutti i contratti di finanziamento ritenuti falcidiabili in essere;

- provvedere, più in generale ad emettere tutti i provvedimenti che si rendano necessari ed opportuni.

Si allegano i seguenti documenti:

1) Autodichiarazione stato di famiglia
2) Copia contratto di lavoro riferita all'assunzione della Sig.ra ███████;
3) Copia contratto di lavoro riferita all'assunzione della Sig.ra ███████;
4) Certificato invalidità figlia ███████
5) Relazione riferita alle cause dell'indebitamento a firma della Sig.ra ████
6) Dichiarazione di disponibilità e di impegno Sig.ra ███████ e Sig.ra ██████
7) Decreto nomina OCC
8) Finanziamento Findomestic
9) Mutuo Intesa San Paolo
10) Pignoramento presso terzi di Compass e ordinanza di assegnazione
11) Finanziamento Prestitalia
12) Finanziamento Inps ex Inpdap
13) Finanziamento Ubi banco di Brescia
14) Equitalia
15) Nota compensi avvocati
16) Visure Pra
17) Copia busta paga
18) Lista delle spese mensili necessarie al sostentamento della famiglia;
19) Dichiarazione di assenza di atti di disponibilità patrimoniale.
20) Copie dichiarazioni dei redditi/cud degli ultimi 5 anni.

Con osservanza.

Brescia, 18.01.2017

Avv. Laura Girelli

Avv. Matteo Marini

TRIBUNALE DI BRESCIA
SEZIONE FALLIMENTARE

<u>PROCEDIMENTO DI COMPOSIZIONE DELLA CRISI DA SOVRAINDEBITAMENTO</u> : N.████████ - ████████████

<u>GIUDICE DELEGATO</u>: DR.████████████████

<u>PROFESSIONISTA CON FUNZIONI DI O.C.C.</u>: RAG.████████████████

**RELAZIONE PARTICOLAREGGIATA
DELL'ORGANISMO DI COMPOSIZIONE DELLA CRISI
EX ART. 9. COMMA 3-BIS E ART. 7 COMMA 1 LEGGE 27.01.2012 N. 3**

La sottoscritta Rag.████████████(c.f.████████████████), con Studio in Brescia, Via████████████ PEC████████████████

PREMESSO

1) Che la Legge 27.01.2012 n.3 consente al debitore di presentare al Tribunale competente una proposta di piano del consumatore;

2) Che la Sig.ra████████████ CF.████████████, nata a████████in ████████il████████ residente in████████████ (███), via████████n.███ ha deciso di sottoporre ai creditori una proposta di piano del consumatore per la composizione della crisi con sovra indebitamento ai sensi dell'art. 7, comma 1, L. 3/2012 e conseguentemente ha depositato domanda per la nomina di un professionista con la funzione di organismo di composizione della crisi ai sensi dell'art. 15, IX comma, L. 3/2012;

3) Che in data 04/12/2015 il Giudice Delegato, Dott.████████████ ha nominato la sottoscritta per svolgere le funzioni di Organismo di composizione della Crisi nel procedimento n.████████ promosso dalla signora ████████████ d'ora in avanti per semplicità denominata anche soltanto "debitrice";

4) Che la scrivente ha accettato l'incarico con istanza depositata in data████████

5) Che è intenzione della debitrice sottoporre ai creditori <u>**una proposta di piano del consumatore**</u> per la composizione della crisi da sovra indebitamento ai sensi dell'art.7, comma I, L. 3/2012, ricorrendone i presupposti *ex lege*;

VERIFICATO

A) Che la debitrice si trova in situazione di sovra indebitamento ex art. 6, comma 2 lett. a), L. n. 3/02012 ossia in "situazione di perdurante squilibrio tra le obbligazioni assunte ed il patrimonio prontamente liquidabile per farvi fronte, che determina la rilevante difficoltà di adempiere le proprie obbligazioni, la definitiva incapacità di adempierle regolarmente";

B) Che non è soggetta a procedure concorsuali diverse da quelle regolate dal Capo I della L. n.3/2012;

C) Che non ha fatto ricorso, nei precedenti cinque anni, ai procedimenti di cui al capo I della L. n.3/2012;

D) Che non ha subito, per cause alla stessa imputabili, uno dei provvedimenti dei cui agli artt. 14 e 14-bis della L. n.3/2012;

E) Che la debitrice si è impegnata personalmente e con l'assistenza professionale dall'Avv. Matteo Marini e dall'Avv. Laura Girelli, entrambi iscritti all'Ordine degli Avvocati di Brescia, a fornire il supporto e la collaborazione necessaria alla scrivente per la ricostruzione della situazione economico - patrimoniale;

ESPONE

la seguente relazione particolareggiata ai sensi dell'art. 9, comma 3-bis, della L. n.3/2012 redatta dalla sottoscritta con funzione di O.C.C.

Sommario:

- OGGETTO DELLA RELAZIONE;
- SINTESI DELLA PROPOSTA DI ACCORDO DI COMPOSIZIONE DELLA CRISI;
- VERIFICA DELLA VERIDICITA' DEI DATI CONTENUTI NELLA PROPOSTA E NEI DOCUMENTI ALLEGATI;
- RESOCONTO SULLA SOLVIBILITA' DELLA RICORRENTE NEGLI ULTIMI CINQUE ANNI
- INDICAZIONE DELLA EVENTUALE ESISTENZA DI ATTI DEL DEBITORE IMPUGNATI DAI CREDITORI
- GIUDIZIO SULLA COMPLETEZZA E ATTENDIBILITA' DELLA DOCUMENTAZIONE DEPOSITATA A CORREDO DELLA DOMANDA
- GIUDIZIO SULLA PROBABILE CONVENIENZA DELL'ACCORDO PER I CREDITORI MUNITI DI PRIVILEGIO, PEGNO O IPOTECA RISPETTO ALL'ALTERNATIVA LIQUIDATORIA;
- CONCLUSIONI.

<u>OGGETTO DELLA RELAZIONE</u>

L'Art. 9, comma 3-bis della L. 3/2012 richiede che alla proposta di piano del consumatore per la composizione della crisi da sovra indebitamento debba essere allegata, tra l'altro, la relazione particolareggiata redatta dall'Organismo di Composizione della Crisi.

Ne consegue che ai sensi del combinato disposto dell' art. 9 comma 3 bis, Art.7 comma 1, Art. 15 comma 6 della Legge 3/2012 la seguente relazione debba contenere:

• l'indicazione delle cause dell'indebitamento e della diligenza impiegata dal consumatore nell'assumere volontariamente le obbligazioni;

• il resoconto sulla solvibilità del consumatore negli ultimi cinque anni;

• l'indicazione della eventuale esistenza di atti del debitore impugnati dai creditori;

• Il giudizio sulla completezza e attendibilità della documentazione depositata a corredo della proposta, nonché sulla probabile convenienza del piano rispetto all'alternativa liquidatoria;

• Il giudizio sulla fattibilità del piano come proposto.

SINTESI DELLA PROPOSTA DI ACCORDO DI COMPOSIZIONE DELLA CRISI

Le obbligazioni assunte dalla Sig.ra ███████████ **ammontano a complessivi € 234.990,78** di cui:

- € 8.789,08 per debiti in prededuzione;

- € 198.395,94 non considerati falcidiabili per debiti ipotecari di cui € 189.525,93 per residuo quota capitale ed € 8.870,71 per rate arretrate;

- € 14.534,80 per debiti garantiti da TFR ed EX INPDAP non considerati falcidiabili;

- € 827,10 per debiti privilegiati

- € 12.443,16 per debiti chirografari.

Il piano del consumatore prevede una durata di 4 anni e le fasi previste dalla proposta sono le seguenti:

1) la sospensione e il divieto di inizio di procedure esecutive a carico della Sig.ra ██████

2) moratoria del mutuo per 1 anno dalla data di omologazione del piano;

3) messa a disposizione della procedura per 4 anni a partire dalla data di omologazione del piano delle seguenti somme da parte della Signora ██████

per il periodo 2017 – 2018 – 2019 – 2020 l'importo della provvista mensile (euro 1.650,00) per il numero delle mensilità lavorative annue (n° 13) = **21.450 euro annuo** per un totale di periodo pari ad € **85.800,00.**

Il piano finanziario prevede la destinazione delle somme come segue:

• Pagamento integrale dei creditori per finanziamenti non considerati falcidiabili Ex Inpdap e Prestitalia e garantiti da TFR per complessivi € 14.534,80 (con addebito in busta paga) mediante la prosecuzione del piano di ammortamento delle rate per complessivi €. 308,00 mensili di cui €. 129,00 con termine Maggio 2019 ed €. 179,00 con termine Maggio 2022;

• Moratoria per 1 anni dalla data di omologa del mutuo ipotecario avente un debito residuo pari ad € 189.525,93   con pagamento della sola rata per interessi stimati in €. 350,00 mensili e successiva ripresa della rata mensile già determinata nel piano di ammortamento pari ad €. 850,00;

• Accantonamento di una somma complessiva pari ad € 16.800,00 da destinarsi al sostentamento della famiglia;

• Accantonamento di una somma complessiva pari ad € 21.867,00 da destinarsi alla procedura.

Nel dettaglio si fornisce il seguente prospetto:

Periodo	2017	2018	2019	2020	TOTALE
Entrate:					
Stipendio annuo 13 mensilità	21.450	21.450	21.450	21.450	**85.800**
Totale Entrate Annue	**21.450**	**21.450**	**21.450**	**21.450**	**85.800**
Uscite:					
Mutuo 12 rate per interessi	-4.200				**-4.200**
Mutuo piano ammortamento	0	-10.200	-10.200	-10.200	**-30.600**
Finanziamenti non falcidiati	-3.696	-3.696	-2.793	-2.148	**-12.333**
Sostentamento Famiglia	-6.000	-3.600	-3.600	-3.600	**-16.800**
Totale Uscite Annue	**-13.896**	**-17.496**	**-16.593**	**-15.948**	**-63.933**
Somme destinate alla procedura	**-7.554**	**-3.954**	**-4.857**	**-5.502**	**-21.867**

La somma residua pari ad € 21.867,00 verrà destinata come segue:

• Pagamento integrale delle spese di procedura stimate in € 8.798,08 e relative alle spese di procedura stimate in € 1.000,00, alle prestazioni svolte dall'O.C.C. per €. 3.806,40 e alle prestazioni svolte dallo studio legale per € 3.982,68;

• Pagamento integrale del creditore privilegiato mobiliare per € 827,10;

• Pagamento integrale delle rate di mutuo scadute residue pari ad € 8.870,71;

• Pagamento parziale di tutti gli altri creditori, tutti pariteticamente chirografari, che resterebbero, altrimenti, esclusi per un importo pari al 27,16% degli importi dei relativi crediti, quindi per € 3.380,11 come segue:

DEBITI CHIROGRAFARI				
ISTITUTO CREDITORE	**IMPORTO DEBITO**	**NATURA**	**% OFFERTA**	**IMPORTO OFFERTO**
FINDOMESTIC	1.987,87	PRESTITO FINANZIAMENTO	27,16%	539,99
COMPASS	8.670,48	PRESTITO FINANZIAMENTO	27,16%	2.355,28
UBI BANCO DI	939,98	PRESTITO	27,16%	255,34

BRESCIA		FINANZIAMENTO		
EQUITALIA PER BOLLI	844,83	BOLLI AUTO	27,16%	229,49
TOTALE	12.443,16	TOTALE IMPORTI PROPOSTI		3.380,11

Il piano non prevede la vendita dell'unica unità immobiliare ad uso abitativo e relativa autorimessa di proprietà della debitrice motivato dal fatto che " *le somme eventualmente recuperate dalla vendita all'asta del bene non sarebbero state sufficienti a saldare l'importo residuo di mutuo ad oggi ancora dovuto. Dalla vendita dell'immobile pertanto non porterebbe residuare alcun credito da mettere a disposizione del piano, ma, anzi, tale vendita comporterebbe un aggravio dei debiti in capo alla Sig.ra ▇▇▇ con svantaggio anche per la procedura e per i creditori chirografari.* "

VERIFICA DELLA VERIDICITA' DEI DATI CONTENUTI NELLA PROPOSTA E NEI DOCUMENTI ALLEGATI

Nell'espletamento del proprio incarico la scrivente ha fatto riferimento alla documentazione allegata alla proposta di piano del consumatore nonché alla ulteriore documentazione, di seguito elencata, messa a disposizione dalla debitrice proponente ed acquisita tramite accesso all'anagrafe tributaria, ai sistemi di informazione creditizie, alle centrali rischi, ed alle altre banche dati pubbliche di cui all'art. 15 comma 10 della L. 3/2012.

<u>a) Dettaglio delle obbligazioni assunte e diligenza impiegata dalla debitrice nell'assumere volontariamente obbligazioni.</u>

Nella proposta di piano del consumatore per la composizione della crisi da sovra indebitamento viene sottolineato che "*La situazione di sovraindebitamento vissuta oggi dalla Sig.ra ▇▇▇ è sopraggiunta per cause non dovute alla imprudenza negli investimenti, quanto piuttosto per cause indipendenti dalla volontà della Sig.ra▇▇▇*".

Risulta infatti che gli investimenti compiuti negli anni dalla Sig.ra ▇▇▇▇▇ siano stati contratti sempre oculatamente e nel mero interesse della famiglia.

La disamina della documentazione acquisita ha permesso di rilevare che l'indebitamento a carico della Sig.ra ▇▇▇▇▇ non è stato assunto per far fronte a spese mere, ma trova una sua sostanziale correlazione con obbligazioni riconducibili alla soddisfazione delle esigenze primarie della propria famiglia, quali assicurarsi una casa e del mobilio, con esclusione pertanto di investimenti non necessari. Le motivazioni principali di tali indebitamento sono riconducibili alla perdita dell'attività lavorativa del marito nel 2010, alla mancata approvazione delle svariate richieste di moratoria del mutuo ipotecario inoltrate alla banca Intesa San Paolo, alla necessità di accertamenti medici riferiti alla figlia ▮▮▮▮ affetta dal morbo di Kron e alla pendenza di un pignoramento presso terzi da parte della Compass Spa.

- Esposizione delle ragioni dell'incapacità della debitrice di adempiere le obbligazioni assunte.

Dall'analisi delle dichiarazioni dei redditi della Sig.ra ▮▮▮▮▮▮▮▮ relative alle annualità 2011 – 2015 emergono i seguenti dati:

ANNO	REDDITO TOTALE	FONTE
2011	23.422	MODELLO CUD
2012	23.266	MODELLO 730/2013
2013	23.086	MODELLO 730/2014
2014	24.023	MODELLO 730/2015
2015	25.094	MODELLO CUD

Di seguito si espone il prospetto fornito dalla debitrice riguardo la destinazione attuale del proprio reddito in termini mensili:

DEBITI CHIROGRAFARI E IPOTECARI		
ISTITUTO CREDITORE	IMPORTO DEBITO	IMPORTO RATA
FINDOMESTIC	1.987,87	161,90
COMPASS	8.670,48	268,20
PRESTITALIA	3.763,17	129,00
INPS EX INPDAP	10.771,63	179,39
UBI BANCO DI BRESCIA	939,98	52,61
IPOTECARIO B.CA INTESA	189.525,93	850,00
TOTALE	221.933,73	1.641,10

Dalla analisi della tabella precedente emerge chiaramente che il reddito mensile percepito dalla debitrice dovrebbe essere destinato esclusivamente per far fronte agli impegni assunti nel corso del tempo senza che rimangano i fondi necessari per il sostentamento della famiglia senza l'intervento dei famigliari.

Di seguito si evidenzia come la spesa mensile complessiva necessaria al sostentamento dell'intero nucleo familiare è pari ad € 2.350,00 così ripartiti:

<table>
<tr><td colspan="3">ELENCO SPESE CORRENTI PER IL PROPRIO SOSTENTAMENTO CALCOLATO SU BASE MENSILE</td></tr>
<tr><td>Utenze domestiche</td><td>€. 250,00</td><td></td></tr>
<tr><td>Assicurazioni (Auto e casa)</td><td>€. 50,00</td><td></td></tr>
<tr><td>Vitto, alloggio e vestiario</td><td>€. 1.800,00</td><td></td></tr>
<tr><td>Benzina e bollo</td><td>€. 100,00</td><td></td></tr>
<tr><td>Spese mediche ordinarie</td><td>€. 50,00</td><td></td></tr>
<tr><td>Varie e imprevisti</td><td>€. 100,00</td><td></td></tr>
<tr><td>TOTALE</td><td></td><td>€. 2.350,00</td></tr>
</table>

Ai fini di un utile riscontro la sottoscritta Organismo di Composizione della Crisi ha verificato la spesa media mensile necessaria per il mantenimento di un nucleo famigliare composto da 2 genitori con 3 figli come risulta dalle seguenti statistiche ISTAT per l'anno 2015, ultimo dato disponibile.

Famiglia Tipo: Coppia con 3 figli	
Tipo Dato	Spese media famigliare
Tipologia famigliare	5 componenti
Condizione professionale	Occupato
Anno	2015
Territorio	Nord -ovest
Totale	€. 3.350,25
Alimentari bevande	€. 684,91
Non alimentari	€. 2.665,34

La documentazione esaminata permette di mettere in evidenza la manifesta incapacità della Sig.ra ███████████ di far fronte al proprio debito senza mettere a repentaglio i mezzi di sussistenza del proprio nucleo famigliare. Si rileva, altresì, che il patrimonio immobiliare della debitrice è costituito da un immobile destinato ad abitazione e da un box pertinenziale, cointestato con il coniuge, sui quali gravano un ipoteca e non disponendo quindi di un patrimonio liquidabile si trova in una situazione di sovra indebitamento che si manifesta nella definitiva incapacità di adempiere regolarmente alle proprie obbligazioni.

La proposta di piano del consumatore redatta dalla debitrice risulta oggi sostenibile a seguito della disponibilità delle figlie ▮▮▮▮ e ▮▮▮▮ a mettere a disposizione della famiglia i propri redditi necessari per il sostentamento delle spese famigliari.

RESOCONTO SULLA SOLVIBILITA' DELLA RICORRENTE NEGLI ULTIMI CINQUE ANNI

Riguardo la solvibilità della debitrice negli ultimi cinque anni si precisa che l'analisi è stata condotta consultando gli atti e le trascrizioni depositati presso i registri pubblici (CCIAA, Catasto, Conservatoria RR.II., Agenzia delle Entrate, Banca d'Italia).

A riguardo, dalla documentazione acquisita, si rileva quanto segue:

b) Centrale rischi dal mese di settembre 2015 al mese di settembre 2016:

Di seguito le garanzie personali rilasciata a favore di terzi :

- garanzia a favore della BANCA INTESA SAN PAOLO

c) Attestazione Equitalia Nord Spa:

Dagli estratti di ruolo richiesti in data 05.02.2016 e da comunicazione pervenuta alla scrivente da parte di Equitalia Nord Spa del 09.02.2016 risulta un'esposizione complessiva di € 844,83;

d) Provvedimenti monitori:

Nel corso del 2016 è stato emesso un provvedimento monitorio ed è quindi pendente la seguente procedura:

Procedura Esecutiva mobiliare n ▮▮▮▮ inerente il pignoramento   somme presso terzi intrapresa da parte di COMPASS BANCA SPA

e) Atti Agenzia delle Entrate:

Da parte dell'Agenzia delle Entrate è pervenuta alla scrivente comunicazione del ▮▮▮▮ attestante l'emissione di un avviso bonario per complessivi Euro 827,10 relativo ad una rettifica del modello 730/2013.

INDICAZIONE DELLA EVENTUALE ESISTENZA DI ATTI DEL DEBITORE IMPUGNATI DAI CREDITORI

A seguito delle verifiche e dei riscontri effettuati, nonché dall'analisi della documentazione di seguito elencata messa a disposizione dalla debitrice, la scrivente Organismo di Composizione della Crisi non ha rilevato l'esistenza di eventuali atti del debitore impugnati dai creditori, come risulta anche da attestazione sottoscritta dalla Sig.ra ██████████

<u>GIUDIZIO SULLA COMPLETEZZA E ATTENDIBILITA' DELLA DOCUMENTAZIONE DEPOSITATA A CORREDO DELLA DOMANDA</u>

Si fornisce l'elenco della documentazione depositata a corredo della proposta nonché gli ulteriori documenti messi a disposizione dalla debitrice proponente e quelli acquisisti dalla sottoscritta Organismo della Composizione della Crisi:

1) Autodichiarazione stato di famiglia
2) Copia contratto di lavoro riferita all'assunzione della Sig.ra ██████████
3) Copia contratto di lavoro riferita all'assunzione della Sig.ra ██████████
4) Certificato invalidità figlia ██████████
5) Relazione riferita alle cause dell'indebitamento a firma della Sig.ra ██████
6) Dichiarazione di disponibilità e di impegno Sig.ra ██████████ e Sig.ra ██████ ██████
7) Decreto nomina OCC;
8) Contratto finanziamento Findomestic;
9) Contratto Mutuo ipotecario Banca Intesa San Paolo;
10) Pignoramento presso terzi di Compass Banca e ordinanza di assegnazione
11) Contratto finanziamento Prestitalia
12) Finanziamento Inps ex Inpdap
13) Finanziamento Ubi banco di Brescia
14) Nota compensi avvocati
15) Visure Pra
16) Copia busta paga
17) Lista delle spese mensili necessarie al sostentamento della famiglia;
18) Dichiarazione di assenza di atti di disponibilità patrimoniale.
19) Copie dichiarazioni dei redditi/cud degli ultimi 5 anni;
20) Estratti di ruolo Equitalia Nord Spa;
21) Attestazione dell'assenza di atti della debitrice impugnati dai creditori;
22) Attestazione Agenzia delle Entrate di assenza di carichi pendenti;
23) Estratto Centrale rischi Banca d'Italia alla data del 30.09.2016;
24) Estratti di conto corrente della debitrice riferito agli ultimi 5 anni
25) Ispezione ipotecaria e catastale;
26) Visura Catastale Terreni/Fabbricati.;

27) Atto di acquisto immobile.

Non risultano ulteriori e differenti situazioni rispetto a quella esposta.

La debitrice ha fornito la documentazione relativa ai beni attualmente posseduti, ai debiti contratti nonché la loro origine.

Al fine di verificare la situazione debitoria della ricorrente, così come dalla stessa evidenziata, la scrivente è stata supportata dai professionisti Avv. Matteo Marini e Avv. Laura Girelli per la parte legale.

La scrivente ha esaminato tutta la documentazione che si ritiene completa e attendibile ed ha verificato la veridicità dei dati contenuti nella proposta e nei documenti allegati ai sensi dell'art. 15 comma 6 della Legge 3/2012.

GIUDIZIO SULLA PROBABILE CONVENIENZA DELLA PROPOSTA PER I CREDITORI MUNITI DI PRIVILEGIO, PEGNO O IPOTECA RISPETTO ALL'ALTERNATIVA LIQUIDATORIA.

Il patrimonio della Sig.ra ▮▮▮▮▮▮▮▮▮ risulta così composto:

<u>ATTIVO IMMOBILIARE</u>

• QUOTA DI ½ in condivisione con il marito di fabbricato di tipo economico A/3 ad uso abitativo con autorimessa situato in ▮▮▮▮▮▮▮ (▮▮) alla via ▮▮▮▮▮ n. ▮▮, adibito ad abitazione della debitrice e della propria famiglia, catastalmente identificata al foglio ▮▮ particella n ▮▮▮ come segue:

• sub 1 cat. A/3 classe 4 vani 6.5 rendita euro 312,20

• sub 5 cat. C/6 classe 4 mq 15 rendita euro 27,89

L'immobile, acquistato in data ▮▮▮▮▮▮ al prezzo di € 225.000,00 è stato stimato dalla debitrice, e verificato dalla scrivente mediante l'applicazione dei valori OMI, attribuendo un valore pari ad **euro 150.000,00** (centocinquantamila/00). Tale valore risulta stimato in base ad una valutazione di € 1.300,00 circa al mq.

Inoltre si evidenzia che in relazione all'immobile di cui trattasi risulta iscritta in data ▮▮▮▮▮▮ un'ipoteca volontaria a favore dell'istituto di credito Banca Intesa San Paolo, conseguente alla erogazione di un mutuo per originari € 240.000,00.

Si espongono di seguito i valori minimi e massimi desunti dalle quotazioni OMI aggiornate al 1° semestre 2016, disponibili sul sito Internet dell'Agenzia delle Entrate, con riferimento agli immobili di proprietà della Sig.ra ▮▮▮▮▮▮▮▮

gli immobili, compresi di abitazione e box pertinenziale, risultano avere una superficie lorda di pavimento pari a 115 mq.

Applicando la valorizzazione dei parametri OMI alle superfici equivalenti suindicate, è possibile ricavare un valore compreso tra i seguenti minimi e massimi:

VALORE OMI AL MQ		
TIPOLOGIA	MIN. €.	MAX €.
ABITAZIONE CAT A/3	1.050	1.350
GARAGE CAT. C/6	700	930

L'abitazione risulta avere una superficie equivalente pari a 100 mq. e il garage una superficie pari a 15 mq.

IMMOBILE SITO IN ▆▆▆▆▆▆ ▆▆		
	MIN. €.	MAX €.
ABITAZIONE CAT. A/3	105.000	135.000
GARAGE CAT. C/6	10.500	13.950

Premesso quanto sopra si ritiene che la valutazione effettuata trovi una sostanziale corrispondenza con le quotazioni di mercato.

<u>ATTIVO MOBILIARE</u>

La debitrice risulta essere proprietaria dei seguenti autoveicoli:

FIAT PUNTO tg. ▆▆▆▆▆▆ valore di acquisto per € 650,00, acquistata usata in data ▆▆▆▆▆▆

NISSAN MICRA tg. ▆▆▆▆▆▆ valore di acquisto per € 700,00, acquistata usata in data ▆▆▆▆▆▆

Entrambe le autovetture sono gli unici mezzi di trasporto della famiglia.

La proposta di accordo, pur prevedendo il pagamento nella misura parziale del 27,16 % dei creditori chirografari, ma il pagamento integrale dei creditori ipotecari e privilegiati, **è di sicuro più vantaggiosa e assicura ai creditori chirografari una percentuale di soddisfazione nettamente superiore a quella che otterrebbero in caso di liquidazione del patrimonio sia immobiliare che mobiliare.**

Inoltre, nell'ipotesi liquidatoria, è da tenere in considerazione che una volta esaurito il soddisfacimento sui beni che costituiscono il patrimonio della Sig.ra ███████████ il pignoramento del quinto sullo stipendio, considerato in netto di busta paga di circa Euro 300,00 mensili, lascerebbe margine esiguo di soddisfacimento dei creditori e, con sufficiente probabilità, minore rispetto all'offerta indicata nella proposta di piano del consumatore.

CONCLUSIONI

Sulla base della documentazione ricevuta e delle informazioni assunte, premesso tutto quanto sopra la sottoscritta Organismo di Composizione della Crisi

• Vista la proposta di piano del consumatore presentata dalla Sig.ra ███████████ per la composizione della crisi da sovra indebitamento ai sensi dell'art. 7 I comma L. 3/2012;

• Verificata la veridicità dei dati contenuti nella proposta e nei documenti allegati, giudicati completi ed attendibili;

ATTESTA

• Ai sensi e per gli effetti dell'art. 7 comma 1 L. 27.01.2012 n. 3, che la proposta di piano del consumatore pur prevedendo la falcidia dei creditori chirografari, assicura agli stessi un pagamento in misura non inferiore a quella realizzabile, in ragione della collocazione preferenziale sul ricavato in caso di liquidazione, avuto riguardo al valore di mercato attribuibile al bene sul quale insiste causa di prelazione;

• Ai sensi e per gli effetti dell'art. 9 comma 3-bis L. 27.01.2012 n. 3, la completezza e attendibilità della documentazione depositata dal consumatore a corredo della proposta nonché la fattibilità della proposta che, pur con l'alea che accompagna ogni previsione di eventi futuri, può ritenersi fondatamente attendibile e ragionevolmente attuabile.

In fede

Brescia, lì 22.01.2017

Con osservanza
l'Organismo di Composizione della Crisi

TRIBUNALE ORDINARIO DI BRESCIA

Sezione Specializzata Impresa

Il giudice dr. ▮▮▮▮▮

nel procedimento per la composizione della crisi da sovraindebitamento (di cui alla legge n.3/2012 come modificata dal decreto-legge n.179/12 conv. in legge n.221/12) n. ▮▮▮ R.G. a carico di ▮▮▮▮▮ nata a ▮▮▮ (▮▮) il ▮▮▮ residente in ▮▮▮▮ via ▮▮▮ n. ▮;

vista la proposta di piano del consumatore presentata dalla suddetta e la relazione dell'O.C.C. rag. ▮▮▮▮ ;

visti ed esaminati gli atti e ritenuto che sussistono le condizioni richieste dall'art.12bis legge cit.;

fissa

udienza al ▮▮▮▮ disponendo che l'OCC ne dia comunicazione almeno trenta giorni prima a tutti i creditori;

dispone

che i creditori possano presentare le loro osservazioni <u>entro il</u> ▮▮▮▮ ;

ritenuto che alla luce dei termini della proposta la eventuale prosecuzione, nelle more della convocazione, di procedimenti di esecuzione forzata sull'immobile destinato ad abitazione sito in ▮▮▮▮ via ▮▮▮ n. ▮ e sulle due autovetture che vengono utilizzate per recarsi al lavoro, pregiudicherebbe la fattibilità del piano (che esclude detti beni dalla liquidazione), dispone la sospensione dei procedimenti di esecuzione forzata gravanti su suddetti beni (naturalmente per la quota di proprietà di ▮▮▮▮) e ciò sino al momento in cui in cui il provvedimento di omologazione diverrà definitivo.

Si comunichi alla ricorrente e all'O.C.C. .

Brescia, 7 febbraio 2017

Il giudice

TRIBUNALE DI BRESCIA

Sezione Specializzata Impresa

PIANO DEL CONSUMATORE PRESENTATO DA: ▮▮▮▮

RGN ▮▮▮▮

Giudice: dott. ▮▮▮▮

Gestrore della Crisi: rag. ▮▮▮▮

Udienza del ▮▮▮▮

OSSERVAZIONI CRITICHE NELL'INTERESSE DI COMPASS BANCA SP.A. (già Compass S.p.A.)

COMPASS BANCA SPA (già Compass S.p.A.) con sede in Milano, via ▮▮▮▮, Partita IVA ▮▮▮▮ in persona dei legali rappresentati Procuratori Speciali sig. ▮▮▮▮ e sig.ra ▮▮▮▮ (in forza del verbale del Consiglio di amministrazione ▮▮▮▮) rappresentata e difesa come da procura speciale, asseverata come conforme all'originale mediante sottoscrizione con firma digitale ex art. 10 D.P.R. 123/01, allegata alle precedenti Osservazioni, congiuntamente e disgiuntamente dall'Avv. ▮▮▮▮ (▮▮▮▮ – ▮▮▮▮) dall'Avv. ▮▮▮▮ (▮▮▮▮ – ▮▮▮▮) e dall'Avv. ▮▮▮▮ (▮▮▮▮ – CF ▮▮▮▮) con studio in ▮▮▮▮, ▮▮▮▮ n. ▮ (Tel. ▮▮▮▮ – Fax. ▮▮▮▮) ed ivi domiciliata

PREMESSO

1. che con comunicazione pec del ▮▮▮▮, la Rag. ▮▮▮▮, nella sua qualità di O.C.C. notificava a Compass Banca S.p.A. il provvedimento con il quale il dott. ▮▮▮▮ fissava

udienza al ▮▮▮▮▮ ai fini dell'omologa del Piano del Consumatore;

2. che unitamente alla suddetta comunicazione veniva allegata una nuova Proposta di Piano del Consumatore presentata dalla sig.ra ▮▮▮▮▮;

Tutto ciò premesso, Compass Banca Spa, *ut supra* rappresentata e difesa

Avanza le seguenti osservazioni:

Sulla meritevolezza.

Dalla lettura dell'ulteriore Piano presentato dalla sig.ra ▮▮▮ in data ▮▮▮▮▮ nonchè delle controdeduzioni alle precedenti Ossevazioni effettuate da Compass emerge e si conferma che:

1) la sig.ra ▮▮▮▮▮ svolge da sempre attività come docente di scuola elementare a tempo indeterminato guadagnando uno stipendio di circa € 1.650,00 per 13 mensilità;

2) il marito, sig. ▮▮▮▮▮, fino a maggio 2011 era titolare di omonima ditta individuale registrata come impresa artigiana presso la Camera di Commercia di ▮▮▮;

3) che entrambi i coniugi sono comproprietari di immobile al 50% cadauno composto da appartamento ad uso abitativo con autorimessa;

4) che per l'acquisto del suddetto immobile, entrambi i coniugi hanno acceso mutuo ipotecario con Intesa San Paolo in data ▮▮▮▮▮ con rata mensile di circa € 850,00;

5) che in data 23.01.2008, la sig.ra ▮▮▮ contraeva un prestito chirografario con Findomestic Banca S.p.A. per un totale da rimborsare pari ad € 7.771,.20 (non vengono indicati gli importi di ciascun rateo mensile);

6) che in data 17.03.2008, la sig.ra ████ acquistava l'autovettura Mercedes tg. ████ per un importo di € 15.000,00 (cfr. doc. 3 precedenti osservazioni);

7) che in data 16.04.2009 contraeva un contatto di cessione del quinto dello stipendio con vincolo sul TFR con Prestitalia S.p.A. per un importo totale da restituire pari ad € 15.480,00 a mezzo n. 120 rate di € 129,00 cadauna;

8) che in data 26.06.2009 provvedeva a rivendere l'autovettura Mercedes tg. ████ ricavando la somma di € 6.000,00 (cfr. doc. 3), somma di cui la sig.ra ████ nulla riferisce e che ben avrebbe dovuto destinare ad estinzione anche parziale dei precedenti contratti di finanziamento dal momento in cui fa risalire lo stato di crisi del marito proprio al 2009;

9) che in data 18.06.2010 la sig.ra ████ contraeva un prestito chirografario con Compass S.p.A. per un importo totale pari ad € 12.299,40 da restituire mediante n. 60 rate mensili di € 204,99.

Risulta, pertanto, confermata la circostanza che la sig.ra ████, già ben prima dell'asserito e non meglio documentato stato di disoccupazione del marito sig. ████, a fronte di uno stipendio non superiore ad € 1.650,00 mensili, assumeva debiti vari per un totale di circa € 1.300,00 mensili (per il pagamento dei ratei sopra indicati) pari al 79% del proprio reddito.

Ciò indica inequivocabilmente che la sig.ra ████, a prescindere dalla situazione di lamentato e non documentato stato di disoccupazione del marito intervenuto in epoca successiva ai sopra indicati finanziamenti, versava già in una situazione di sovra indebitamento colpevole non avendo provveduto o, comunque, dimostrato di aver utilizzato il netto erogato dalle varie finanziarie o banche per porre fine ai finanziamenti in ordine di tempo più datati proprio al fine di uscire dallo stato di decozione. Al contempo, con la vendita dell'autovettura sopra indicata riceveva la somma di € 6.000,00 eppur tuttavia, detta somma, non è stata utilizzata per ridurre l'esposizione debitoria che è rimasta invariata.

Risulta altresì confermata la circostanza che, successivamente al lamentato e non provato stato di disoccupazione del marito (dalla stessa proponente individuato nel maggio 2011), la sig.ra ▮▮▮ ha contratto volontariamente un altro finanziameto con delega del quinto dello stipendio nel giugno del 2012 con Inpdap per un importo erogato pari ad € 18.188,65 da pagarsi a mezzo n. 120 rate di € 179,00 mensili oltre ad un ulteriore finanziamento di € 1.581,63 con UBI Banco di Brescia.

Anche in questo caso il netto erogato relativo a tali ultimi finanziamenti non è stato utilizzato per ripianare i pregressi debiti in considerazione dell'ormai acclarata impossibilità di procedere al pagamento ed in considerazione, altresì, dell'assodato venir meno del contributo del marito avvenuto in epoca precedente (intervento comunque sostituito per stesa dichiarazione dell'istante dal contributo al *menage* familiare delle figlie ▮▮▮ che gode di un retribuzione di € 950,00 ed ▮▮▮ che gode di un retribuzione di circa € 400,00 mensili).

Appare chiaro, pertanto, che la situazione di sovraindebitamento già presente al momento dell'asserito stato di crisi del marito, sia stato ulteriormente aggravato dall'ulteriore ricorso al credito (non destinato all'estinzione sia pure parziale dei pregresi debiti) e che, quindi, lo stato di sovraindebitamento non possa ritenersi incolpevole ai fini dell'accesso alla procedura per cui è causa.

L'art. 12 bis della L. 3/2012 prevede quale causa ostativa all'omologazione del piano del Consumatore l'assunzione di obbligazioni senza la ragionevole prospettiva di poterle adempiere ovvero che ha colposamente determinato il sovraindebitamento anche per mezzo di un risorso al credito non proporzionato alle proprie capacità parrimoniali

(Trib. Ravenna ordinanza del 17.12.2014; Trib Pistoia decreto del 17.11.2014 relativo a reclamo avverso decreto di omologa)

Nel caso di specie, il ricorso continuativo e temporalmente ravvicinato a più fonti di finanziamento appare eccessivo e ciò, come sopra detto, anche a prescindere dal sopravvenuto (ma non documentato) stato di disoccupazione del marito (comunque adeguatamente sostituito dal contributo lavorativo delle figlie).

La circostanza, poi, che la sig.ra █████ abbia fatto ricorso al credito ulteriore per ottenere nuova liquidità non destinata all'estinzione dei precedenti debiti nonostante il sopraggiunto stato di disoccupazione del marito, di per sé, semmai, denota ulteriormente la mancanza del requisito della meritevolezza.

Sul credito vantato da Compass Banca S.p.A. e sull'erroneità della formulata Proposta di Piano del Consumatore

Compass Banca S.p.A., in relazione al contratto di finanziamento n. █████ del █████ ha richiesto ed ottenuto dal Tribunale di Brescia il Decreto Ingiuntivo n. █████ depositato in cancellaria in data █████ notificato alla debitrice in data █████ e, a seguito di mancata opposizione, munito di formula esecutiva in data █████ per l'importo di € 5.193,02 oltre interessi legali e spese di procedura.

In data █████ Compass Banca S.p.A. provvedeva, quindi, a notificare atto di Precetto per l'importo di € 6.543,60 oltre spese successive e interessi legali successivi.

Nulla ricevendo nei termini di legge, quindi, Compass Banca S.p.A. instaurava un procedimento esecutivo presso terzi avanti il Tribunale di Brescia (RGE █████) che si concludeva in data █████ con ordinanza di assegnazione delle somme pignorate nei limiti del quinto dello stipendio della sig.ra █████ erogato dalla █████.

La ███████, come da Ordinanza notificatagli, sta regolarmente procedendo al pagamento delle somme assegnate.

Ebbene, dalla lettura del proposto Piano del Consumatore, sia la sig.ra ███ che l'Organismo designato ritengono che il credito vantato da Compass Banca S.p.A. possa subire la falcidia e, quindi, essere pagato nella misura del 27% al pari degli altri debiti con esclusione della cessione del quinto intercorso con Prestitalia e della delega intercorsa con Inpdap oltre, naturalmente, al mutuo ipotecario.

Ebbene, tale considerazione non merita pregio alcuno giacchè, con la naturale conclusione del sopra indicato procedimento esecutivo presso terzi instaurato da Compass e con l'ordinanza di assegnazione del quinto dello stipendio, tali somme sono fuoriuscite dal patrimonio della sig.ra ███ al pari dei crediti ceduti motivo per cui anche il credito vantato da Compass Banca S.p.A. non può subire la falcidia proposta (cfr. Trib. Udine Ord. Del 04.01.2017 allegato in copia sub. doc. 4 alle precedenti osservazioni).

Ciò determina, a catena, l'inattuabilità del proposto piano.

Esso, infatti, propone il pagamento dei debiti chirografari nella misura indicata dl 27% sull'erroneo presupposto che lo stipendio disponibile della sig.ra ███ sia pari ad € 1.650,00 mesili (al lordo delle cessioni e deleghe) mentre, lo stesso, per i motivi sopra indicati, risulta disponibile nella misura inferiore di un quinto che è stato, per l'appunto, assegnato all'odierna creditrice.

Tutto ciò è tanto vero che lo stesso Giudice oggi adito ha provveduto a sospendere il procedimento di esecuzione forzata sull'immobile e sulle autovetture (naturalmente per la quota di proprietà dela sig.ra ███) e, correttamente, non fa riferimento alla procedura esecutiva intrapresa da Compass già conclusa.

Contrariamente a quanto *ex adverso* indicato in sede di controdeduzioni, peraltro, le somme assegnate in sede di PPT, come noto, vanno dapprima a pagare le spese della procedura e, successivamente, vanno ad intaccare gli interessi e successivamente il capitale.

Emerge dunque, che il credito residuo vantato da Compass non sia un credito derivante dagli interessi ma un credito derivante dal pagamento del capitale avendo inciso i precedenti pagamenti esclusivamente sulle spese e sugli interessi.

Sulla non condivisione ulteriore della Proposta di Piano del Consumatore.

Anche la nuova proposta ritiene che il creditore ipotecario ed i creditori relativi ai contratti di cessione del quinto e di delega di pagamento abbiano un trattamento diverso e migliore (se ne prevede l'integrale pagamento) rispetto al trattamento riservato a Compass creditore pignoratizio in funzione di ordinanza di assegnazione somme che, come noto, contrariamente a quanto indicato nelle controdeduzioni dalla sig.ra ████, non sono frutto dell'iniziativa spontanea del debitore ma frutto di un Ordine del Giudice.

Se il ragionamento della difesa della sig.ra ████ venisse ritenuto corretto, non vi è alcuna ragione per trattare in maniera deteriore il credito vantato da Compass rispetto al credito vantato dal creditore ipotecario e, soprattutto dei crediti ritenuti non falcidiabili (cessione e delega).

È evidente che, in tal modo, si violerebbe la *par condicio credito rum* (nella proposta, addirittura, i sudetto credito non vengono considerati nemmeo scaduti).

Non vi è alcuna norma, infatti, che preveda il pagamento integrale dei creditori muniti di diritto di prelazione con detrimento degli ulteriori creditori dovendo solo garantire, una proposta di piano, la previsione della soddisfazione dei creditori muniti di diritto di prelazione (privilegio, pegno, ipoteca), in un limite che non può essere inferiore a quella realizzabile in caso di liquidazione del bene o del diritto su cui cade la prelazione (avuto riguardo al loro valore di mercato, come attestato dall'Organismo di Composizione).

Fatto è che non vi è alcuna attendibile valutazione dell'immobile né tale valore risulta attestato dall'OCC il che, evidentemente, rende inaffidabile la proposta (è chiaro che in siffata ipotesi, il creditore ipotecario nulla abbia eccepito sul punto non potendosi certo lamentare di un trattamento deteriore).

Al pari, non si comprende per quale principio giuridico si possa ritenere che ai crediti relativi al contratto di cessione del quinto e di delega di pagamento possa attribuirsi un trattamento differenziato che ne prevede l'integrale pagamento con un trattamento ben più favorevole a quello che la proposta di piano prevede per Compass.

Trattasi di crediti chirografari al pari di quelli di Compass motivo per cui o la infalcidiabilità derivante dalla fuoriuscita dal patrimonio del debitore vale per tutti (Compass riceve dei pagamenti in forza di regolare ordinanza giudiziale) oppure tale principio non esiste e, quindi, non vale per nessuno.

La stessa quantificazione della debitoria della sig.ra ███, a giudizio della scrivente difesa, risulta non corretta.

La consumatrice, infatti, è titolare di un mutuo ipotecario al 50% motiovo per cui il debito nei confronti di Inatesa San Paolo deve essere quantificato nella metà di quianto dichiarato pemanendo la posizione debitoria dle merito, cointestatario del mutuo e dell'immobile.

Sui crediti prededucibili.

Anche in seno alla nuova Proposta si prevede il pagamento in prededuzione della somma di € 3.982,68 a favore degli avvocati della sig.ra ███.

Ora, tra i crediti prededucibili, l'art. 13, co. 4 bis stabilisce che i crediti sorti in occasione od in funzione di uno dei procedimenti di composizione sono soddisfatti con preferenza rispetto agli altri, con esclusione di quanto ricavato dalla liquidazione dei beni oggetto di pegno od ipoteca per la parte destinata ai creditori garantiti. Nel riconoscere la prededuzione, il legislatore ha chiaramente richiamato la disciplina dettata dall'art. 111, ult. co. Legge fall.

Non vi è alcuna norma che impone la difesa tecnica nella procedura *de quo* motivo per cui, in questa sede si contesta sia l'*an* che il *quantum* di tale somma il cui pagamento, peraltro, viene in prededuzione in aggiunta al compenso legittimamente spettante all'OCC che, invece, correttamente viene individuato tra i crediti da soddisfare in prededuzione trattandosi di crediti sorti certamente ed ineludibilmente in funzione di uno dei procedimenti di composizione quale costo della procedura.

Tutto ciò premesso, Compass Banca S.p.A. *ut supra* rappresentata e difesa, chiede al Giudice adito di non procedere alla omologa del piano per tutti i motivi meglio indicati in narrativa.

Milano, lì 5 giugno 2017

Avv.

Avv.

Avv.

Avv. Laura Girelli
Via Lattanzio Gambara n. 42 – 25121 Brescia
Tel 030 6378729 - Fax 030.2053347
C.F. GRLLRA86P56B157W
laura.girelli@brescia.pecavvocati.it

Avv. Matteo Marini
Via Solferino n. 15, 25122 BRESCIA
Tel. 030/2944364 – Fax 0305030995
C.F. MRNMTT84S04B157L
matteo.marini@brescia.pecavvocati.it

TRIBUNALE DI BRESCIA

Nella procedura di piano del consumatore Rg ███████ pendente presso l'intestato Tribunale nell'interesse della Sig.ra ██████████ avanti al Giudice Presid. Dott. ██████████ O.C.C.: Dott.ssa ██████████ con prossima udienza fissata per il giorno ██████████

PREMESSO

- che, come disposto dal provvedimento emesso da codesto Giudice in data ██████████ entro il termine del ██████████ ivi stabilito, alcuni creditori della Sig.ra ██████ presentavano le proprie osservazioni al piano del consumatore presentato dalla scrivente difesa nell'interesse della debitrice e debitamente corredato dalla relazione dell'Occ nominata Dott.ssa ██████████

- che all'udienza del ██████████ su richiesta, codesto Giudice provvedeva a concedere alla difesa della Sig.ra ██████████ termine sino al ██████████ per replicare alle osservazioni presentate dai creditori della ricorrente.

Tutto ciò premesso, la scrivente difesa, con il presente atto provvede, nel termine concesso, a presentare le seguenti

CONTROSSERVAZIONI

nell'interesse della Sig.ra ██████████

Pare innanzitutto opportuno evidenziare che **la proposta di piano presentata dalla Sig.ra ██████████ prevede la soddisfazione integrale, oltre che di tutti i crediti in prededuzione, anche dei crediti ipotecari e privilegiati** (per somme peraltro consistenti ammontanti, secondo la proposta di piano presentata, a circa € 222.000,00), **assicurando altresì il pagamento di buona parte dei crediti chirografari** (ammontanti, secondo la proposta di piano presentata, a circa € 12.400,00) nella misura stimata del 27,16%.

Si rileva altresì come **buona parte dei creditori della signora ██████ nulla hanno opposto alla proposta di piano** così come presentata dalla scrivente difesa, ritenendo di non avanzare osservazioni oppure di avanzare osservazioni favorevoli, per lo più volte a precisare il credito vantato nei confronti della ricorrente - senza peraltro che tali precisazioni si scostino troppo dalle dichiarazioni di debito indicate in proposta dalla medesima (in tal senso si confrontino le osservazioni presentate da Equitalia e da Prestitalia Spa).

Le osservazioni più rilevanti sono state avanzate da Banca Intesa San Paolo e da Compass Spa.

Circa le osservazioni avanzate da Banca Intesa San Paolo

Banca Intesa San Paolo Spa, erogatrice del mutuo fondiario sulla casa di abitazione della Sig.ra ▉▉▉▉▉▉ con riferimento al quale la proposta di piano prevede il pagamento integrale con moratoria di un anno, presentava le proprie osservazioni da ritenersi **nel complesso positive**. In particolare, Intesa San Paolo nulla oppone alla moratoria e alla prosecuzione del contratto di mutuo, rendendosi addirittura disponibile ad una rinegoziazione del medesimo onde agevolare la sig.ra ▉▉ nei pagamenti. Precisa poi che il credito per rate arretrate ammonterebbe a 13.673,81 al posto degli 8.870,71 dichiarati e precisa che la Sig.ra ▉▉ risulterebbe aver prestato fidejussioni a favore della posizione del marito ▉▉▉▉▉ per importo pari ad € 15.400 che chiede venga inserito nella proposta di piano presentata come credito chirografario. La scrivente difesa ritiene condivisibili le osservazioni avanzate da Banca Intesa che ritiene possano essere recepite nella proposta di piano.

Circa le osservazioni avanzate da Compass Spa

Compass Spa, al contrario di tutti gli altri creditori, ha presentato osservazioni fortemente critiche che tuttavia paiono prive di pregio ad una più approfondita analisi.

Nello specifico Compass Spa chiede che codesto Giudice non proceda all'omologazione del piano proposto criticandolo sotto diversi profili.

Innanzitutto la difesa di Compass ritiene non sussista il requisito della meritevolezza, in quanto la sig.ra ▉▉ avrebbe nel tempo cumulato debiti che avrebbero assorbito il suo stipendio per circa il 79%. Tale affermazione non può trovare accordo da parte della scrivente difesa che la contesta recisamente. Al riguardo si rileva che tutti i finanziamenti contratti dalla Sig.ra ▉▉ sono stati assunti quando ancora il marito ▉▉▉▉▉ lavorava ed era in piena salute, circostanza questa non considerata da controparte. A codesto Giudice non sfuggirà infatti che, ad esclusione del prestito Inps (ex Inpdap) del 2012 e del prestito Ubi del 2015, tutti gli ulteriori finanziamenti sono stati assunti prima del 2011, anno in cui il Sig. ██████████ si è trovato senza lavoro. Al momento della stipulazione dei finanziamenti pertanto le risorse economiche su cui poteva contare il nucleo famigliare erano composte anche dagli entroiti della ditta del marito. Non potendo più svolgere attività lavorativa per via di problemi di salute e a causa della crisi del 2009, nel 2011 il marito Sig. █████ si è trovato a dover chiudere l'attività e, per le medesime ragioni, da allora non è più riuscito a trovare una ricollocazione sul mercato del lavoro. A causa di ciò la sig.ra █████ con solo il proprio stipendio, non è più riuscita a far fronte agli impegni economici presi tempo per tempo, dovendo assicurare la sussistenza, da sola, dell'intero nucleo familiare composto da 5 persone. Lo stato di sovra indebitamento attuale, pertanto, risulta evidentemente incolpevole, dovendosi ricondurre alla crisi economica del 2009 e a problemi di salute e, conseguentemente, di lavoro che hanno colpito il marito della ricorrente.

Compass Spa sostiene poi che il piano presentato nell'interesse della sig.ra █████ non dovrebbe essere omologato in quanto si fonderebbe su somme di denaro che di fatto sarebbero uscite dalla disponibilità della sig.ra █████ in forza di ordinanza di assegnazione somme emessa dal Tribunale di Brescia nell'ambito del procedimento di pignoramento presso terzi intentato da Compass Spa con esito favorevole sullo stipendio della ricorrente.

Si rileva, al riguardo, innanzitutto che Compass Spa ha notificato pignoramento presso terzi alla sig.ra █████ e al datore di lavoro di quest'ultima a fine gennaio 2016, pertanto sta trattenendo già da più di un anno (esattamente da marzo 2016) il quinto dello stipendio della Sig.ra █████ corrispondente a circa 330,00 euro mensili, per una trattenuta totale sino ad aprile 2017 di circa € 4.620,00 su un totale di € 8.670,48 indicato nel verbale di assegnazione, residuando, pertanto, allo stato, un debito residuo di € 4050,48 a capo della sig.ra █████ Debito destinato a diminuire ancora, in attesa dell'omologa del presente piano, in quanto i prelievi del quinto dello stipendio sono di fatto ancora in corso, non essendo stata disposta alcuna sospensione nell'ambito della presente procedura. Si evidenzia peraltro che la somma capitale da rimborsare in forza del finanziamento Compass era all'origine di € 12.299,40. Di questi 7.806,38 sono stati pagati spontaneamente dalla signora █████ per il primo periodo dopo la sottoscrizione del contratto, €

4.620,00 sono stati pagati in forza di procedura presso terzi attivata dalla creditrice, **per una somma complessiva pagata a favore di Compass Spa ad oggi di € 12.426,38. L'intera somma originariamente pattuita pertanto risulta attualmente interamente rifusa. Nella proposta di piano si prevede pertanto il solo stralcio delle somme dovute per interessi e costi per le procedure giudiziali intentate da Compass, di cui, in ogni caso, si assicura il pagamento nella percentuale riservata ai creditori chirografari, in proposta stimata nella misura del 27%,** salvo correzioni a fronte delle precisazioni di credito fornite dai vari creditori. Percentuale di soddisfazione che può garantirsi solo grazie allo sforzo dell'intero nucleo famigliare che, come da proposta, si è impegnato nell'insieme al fine di garantire ai creditori della signora ▓▓▓ il massimo soddisfacimento possibile in base alle attuali loro capacità economiche.

Ciò detto, la scrivente difesa ritiene inoltre che la tesi secondo cui, per effetto dell'ordinanza del Giudice dell'esecuzione, le somme assegnate sarebbero di fatto uscite dalla disponibilità della sig.ra ▓▓▓ sia del tutto priva di pregio. E' notorio infatti che quanto asserito da controparte non è l'effetto tipico dell'ordinanza di assegnazione. Applicando, infatti, per analogia, alle procedura da sovraindebitamento i principi applicati nelle similari procedure concorsuali, si ritiene che codesto Giudice abbia il potere, in sede di omologa di disporre la sospensione/interruzione del pignoramento, potere che, peraltro, gli viene conferito espressamente dalla legge 3/2012, con conseguente possibilità per la sig.ra ▓▓▓ di tornare nella disponibilità delle somme a lei eventualmente pignorate, che dovranno essere gestite nei termini dichiarati nella proposta di piano omologata.

Deve contestarsi altresì l'affermazione di controparte secondo cui una proposta liquidatoria con la messa in vendita dell'appartamento della signora ▓▓▓ sarebbe stato più conveniente rispetto alla proposta di piano come formulata. Sfugge a controparte che l'appartamento in cui vive la sig.ra ▓▓▓ è di sua proprietà solo nella misura del 50%, pertanto, anche qualora la sig.ra ▓▓▓ avesse deciso di optare per l'opzione liquidatoria, non avrebbe potuto mettere a disposizione più della propria quota, evidentemente poco appetibile per i possibili acquirenti. Ma anche qualora, con benestare del marito ▓▓▓ si fosse proceduto a mettere a disposizione della procedura l'intero appartamento, si rileva che, al netto dei costi necessari a bandire le aste (pubblicità, professionisti tra cui custodi, estimatori, notaio, ecc), è verosimile ritenere che quanto potrebbe ricavarsi andrebbe a vantaggio esclusivo dell'ipotecario che nel caso di specie è la banca Intesa San Paolo la quale attualmente ha ancora una quota consistente di credito da riscuotere in forza del contratto di mutuo. Nulla residuerebbe a favore degli altri creditori della procedura da sovraindebitamento. Nè può ritenersi che, ponendo in vendita l'appartamento, rimarrebbero a disposizione della sig.ra ███ delle somme dal proprio stipendio, in quanto la stessa si troverebbe a dover far fronte al pagamento del canone e delle spese per un contratto di locazione per un appartamento che sia idoneo a soddisfare le necessità di vita decorosa di un nucleo familiare di 5 persone adulte. A tal riguardo non si può certo dire che lo sia un appartamento di 90 mq come proporrebbe controparte. A tal riguardo si rileva che l'attuale abitazione della signora ███ non è una villa di lusso ma un appartamento modesto arredato con il necessario per una vita quotidiana decorosa.

Infine, controparte lamenta una presunta violazione della par condicio creditorum da parte della ricorrente, nella misura in cui avrebbe continuato, anche dopo il deposito della proposta di piano e dopo il decreto del Giudice, a versare la rata mensile di € 55,00 dovuta a Ubi in forza del relativo finanziamento.

Anche tale affermazione è priva di pregio e non merita, ad avviso della scrivente difesa, accoglimento. Si rileva infatti che il provvedimento emesso da Codesto Giudice in data ███ non prevedeva la sospensione dei pagamenti, tanto che anche la stessa Compass Spa ha continuato a beneficiare della trattenuta del quinto dello stipendio sulla busta paga della Sig.ra ███ per effetto del pignoramento presso terzi in atto. La sig.ra ███ pertanto ha ritenuto doveroso, per quanto possibile, adempiere alle obbligazioni assunte. Diversamente ragionando, bisognerebbe altrimenti ritenere che anche le somme medio tempore percepite da Compass Spa in forza del predetto pignoramento dello stipendio siano state indebitamente percepite in violazione della par condicio creditorum e vadano pertanto restituite alla massa dei creditori.

Tutto quanto sin qui esposto, si conclude evidenziando come la proposta avanzata rappresenta allo stato il massimo sforzo possibile per la signora ███ e il suo nucleo famigliare, che vede impegnati in questo progetto di composizione della crisi tutti i famigliari oggi aventi un'occupazione lavorativa ed in particolare la signora ▮▮▮ e le due figlie, le quali intendono, per quanto loro possibile, aiutare la madre a garantire la migliore soddisfazione possibile dei creditori.

Per tutti i motivi sin qui esposti, rimanendo disponibili a fornire la ulteriore documentazione che dovesse essere richiesta da Codesto Giudice, si ritiene che le osservazioni di Compass vadano del tutto disattese e si insiste pertanto nella richiesta di omologazione del piano presentato nell'interesse della Sig.ra ▮▮▮ ▮▮▮

Con osservanza.

Brescia

Avv. Laura Girelli   Avv. Matteo Marini

TRIBUNALE DI BRESCIA
SEZIONE FALLIMENTARE

<u>PROCEDIMENTO DI COMPOSIZIONE DELLA CRISI DA
SOVRAINDEBITAMENTO</u> : N. ▉▉▉ - ▉▉▉▉▉▉▉

<u>GIUDICE DELEGATO</u>: DR. ▉▉▉▉▉▉

<u>PROFESSIONISTA CON FUNZIONI DI O.C.C.</u>: RAG. ▉▉▉▉▉▉

**MODIFICA E INTEGRAZIONE DELLA RELAZIONE
PARTICOLAREGGIATA
DELL'ORGANISMO DI COMPOSIZIONE DELLA CRISI
EX ART. 9. COMMA 3-BIS E ART. 7 COMMA 1 LEGGE 27.01.2012 N. 3**

La sottoscritta Rag. ▉▉▉▉▉ (c.f. ▉▉▉▉▉▉▉), con Studio in Brescia, Via ▉▉▉▉▉ PEC ▉▉▉▉▉

PREMESSO

1) Che la Legge 27.01.2012 n.3 consente al debitore di presentare al Tribunale competente una proposta di piano del consumatore;

2) Che la Sig.ra ▉▉▉▉▉ CF. ▉▉▉▉▉ nata a ▉▉▉ in ▉▉▉ il ▉▉▉ , residente in ▉▉▉ (▉▉), via ▉▉▉ n. ▉▉, ha deciso di sottoporre ai creditori una proposta di piano del consumatore per la composizione della crisi con sovra indebitamento ai sensi dell'art. 7, comma 1, L. 3/2012 e conseguentemente ha depositato domanda per la nomina di un professionista con la funzione di organismo di composizione della crisi ai sensi dell'art. 15, IX comma, L. 3/2012;

3) Che in data ▉▉▉ il Giudice Delegato, Dott. ▉▉▉▉▉ ha nominato la sottoscritta per svolgere le funzioni di Organismo di composizione della Crisi nel procedimento n. ▉▉▉ promosso dalla signora ▉▉▉▉▉ d'ora in avanti per semplicità denominata anche soltanto "debitrice";

4) Che la scrivente ha accettato l'incarico con istanza depositata in data ▉▉▉

5) Che in data 25 gennaio 2017 la debitrice presentava proposta di piano del consumatore ai sensi della legge 3/2012;

6) che con decreto della S.V.Ill.ma del ▉▉▉ veniva fissata udienza al ▉▉▉ ▉▉▉ ore ▉▉▉

7) che entro il giorno ▉▉▉ termine fissato per la presentazione delle osservazioni da parte dei creditori, sono pervenute le osservazioni da parte di:

1) __COMPASS SPA__:

osservazione formulata: esprime parere non favorevole per mancanza del requisito della

meritevolezza;

2) __EQUITALIA NORD SPA__:

osservazione formulata: richiesta di aggiornamento del credito alla luce di nuovi ruoli

trasmessi che è passato da € 844.83 a € 2.761,70:

3) __AGENZIA DELLE ENTRATE DI BRESCIA__:

osservazione formulata: richiesta di aggiornamento del credito di ulteriori € 136,47

tuttavia già inclusi nel debito esposto da EQUITALIA NORD SPA;

4) __BANCA INTESA SPA__:

osservazione e proposta formulata: richiesta di prendere atto di una garanzia rilasciata a

favore del coniuge ███████████ ad oggi esposto per un importo di € 15.400,00,

adeguamento del debito per rate impagate del mutuo ipotecario e interessi di mora che

passa da € 8.870,79 a € 13.673,81 con contestuale proposta riguardo il mutuo ipotecario

di essere disposta ad una rinegoziazione dello stesso con allungamento della durata di 4

anni e riassorbimento dell'arretrato con concessione di 12 mesi di preammortamento,

come richiesto dalla debitrice;

8) che in sede di udienza del ██████████ la S.V.III.ma rinviava l'udienza alla data del ██

██████████ e fissava il termine del ██████████ per il deposito delle memorie da parte

della debitrice in risposta alle osservazioni depositate dal creditore COMPASS SPA;

9) che alla luce delle osservazione presentate la debitrice ha predisposto e depositato una

nuova proposta integrata e modificata ;

ESPONE

la seguente integrazione alla relazione particolareggiata ai sensi dell'art. 9, comma 3-bis,

della L. n.3/2012 redatta dalla sottoscritta con funzione di O.C.C., depositata in data 27

gennaio 2017, rivista alla luce delle osservazioni pervenute e della nuova proposta

formulata dalla debitrice,   modificata solo nel paragrafo riferito alla sintesi della

proposta.

__SINTESI DELLA PROPOSTA DI ACCORDO DI COMPOSIZIONE DELLA CRISI__

Le obbligazioni assunte dalla Sig.ra ███████████ ammontano a complessivi

€ **278.053,33** di cui:

- € 8.789,08 per debiti in prededuzione;

- € 229.589,42 non considerati falcidiabili per debiti ipotecari di cui € 192.986,99 per residuo quota capitale ed € 36.602,43 per interessi;

- € 14.534,80 per debiti garantiti da TFR ed EX INPDAP non considerati falcidiabili;

- € 1.125,75 per debiti privilegiati

- € 24.014,28 per debiti chirografari.

Il piano del consumatore prevede una durata di 4 anni e le fasi previste dalla proposta sono le seguenti:

1) la sospensione e il divieto di inizio di procedure esecutive a carico della Sig.ra

2) moratoria del mutuo per 1 anno dalla data di omologazione del piano;

3) messa a disposizione della procedura per 4 anni a partire dalla data di omologazione del piano delle seguenti somme da parte della Signora

per il periodo 2017 – 2018 – 2019 – 2020 l'importo della provvista mensile (euro 1.650,00) per il numero delle mensilità lavorative annue (n° 13) = **21.450 euro annuo** per un totale di periodo pari ad € **85.800,00.**

Il piano finanziario prevede la destinazione delle somme come segue:

• Pagamento integrale dei creditori per finanziamenti non considerati falcidiabili Ex Inpdap e Prestitalia e garantiti da TFR per complessivi € 14.534,80 (con addebito in busta paga) mediante la prosecuzione del piano di ammortamento delle rate per complessivi €. 308,00 mensili di cui €. 129,00 con termine Maggio 2019 ed €. 179,00 con termine Maggio 2022;

• Moratoria per 1 anni dalla data di omologa del mutuo ipotecario avente un debito residuo pari ad € 229.589,42   con pagamento della sola rata per interessi stimati in €. 235,00 mensili, ripresa della rata mensile già determinata nel piano di ammortamento per i successivi 36 mesi pari ad €. 850,00 e le rate successive ammonteranno a circa €. 820,00;

• Accantonamento di una somma complessiva pari ad € 23.609,00 da destinarsi al sostentamento della famiglia;

• Accantonamento di una somma complessiva pari ad € 16.438,00 da destinarsi alla procedura.

Nel dettaglio si fornisce il seguente prospetto:

Periodo	1° Anno	2° Anno	3° Anno	4° Anno	TOTALE
Entrate:					
Stipendio annuo 13 mensilità	21.450	21.450	21.450	21.450	**85.800**
Totale Entrate Annue	**21.450**	**21.450**	**21.450**	**21.450**	**85.800**
Uscite:					
Mutuo 12 rate per interessi	-2.820				**-2.820**
Mutuo piano ammortamento	0	-10.200	-10.200	-10.200	**-30.600**
Finanziamenti non falcidiati	-3.696	-3.696	-2.793	-2.148	**-12.333**
Sostentamento Famiglia	-6.000	-3.600	-3.600	-3.600	**-16.800**
Totale Uscite Annue	**-12.516**	**-17.496**	**-16.593**	**-15.948**	**-62.553**
Somme destinate alla procedura	**-7.554**	**-2.154**	**-3.057**	**-3.673**	**-16.438**
Somme accantonate	**-1.380**	**-1.800**	**-1.800**	**-1.829**	**-6.809**
Residuo	**0**	**0**	**0**	**0**	**0**

La somma destinata alla procedura pari ad € 16.438,00 verrà utilizzata come segue:

• Pagamento integrale delle spese di procedura stimate in € 8.798,08 e relative alle spese di procedura stimate in € 1.000,00, alle prestazioni svolte dall'O.C.C. per €. 3.806,40 e alle prestazioni svolte dallo studio legale per € 3.982,68;

• Pagamento integrale del creditore privilegiato mobiliare per € 1.125,75;

• Pagamento parziale di tutti gli altri creditori, tutti pariteticamente chirografari, che resterebbero, altrimenti, esclusi per un importo pari al 27,16% degli importi dei relativi crediti, quindi per € 6.523,17 come segue:

DEBITI CHIROGRAFARI				
ISTITITUO CREDITORE	IMPORTO DEBITO	NATURA	% OFFERTA	IMPORTO OFFERTO
FINDOMESTIC	1.987,87	PRESTITO FINANZIAMENTO	27,16%	539,98
COMPASS	4.050,48	PRESTITO FINANZIAMENTO	27,16%	1.100,26
UBI BANCO DI BRESCIA	939,98	PRESTITO FINANZIAMENTO	27,16%	255,33
EQUITALIA	1.635,95	VARIE	27,16%	444,38
B.CA INTESA CHIROGRAFO	15.400,00	FIDEIUSSIONE ▬▬▬	27,16%	4.183,21
TOTALE	24.014,28	TOTALE IMPORTI PROPOSTI		6.523,17

La somma accantonata residua pari ad € 6.809,00 verrà destinata al pagamento del mutuo ipotecario rinegoziato in considerazione dei maggiori oneri che ne deriveranno a seguito dell'allungamento del medesimo.

Il piano non prevede la vendita dell'unica unità immobiliare ad uso abitativo e relativa autorimessa di proprietà della debitrice motivato dal fatto che *" le somme eventualmente recuperate dalla vendita all'asta del bene non sarebbero state sufficienti a saldare l'importo residuo di mutuo ad oggi ancora dovuto. Dalla vendita dell'immobile pertanto non porterebbe residuare alcun credito da mettere a disposizione del piano, ma, anzi, tale vendita comporterebbe un aggravio dei debiti in capo alla Sig.ra* ▇▇▇ *con svantaggio anche per la procedura e per i creditori chirografari."*

GIUDIZIO SULLA PROBABILE CONVENIENZA DELLA PROPOSTA PER I CREDITORI MUNITI DI PRIVILEGIO, PEGNO O IPOTECA RISPETTO ALL'ALTERNATIVA LIQUIDATORIA.

La proposta di accordo, pur prevedendo il pagamento nella misura parziale del 27,16 % dei creditori chirografari, ma il pagamento integrale dei creditori ipotecari e privilegiati, **è di sicuro più vantaggiosa e assicura ai creditori chirografari una percentuale di soddisfazione nettamente superiore a quella che otterrebbero in caso di liquidazione del patrimonio sia immobiliare che mobiliare.**

Inoltre, nell'ipotesi liquidatoria, è da tenere in considerazione che una volta esaurito il soddisfacimento sui beni che costituiscono il patrimonio della Sig.ra ▇▇▇▇▇▇ il pignoramento del quinto sullo stipendio, considerato in netto di busta paga di circa Euro 300,00 mensili, lascerebbe margine esiguo di soddisfacimento dei creditori e, con sufficiente probabilità, minore rispetto all'offerta indicata nella proposta di piano del consumatore.

CONCLUSIONI

Sulla base della documentazione ricevuta e delle informazioni assunte, premesso tutto quanto sopra la sottoscritta Organismo di Composizione della Crisi

• Vista la proposta di piano del consumatore depositata in data 27 gennaio 2017 nonché l'integrazione della stessa rivista alla luce delle osservazioni pervenute e della proposta dell'istituto di credito BANCA INTESA SPA, creditore ipotecario, presentata dalla Sig.ra ▇▇▇▇▇▇ per la composizione della crisi da sovra indebitamento ai sensi dell'art. 7 I comma L. 3/2012;

• Verificata la veridicità dei dati contenuti nella proposta e nei documenti allegati, giudicati completi ed attendibili;

• Considerato che la nuova proposta depositata dalla debitrice, che espone una situazione debitoria maggiorata rispetto alla precedente, prevede l'invarianza rispetto alla precedente della percentuale proposta ai creditori chirografari, fatto quest'ultimo

possibile solo a seguito della volontà da parte della stessa di accettare la proposta
formulata dalla BANCA INTESA SPA, seppur comportante maggiori oneri finanziari
derivanti dalla rinegoziazione del mutuo ipotecario;

ATTESTA

• Ai sensi e per gli effetti dell'art. 7 comma 1 L. 27.01.2012 n. 3, che la proposta di
piano del consumatore pur prevedendo la falcidia dei creditori chirografari, assicura agli
stessi un pagamento in misura non inferiore a quella realizzabile, in ragione della
collocazione preferenziale sul ricavato in caso di liquidazione, avuto riguardo al valore
di mercato attribuibile al bene sul quale insiste causa di prelazione;

• Ai sensi e per gli effetti dell'art. 9 comma 3-bis L. 27.01.2012 n. 3, la completezza e
attendibilità della documentazione depositata dal consumatore a corredo della proposta
nonché la fattibilità della proposta che, pur con l'alea che accompagna ogni previsione
di eventi futuri, può ritenersi fondatamente attendibile e ragionevolmente attuabile.

In fede

Brescia, lì 19.04.2017

Con osservanza

l'Organismo di Composizione della Crisi

TRIBUNALE ORDINARIO DI BRESCIA

Sezione Specializzata Impresa

Il giudice dr. ███████████

nel procedimento per la composizione della crisi da sovraindebitamento (di cui alla legge n.3/2012 come modificata dal decreto-legge n.179/12 conv. in legge n.221/12)

n. ██████ R.G. a carico di ███████████████, come meglio identificata in atti;

a scioglimento della riserva;

vista la proposta modificativa di piano del consumatore presentata dalla suddetta e la relazione dell' O.C.C. rag. ███████████;

visti ed esaminati gli atti e ritenuto che sussistono le condizioni richieste dall'art.12bis legge cit. ma la proposta modificativa debba essere nuovamente comunicata a tutti i creditori i quali potranno presentare eventuali nuove osservazioni e contestazioni;

fissa

udienza al ███████████ ore ████ disponendo che l'OCC ne dia comunicazione almeno trenta giorni prima a tutti i creditori;

dispone

che i creditori possano presentare le loro eventuali osservazioni e contestazioni entro il

███████████;

Si comunichi alla ricorrente e all'O.C.C..

Brescia, 21 aprile 2017

Il giudice

Il giudice dr. ▮▮▮▮▮▮▮▮▮▮▮

nel procedimento relativo al piano del consumatore di cui alla legge n.3/2012

e succ. mod. ed integr. n. ▮▮▮▮ R.G.;

vista la proposta di piano del consumatore presentata da ▮▮▮▮▮▮▮ e la

documentazione allegata;

vista la relazione della rag. ▮▮▮▮▮▮▮ nominato quale organismo di

composizione della crisi (OCC);

vista la proposta modificativa ed integrativa e le osservazioni critiche di

COMPASS BANCA spa;

ritenuto che sia da escludere che la ricorrente abbia assunto obbligazioni

senza la ragionevole prospettiva di poterle adempiere atteso che il mutuo ed i

vari prestiti sono stati contratti prima del 2011 quando il marito della

ricorrente, a causa della notoria crisi, ha cessato l'attività artigiana, così che,

mancando l'altra fonte di reddito la signora ▮▮▮ ha finito per trovarsi in

una situazione di sovraindebitamento;

rilevato quanto al pignoramento del quinto dello stipendio che con

l'omologazione del piano del consumatore per il principio della *par condicio*

creditorum (principio immanente in tutte le procedure concorsuali quali sono

quelle relative al sovraindebitamento del debitore non fallibile), cessa

definitivamente il suddetto pignoramento ed il credito residuo sarà pagato

secondo le condizioni previste dal piano;

ritenuto che ciò non viola la *par condicio creditorum* in quanto, a differenza

dell'ipoteca relativa ad un bene immobile specifico e ben determinato, il

pignoramento del quinto dello stipendio si esegue man mano che lo stipendio viene accreditato al debitore e potrebbe venir meno qualora, ad esempio, il debitore non percepisca più lo stipendio tant'è che in questo caso il credito tornerebbe ad essere semplicemente chirografario, per cui atteso che nel caso di specie le somme già percepite dal creditore in forza del citato pignoramento non vengono toccate e solo il residuo credito viene pagato secondo le condizioni previste dal piano, non si vede quale violazione della *par condicio* possa lamentare il creditore;

ritenuto quanto alle spese legali che ovviamente la prededuzione va riferita all'attivo realizzato nella procedura e l'osservazione dei legali del creditore - per cui non sarebbe necessaria la difesa tecnica-, oltre che, all'evidenza poco elegante nei confronti dei legali del debitore, appare sminuire ingiustamente il ruolo svolto dalla difesa tecnica in procedimenti di questo genere atteso che essa risulta utile non solo alle parti ma nell'interesse stesso della giustizia;

ritenuto perciò che il piano permette la soddisfazione in percentuale di tutti i creditori chirografari in misura maggiore rispetto alla semplice liquidazione del patrimonio, per cui le osservazioni dell'unico creditore che ha agito in via esecutiva non sono condivisibili posto che esse mirano a tutelare quel solo ed unico creditore con danno per gli altri;

P.Q.M.

a) omologa il piano del consumatore così come modificato ed integrato presentato da ███████████ nata a ███████ (████████) il ███████ e residente in ████████████) via ████████ n.██ e ne ordina la pubblicazione per estratto una sola volta sul Giornale di Brescia entro e non oltre 60 giorni dalla comunicazione della presente ordinanza;

2

b) ordina la trascrizione della presente ordinanza sui beni immobili e sui beni mobili registrati compresi nel patrimonio oggetto del piano;

d) dispone che l'OCC relazioni semestralmente al giudice sulle attività svolte.

Si comunichi al ricorrente e all'OCC.

Brescia, 22 giugno 2017

Il giudice

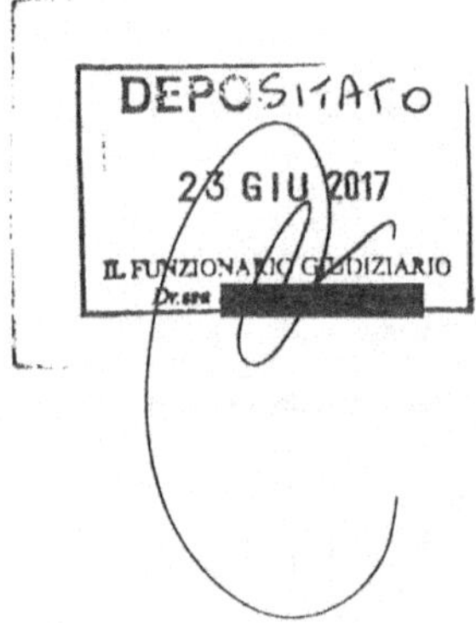

Oggetto	**CONSEGNA: Fwd: CONSEGNA: SOVRAINDEBITAMENTO SIG.RA** ▮▮▮▮
Mittente	posta-certificata@telecompost.it
Destinatario	<laura.girelli@brescia.pecavvocati.it>
Data	2017-07-19 18:38

- ACCOGLIMENTO 58 15 COMP.CRISI.pdf (~23 KB)
- PROPOSTA SIG.RA ▮▮▮▮ depositata.pdf (~8,6 MB)
- ATTESTAZIONE OCC ▮▮▮▮ depositata.pdf (~809 KB)
- CONTROSSERVAZIONI ▮▮▮▮ per ud del ▮▮▮▮ pdf (~152 KB)
- 1) INTEGRAZOINE ATTESTAZIONE OCC ▮▮▮▮ pdf (~448 KB)
- postacert.eml (~13 MB)
- daticert.xml (~915 B)
- Firma digitale (~4 KB)
- postacert.eml (~13 MB)
- daticert.xml (~976 B)
- Firma digitale (~4 KB)

Ricevuta di avvenuta consegna
Il giorno 19/07/2017 alle ore 18:38:08 (+0200) il messaggio
"Fwd: CONSEGNA: SOVRAINDEBITAMENTO SIG.RA ▮▮▮▮' proveniente da
"laura.girelli@brescia.pecavvocati.it"
ed indirizzato a: ▮▮▮▮
è stato consegnato nella casella di destinazione.
Identificativo messaggio: ▮▮▮▮

Oggetto	**Fwd: CONSEGNA: SOVRAINDEBITAMENTO SIG.RA** ▮▮▮▮
Mittente	laura.girelli@brescia.pecavvocati.it
Destinatario	▮▮▮▮
Cc	<matteomarini27@gmail.com>
Data	2017-07-19 18:35

Gentile Dott.ssa ▮▮▮▮
faccio seguito alla mia precedente pec del 12/07 u.s. e alla nostra conversazione telefonica per
indicarLe come da Sua richiesta quali sono le trattenute che nello specifico non dovranno più essere
operate sulla busta paga della Sig.ra ▮▮▮▮, come deliberato nell'ambito della procedura da
sovraindebitamento:
- trattenuta a favore di Compass Spa: non dovrà più essere operata
- trattenuta a favore di Ex Inpdap: da operare sino alla scadenza del debito (129,00 al mese fino a
Maggio 2019)
- trattenuta Prestitalia: da oprare sino a scadenza del debito (179,00 fino a Maggio 2022)
Salvo errori e omissioni.
Distinti saluti.
Avv. Laura Girelli
STUDIO LEGALE GIRELLI
Brescia 25121, Via Lattanzio Gambara n. 42
Tel 030.6378729 - Fax 0302053347

-------- Messaggio originale --------
Oggetto: CONSEGNA: SOVRAINDEBITAMENTO SIG.RA ▮▮▮▮
Data: 2017-07-12 12:26
Mittente: posta-certificata@telecompost.it
Destinatario: laura.girelli@brescia.pecavvocati.it

Ricevuta di avvenuta consegna
Il giorno 12/07/2017 alle ore 12:26:49 (+0200) il messaggio
"SOVRAINDEBITAMENTO SIG.RA ▮▮▮▮' proveniente da "laura.girelli@brescia.pecavvocati.it"
ed indirizzato a: ▮▮▮▮

è stato consegnato nella casella di destinazione.
Identificativo messaggio: ████████████████████████

Oggetto	**SOVRAINDEBITAMENTO SIG.RA** ████████
Mittente	laura.girelli@brescia.pecavvocati.it
Destinatario	████████████
Data	2017-07-12 12:26

Spettabile Ufficio stipendi del Tesoro,
in allegato inoltro copia del provvedimento emesso dal Tribunale di Brescia nell'ambito della procedura da sovraindebitamento RG ████ instaurata da me e dall'avv. Matteo Marini a favore della sig.ra ████ ████ (CF ████████), con il quale viene omologato il piano del consumatore proposto, nel quale veniva prevista e richiesta la sospensione di tutte le trattenute operate sulla busta paga della mia assistita, che, pertanto, non dovranno più essere compiute da questo mese in avanti, al fine di consentire la corretta esecuzione del piano.
Resto a disposizione per qualsiasi chiarimento.
Cordiali saluti.

Avv. Laura Girelli

STUDIO LEGALE GIRELLI
Brescia 25121, Via Lattanzio Gambara n. 42
Tel 030.6378729 - Fax 0302053347
cell. 3348994474

Avv. Monica Pagano	Avv. Danilo Griffo
Via Solferino 15, 25122 Brescia (BS)	Via Dei Mille 2, 25122 Brescia (BS)
Tel. 030 2944364 e Fax 030 2939738	Tel. 030 3774339 e Fax 030 8380660
PEC: monica.pagano@milano.pecavvocati.it	PEC: danilogriffo@legalmail.it

TRIBUNALE DI VENEZIA

Ricorso per la nomina di un professionista ex art. 15 co 9 L.3/2012
come modificato dall'art. 18 D.L. 179/2012

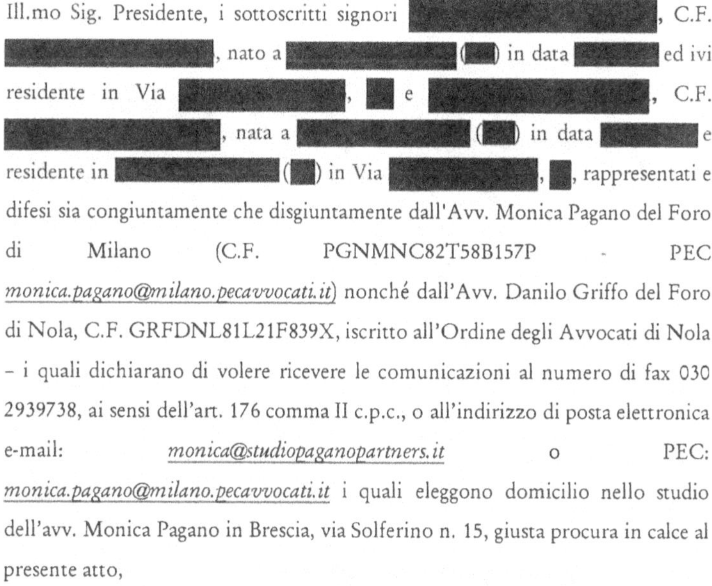

Ill.mo Sig. Presidente, i sottoscritti signori ███████████, C.F. ███████████, nato a ███████ (██) in data ██████ ed ivi residente in Via ████████, ██ e ████████████, C.F. ███████████, nata a ██████████ (██) in data ██████ e residente in █████████ (██) in Via ████████, ██, rappresentati e difesi sia congiuntamente che disgiuntamente dall'Avv. Monica Pagano del Foro di Milano (C.F. PGNMNC82T58B157P - PEC *monica.pagano@milano.pecavvocati.it*) nonché dall'Avv. Danilo Griffo del Foro di Nola, C.F. GRFDNL81L21F839X, iscritto all'Ordine degli Avvocati di Nola – i quali dichiarano di volere ricevere le comunicazioni al numero di fax 030 2939738, ai sensi dell'art. 176 comma II c.p.c., o all'indirizzo di posta elettronica e-mail: *monica@studiopaganopartners.it* o PEC: *monica.pagano@milano.pecavvocati.it* i quali eleggono domicilio nello studio dell'avv. Monica Pagano in Brescia, via Solferino n. 15, giusta procura in calce al presente atto,

PREMESSO CHE

- Gli istanti non possono essere soggetti a procedure concorsuali diverse da quelle previste dalla L. 3/2012;

- Gli istanti non hanno fatto ricorso nei cinque anni precedenti alla presente richiesta a procedure di composizione della crisi o liquidazione del patrimonio di cui alla legge 3/2012;

- Gli istanti dichiarano di essere soggetti sovraindebitati e dunque non in grado di onorare i debiti contratti con le loro disponibilità correnti;

ESEMPIO DI PROCEDURA LIQUIDATORIA

- Gli istanti dichiarano altresì di aver contratto i suddetti debiti con la ragionevole certezza di poterli onorare alle scadenze e di non aver posto in essere atti in frode ai creditori.

CONSIDERATO CHE

- La procedura di Composizione della crisi prevede la nomina di un "Organismo di composizione della crisi" con varie funzioni, tra le quali la stesura di una relazione particolareggiata strettamente necessaria ai fini della presente procedura;
- L'art. 15 della legge 3/2012, come modificato dall'art. 18 D.L. 179/2012, dispone al nono comma che *"i compiti e le funzioni attribuiti agli organismi di composizione della crisi possono essere svolti anche da un professionista o da una società di professionisti in possesso dei requisiti di cui all'art. 28 del regio decreto del 16 marzo 1942, n. 267 e successive modificazioni, ovvero da un notaio, nominati dal Presidente del Tribunale o dal Giudice da lui delegato"*;
- che la documentazione afferente la situazione economica e patrimoniale degli istanti verrà fornita al nominando Organismo di composizione della crisi;
- che è intenzione degli odierni ricorrenti accedere alla procedura di composizione della crisi da sovraindebitamento al fine di soddisfare tutti i loro creditori;

TUTTO CIO' PREMESSO

I Sigg.ri ███████████ e ███████████, come sopra rappresentati, difesi e domiciliati

chiedono

alla S.V. Ill.ma che, ai sensi dell'art. 15 della legge 3/2012 e successive modifiche, voglia designare un professionista che svolga i compiti e le funzioni attribuiti agli organismi di composizione della crisi al fine di poter usufruire delle procedure previste dalla citata legge.

chiedono

altresì, alla S.V. Ill.ma che, poiché nelle more la prosecuzione di specifici procedimenti di esecuzione forzata potrebbe pregiudicare la fattibilità del piano, che il giudice, con lo stesso decreto, disponga ai sensi dell'art. 12 bis L 3/2012, <u>la sospensione dei procedimenti esecutivi pendenti,</u> ed in particolare l'Esecuzione Immobiliare, iscritta presso il Tribunale di VENEZIA e rubricato con RGN ███████.

Si depositano i seguenti documenti:
1. carta d'identità sig. ███████████;
2. carta d'identità sig.ra █████████.
Con osservanza.
Brescia, 05 settembre 2016
Avv. Monica Pagano   *Avv. Danilo Griffo*

N. ▓▓▓▓ V.G.

Tribunale Ordinario di Venezia

Sezione I Civile

Il Giudice dott.ssa ▓▓▓▓,

letta l'istanza presentata da ▓▓▓▓ e ▓▓▓▓ ai sensi dell'art. 6 L. 3/2012;

considerato che gli istanti hanno chiesto la nomina di un professionista per l'assolvimento dei compiti attribuiti agli organismi di composizione della crisi;

atteso che i compiti e le funzioni attribuiti agli organismi di composizione della crisi possono essere svolti anche da un professionista o da una società tra professionisti in possesso dei requisiti di cui all'articolo 28 .F.;

osservato, quanto alla istanza di sospensione delle procedure pendenti, che non ricorrono i presupposti di cui all'art. 12 *bis* L. 3/2012;

P.Q.M

1) nomina per i fini di cui all'art. 15 comma 9 L. 3/2012 il dott. ▓▓▓▓.

Si comunichi anche al dott.

Venezia, lì 14.10.2016

Il G.D.

Dott.ssa ▓▓▓▓

Avv. Monica Pagano Via Solferino n. 15, 25122 Brescia (BS) Tel. 030 2944364 e Fax 030 2939738 PEC: monica.pagano@milano.pecavvocati.it	Avv. Danilo Griffo Via dei Mille n. 2, 25122 Brescia (BS) Tel. 030.29 01 38 - Fax 030.83 80 660: PEC: danilo.griffo @nola.pecavvocati.it

TRIBUNALE DI VENEZIA

PROPOSTA DI ACCORDO PER LA COMPOSIZIONE DELLA CRISI DA SOVRAINDEBITAMENTO - LIQUIDAZIONE DEL PATRIMONIO – RG VG. ███████ art. 14 ter c.3, della Legge 27/01/2012 n. 3 – Dott.ssa ███████

Nell'interesse

del signor ███████ C.F. ███████ nato a ███ ███████ ██ in data ████ e della Sig.ra ███████ C.F. ███████ nata a ███████ ██ in data ████ entrambi residenti in ███████ ██, Via ███████ n. █ rappresentati e difesi sia congiuntamente che disgiuntamente dall'avv. Danilo Griffo C.F. GRFDNL81L21F839X del Foro di Nola, PEC *danilogriffo@legalmail.it* e dall'Avv. Monica Pagano C.F. PGNMNC82T58B157P del Foro di Milano - PEC *monica.pagano@milano.pecavvocati.it*), – i quali dichiarano di volere ricevere le comunicazioni al numero di fax 030 2939738, ai sensi dell'art. 176 comma II c.p.c., o all'indirizzo di posta elettronica e-mail: *monica@studiopaganopartners.it* o agli indirizzi PEC sopra indicati - ed elettivamente domiciliati presso lo studio dell'avv. Monica Pagano in Brescia (BS) via Solferino n. 17, giusta procura alle liti allegata margine del ricorso per la nomina di OCC, rappresentano e chiedono quanto segue.

PREMESSA

Il Sig. ███████ C.F. ███████ nato a ███ ███████ ██ in data ████ è sposato in regime di separazione dei beni con la Sig.ra ███████ C.F. ███████ nata a ███████ ██ in data ████ con la quale vive in ███████ ██ ██, Via ███████ n. ██

Il Sig. ██████ è dipendente della ████████████████████ e attualmente ricopre la qualifica di quadro direttivo 1° livello con busta paga mensile lorda di circa € 2.200,00. La Sig.ra ██████ è dipendente ██████ e attualmente ricopre la qualifica di quadro direttivo 1° livello con busta paga mensile lorda di € 2.200,00 (cfr. doc. 5 allegato a relazione OCC - busta paga ██████

Il nucleo famigliare è composto altresì dal figlio ██████ nato a ██████ il ██████ che lavora a Milano ed è assunto come dipendente a tempo pieno indeterminato presso la ██████ dal ██████ con la qualifica di impiegato liv. 4, con una busta paga mensile di circa 1.200,00 euro e dalla figlia ██████ nata a ██████ il ██████ attualmente in cerca di occupazione lavorativa e a carico dei genitori (**doc. 1 - stato di famiglia e residenza**).

Il Sig. ██████ e la Sig.ra ██████ sono titolari delle quote riferite alla società ██████ fallita a novembre 2014 con amministratore unico e legale rappresentante il Sig. ██████ e curatore la Dott.ssa ██████ (cfr. doc. 30 allegato a relazione OCC - visura camerale storica ██████.

Tale società svolgeva attività immobiliare, occupandosi di edificare e compravendere edifici ed è stata costituita nell'ottobre del 2005. L'attività di ██████ è stata positiva per il primo periodo. Da informazioni assunte direttamente dal Sig. ██████ e dalla Sig.ra ██████ ██████ ha iniziato un periodo di crisi di liquidità dal 2011 in occasione della stipula del preliminare con le Signore ██████ In tale occasione la ██████ prendeva in permuta il terreno delle signore ██████ sul quale sarebbero stati edificati diversi appartamenti/negozi e box auto, tre dei quali da permutare a favore delle signore ██████ quale compenso per il terreno ceduto. A garanzia di tale operazione le signore ██████ chiedevano il rilascio di una fideiussione a loro favore a carico degli odierni ricorrenti per un importo di € 373.000,00. Tale garanzia venne fornita dagli odierni ricorrenti mediante stipula di una polizza fideiussoria di pari importo con la Reale Mutua. A causa di una serie di sfortunati eventi indipendenti dalla volontà degli odierni ricorrenti che colpivano il suddetto cantiere (ritardi nell'esecuzione dei lavori dovuti principalmente all'impresa appaltatrice dei lavori e mancati pagamenti da parte di acquirenti di alcune unità immobiliari), ███████████ ha iniziato a cumulare debiti che hanno costretto i soci a immettere liquidità e prestare continuamente garanzie a favore della società al fine di cercare di risanarne le sorti. Venivano versati direttamente dai ricorrenti più di 300.000,00 euro a favore di ███████████ come si può evincere dai bilanci depositati negli ultimi anni prima del fallimento.

I signori ███████████ hanno pertanto dovuto in più occasioni immettere direttamente liquidità nella società, al fine di mantenerla in vita nella speranza di tempi migliori, nonché si sono visti costretti a firmare a garanzia per la medesima o mettere a disposizione la propria casa di abitazione perché venisse iscritta ipoteca da parte delle banche.

Gli sforzi economici compiuti dai ricorrenti, non furono tuttavia sufficienti a salvare la società ███████████ che è fallita nel novembre 2014, lasciando grossi debiti a carico dei garanti oggi ricorrenti.

Si rileva al riguardo, sin da subito, che **buona parte dei debiti oggi pendenti a carico del Sig. ███████ e della Sig.ra ███████ derivano proprio da obbligazioni nominali di firma assunte a garanzia della ███████████ e non da debiti finanziari di capitale,** salvo rare eccezioni. La situazione di sovraindebitamento odierna non è pertanto in alcun modo riconducibile ad investimenti compiuti imprudentemente dai ricorrenti, ma è semmai imputabile alle sorti della società ███████████ e alle difficoltà economiche riconducibili alla medesima e indipendenti dalla volontà dei ricorrenti ed imputabile semmai ad atteggiamenti poco puntuali e poco limpidi riconducibili agli istituti di credito i quali, per concordare linee di credito alla società pretendevano la sottoscrizione, da parte dei ricorrenti, di contratti di mutuo fondiario, anche in assenza dei presupposti necessari, costringendo i ricorrenti a costituire ipoteca volontaria sulla casa di propria abitazione in ███████████ talvolta sovrastimando di proposito il bene dato a garanzia ipotecaria, al fine di assicurarsi garanzie ed introiti.

I ricorrenti si sono pertanto trovati costretti a stipulare i contratti di mutuo con le banche, di cui si dirà in seguito, al fine di garantire la liquidità necessaria e funzionale all'andamento della vita aziendale; mutui che andavano a sommarsi a fideiussioni rilasciate per linee di credito ordinarie e a garanzie fideiussorie richieste da alcuni clienti della società per questioni particolare (es. ██████).

Gli odierni ricorrenti, a seguito del fallimento di ██████████████████ nel novembre 2014, si venivano a trovare, <u>nella loro qualità di fideiussori e garanti ipotecari</u>, nell'impossibilità di far fronte alle obbligazioni assunte.

I Sigg.ri ██████████ e ██████████ hanno intrapreso dunque la procedura di composizione della crisi da sovraindebitamento di cui alla legge n. 3 del 27 gennaio 2012, dichiarando di essere soggetti sovraindebitati e dunque non in grado di onorare i debiti contratti con le loro disponibilità correnti.

Si precisa che i signori ██████████ con l'assunzione delle garanzia per ██████████ di fatto hanno messo a disposizione dei creditori il loro patrimonio personale, volendo in tal modo offrire ai loro creditori, per l'appunto, una garanzia ulteriore rispetto a quella rappresentata dal solo patrimonio della società. Hanno pertanto messo a rischio il proprio patrimonio personale che oggi, con la presente procedura liquidatoria viene di fatto messo interamente a disposizione dei creditori.

Come già chiarito in occasione del ricorso per nomina di OCC, si ribadisce che gli istanti:

• non possono essere assoggetti a procedure concorsuali diverse da quelle previste dalla L. 3/2012;

• non hanno fatto ricorso nei cinque anni precedenti alla presente richiesta a procedure di composizione della crisi o liquidazione del patrimonio di cui alla legge 3/2012;

• non sono soggetto alle procedure concorsuali vigenti e previste dalla art. 1 R.D. 16.03.1942 n. 267, in quanto persona fisica/consumatore che non ha mai svolto attività d'impresa.

• versano in una situazione di sovra indebitamento di squilibrio finanziario sopraggiunta per cause non dovute ad imprudenza negli investimenti, quanto piuttosto per cause indipendenti dalla sua volontà e riconducibili ad eventi accidentalmente verificatisi e non prevedibili.

Per tali ragioni, il sig. ▮▮▮▮ e la Sig.ra ▮▮▮▮ con il presente atto, intendono fare ricorso alla procedura di sovra-indebitamento chiedendo che venga disposta, nello specifico, la <u>liquidazione del loro patrimonio</u>, secondo la corrente proposta cui è allegata la relazione dell'Occ nominato **(doc. 2 - <u>relazione OCC e n. 43 allegati alla stessa</u>).**

La composizione dei debiti è indicata nella presente proposta in cui viene data evidenza di ciascun creditore, dei relativi importi ancora dovuti e delle motivazioni del debito.

***

Ai fini della valutazione circa l'attuabilità in concreto de presente accordo è stata richiesta a codesto Tribunale di Venezia la nomina di un OCC. Con provvedimento del ▮▮▮▮ veniva nominato il dott. ▮▮▮▮ quale organismo di composizione della crisi ai sensi dell'art. 15, comma 9, della L. 3/2012.

Al medesimo è stato demandato il compito di procedere alle comunicazioni all'ente incaricato della riscossione e agli uffici fiscali, nonché di predisporre la relazione contenente il giudizio sulla completezza e attendibilità della documentazione depositata a corredo della domanda nonché il giudizio sulla fattibilità del piano come proposto.

***

<u>1)</u> ***<u>PROSPETTO DELLA SITUAZIONE DEBITORIA DEL SIG. ▮▮▮▮ E DELLA SIG.RA ▮▮▮▮</u>***

Si riporta di seguito un prospetto relativo alla situazione debitoria del sig. ▮▮▮▮ e della Sig.ra ▮▮▮▮ con evidenza delle somme residue dovute a ciascun creditore e con calcolo del totale dei debiti gravanti sullo stesso:

DEBITI:

SIGLA SRL (Sigla Credit) Finanziamento con cessione del 1/5 dello stipendio – creditore del solo Sig. ████	**Finanziamento** n. ████ del ████ Importo Totale da rimborsare € 51.960,00 mediante cessione del 1/5 dello stipendio (€ 433,00 fino a marzo 03/2022) come da busta paga e precisazione del credito del ████ (cfr. doc. 16 allegato a relazione occ) **Debito residuo** di € 27.712,00 al ████ Si rileva come tale importo, riportato nella precisazione di credito inoltrata all'Occ da Sigla Credit Srl, sia diverso da quello indicato dalla stessa Sigla Credit Srl al Sig. ████ solo poco tempo prima per € 21.729,65 (**doc. 3 – conteggio Sigla Credit inviato a** ████ **Garanzie**: privilegio
BCC MARCON - Creditore del Sig. ████ e della Sig.ra ████	**Mutuo fondiario** n. rep. ████ racc. ████ del ████ Notaio ████ Capitale erogato 175.000,00 oltre interessi e spese per un totale da rimborsare di € 266.799,22 **Debito residuo** € 191.727,75 al 07/07/2014 come da atto di intervento in Es. Immob. RG ████ Trib. Venezia, oggi precisati in 215.720,67€ come da precisazione del credito inviata all'Occ (cfr. doc. 14 allegato a relazione Occ – precisazione credito BCC Marcon) **Garanzie**: ipoteca volontaria **NOTE**: con riferimento a tale creditore si segnala che il medesimo si è attivato per il recupero coattivo in due procedure: - intervento in esecuzione immobiliare pendente a carico dei ricorrenti presso

	Tribunale di Venezia RG ▮▮▮▮ (doc. 4 – intervento BCC Marcon) - pignoramento presso terzi pendente a carico dei ricorrenti presso Tribunale di Padova RG ▮▮▮▮ (doc. 5 - pignoramento presso terzi BCC Marcon)
BANCA SANTO STEFANO CREDITO COOPERATIVO Creditore del Sig. ▮▮▮▮ e della Sig.ra ▮▮▮▮	<u>Decreto ingiuntivo</u> n. ▮▮▮▮ Tribunale di Venezia per € 42.394,68 per fideiussione omnibus rilasciata dai ricorrenti a favore della ▮▮▮▮ ▮▮▮▮ (cfr doc. 15 allegato a relazione Occ - precisazione del credito BCC Santo Stefano) <u>Debito residuo</u> € 32.790,94 al 13/01/2017 Intervenuto nell'esecuzione immobiliare pendente presso il Tribunale di Venezia RG ▮▮▮▮ <u>Garanzie</u>: ipoteca giudiziale 2013
BNL Creditore del Sig. ▮▮▮▮ e della Sig.ra ▮▮▮▮	**1) Mutuo fondiario per surroga** n. rep. ▮▮▮▮ racc. ▮▮▮▮ del ▮▮▮▮ Notaio ▮▮▮▮ ▮▮▮▮ Capitale erogato 166.660,55 per estinguere precedente mutuo contratto con Banca di Monastier e del Sile Credito Cooperativo Società cooperativa. **2) Mutuo fondiario** n. rep. ▮▮▮▮ racc. ▮▮▮▮ del ▮▮▮▮ Notaio ▮▮▮▮ Capitale erogato 150.000,00 corrispondente al totale da rimborsare senza interessi e quale deposito cauzionale infruttifero (cfr. art. 2.2 contratto di mutuo)

	<u>Debito residuo totale per entrambi i mutui</u> € 316.082,53 come da atto di pignoramento in Es. Immob. RG ▓▓▓ Trib. Venezia (cfr. doc. 2 allegato a relazione Occ - atto di pignoramento BNL) <u>Garanzie</u>: ipoteca volontaria <u>3) Fideiussione per un fido di cassa concesso a</u> ▓▓▓ € 20.000,00
REALE MUTUA ASSICURAZIONE Creditore del Sig. ▓▓▓ e della Sig.ra ▓▓▓	<u>Debito</u> € 373.000,00 come da decreto ingiuntivo ▓▓▓ emesso dal Tribunale di Torino oltre spese di procedura liquidate in € 634,00 e compenso per € 4.185,00 oltre iva e cpa (cfr. doc. 20 allegato a relazione Occ – precisazione credito Reale Mutua). **Garanzie:** Non assistito da garanzie. **Note:** Si precisa che tale credito è oggetto di opposizione a decreto ingiuntivo presso codesto Tribunale
SIG.RE ▓▓▓ ▓▓▓ ▓▓▓ ▓▓▓ Creditore del solo Sig. ▓▓▓	**Debito:** € 601,00 circa oltre interessi **Garanzie:** Non assistito da garanzie. **Note:** è stato fatto pignoramento del 1/5 dello stipendio al Sig. ▓▓▓ per € 15.034,00 come da atto di pignoramento RG ▓▓▓ Tribunale di Padova. Assegnazione con verbale del ▓▓▓ (cfr. doc. 26 allegato a relazione Occ – atto di pignoramento presso terzi ▓▓▓ con relativo verbale di assegnazione)

Creditore del solo Sig. ▉	**Debito:** € 73.650,00 **Garanzie:** Non assistito da garanzie. **Note:** E' stato notificato decreto ingiuntivo n. ▉ del ▉ emesso dal Tribunale di Venezia (cfr. doc. 27 allegato a relazione Occ – decreto ingiuntivo ▉
CARIGE Creditore del Sig. ▉ e della Sig.ra ▉	<u>**Fideiussione per un fido di cassa concesso a**</u> ▉ € 144.100,93 come da lettera di revoca affidamenti inviata in data ▉ (cfr. doc. 22 allegato a relazione Occ – revoca ▉ <u>**Garanzie:**</u> non assistito da garanzie
CREDITIS Creditore del solo Sig. ▉	**Debito:** € 3.070,19 circa **Garanzie:** Non assistito da garanzie **Note:** è stata concordata una transazione a saldo e stralcio di € 10.570,19 in data ▉ il cui debito residuo oggi è quello sopra indicato (cfr. doc. 21 allegato a relazione Occ – precisazione crediti Creditis)
CASSA GEOMETRI Creditore del solo Sig. ▉	**Debito:** € 4.800,62 dovuto per contributi 2015 **Note:** esiste piano di rateizzazione (cfr. doc. 12 allegato a relazione Occ – piano rateizzazione Cassa Geometri)
EQUITALIA SPA	<u>**Debito Sig.**</u> ▉ 1) € 19.300,76 (cfr. doc. 17 allegato a relazione Occ – precisazione crediti Equitalia ▉ Sussiste piano di rateizzazione per alcune cartelle (cfr. doc. 11 allegato a relazione Occ – piano rateizzazione Equitalia) <u>**Debito Sig.ra**</u> ▉

	1) € 1.342,28 (cfr. doc. 18 allegato a relazione Occ – precisazione crediti Equitalia Di Fiore)
REGIONE VENETO	<u>Debito Sig.</u> ██████ 1) € 1.872,06 (cfr. doc. 19 allegato a relazione Occ – precisazione crediti Regione Veneto) <u>Debito Sig.ra</u> ██████ 1) € 1.598,68 (cfr. doc. 19 allegato a relazione Occ – precisazione crediti Regione Veneto)
COMPENSI AVVOCATI PER PRESTAZIONI PROFESSIONALI CONNESSE ALLA PROCEDURA	<u>Debito</u> € 22.186,80 (cfr. doc. 13 - nota spese legali Avv. Pagano) <u>Garanzie:</u> in prededuzione
COMPENSO SPETTANTE AGLI ORGANISMI DELLA PROCEDURA (OCC E LIQUIDATORE)	<u>Debito</u> € 13.830,00 <u>Garanzie:</u> in prededuzione

Ai quali vanno aggiunti i costi relativi alla procedura di sovra indebitamento (fondo spese per adempimenti pubblicitari, comunicativi, e procedurali).

2)***SITUAZIONE PATRIMONIALE DEL DEL SIG. ██████ E DELLA SIG.RA ██████ ***

AUTOVETTURA Mercedes Classe M - Targa ██████ della Sig.ra ██████ - immatricolata nel ██████	(cfr. doc. 25 allegato a relazione Occ – visura Aci ██████ Utilizzata per lavoro

AUTOVETTURA Mercedes Classe C del Sig. ▮▮▮ - immatricolata nel ▮▮▮	(cfr. doc. 23 allegato a relazione Occ – visura Aci ▮▮▮ Note: il bene è guasto ed inutilizzabile
MOTO APRILIA del Sig. ▮▮▮ Targata ▮▮▮	(cfr. doc. 24 allegato a relazione Occ – visura Aci ▮▮▮ Note: il bene è guasto ed inutilizzabile
IMMOBILE CASA DI ABITAZIONE ▮▮▮ Via ▮▮▮ ▮▮▮ n . ▮▮▮ Di proprietà dei sig.ra ▮▮▮ – ▮▮▮ ▮▮▮ al 50% ciascuno	Valore: € 268.482,00 come da perizia di stima redatta dal Geom ▮▮▮ ▮▮▮ nell'ambito del procedimento esecutivo immobiliare RG ▮▮▮ pendente a carico dei signori ▮▮▮ ▮▮▮ avanti al Tribunale di Venezia (cfr. doc. 1 allegato a relazione Occ – perizia immobiliare CTU)
MOBILIO DI ARREDO DELL'APPARTAMENTO	VALORE: irrisorio – bene funzionale al sostentamento e al decoro familiare

I signori ▮▮▮ dichiarano di non avere partecipazioni societarie ad esclusione della partecipazione nella società ▮▮▮ in liquidazione dal settembre 2014 con liquidatrice Sig.ra ▮▮▮ di non avere depositi o investimenti svincolabili da mettere a disposizione della procedura. Si rappresenta che le quote sociali dei ricorrenti in ▮▮▮ di valore nominale pari ad € 2500,00 cad, sono allo stato prive di valore non essendoci utili da spartire (cfr. doc. 29 allegato a relazione Occ – visura camerale ▮▮▮ ▮▮▮ e doc. 6 - ultimo bilancio). I ricorrenti dichiarano di mettere a disposizione dei creditori nella procedura di sovraindebitamento il ricavato della vendita dell'immobile di loro abitazione. Al riguardo si dà atto del fatto che sussiste già proposta irrevocabile d'acquisto da parte del Sig. ▮▮▮ per la somma di € 170.000,00, con cauzione offerta mediante assegno circolare allegato alla proposta (cfr. doc. 41 allegato a relazione Occ – proposta ▮▮▮ e cfr. doc. 42 allegato a relazione Occ – lettera banca di Cividale)

I ricorrenti mettono a disposizione della procedura da sovraindebitamento altresì una somma di denaro derivante dal loro stipendio al netto di quanto necessario al sostentamento del nucleo familiare. Ciò al fine di garantire, per quanto loro possibile un maggiore soddisfacimento dei creditori.

Si evidenzia sin da subito che è necessario escludere le due autovetture dalla liquidazione in quanto sono beni strumentali alla creazione di quel reddito da lavoro che in parte andrà a favore della procedura. Considerando altresì il valore pressochè irrisorio delle due autovetture, per via del kilometraggio cumulato e degli anni di utilizzo dalla data di immatricolazione, si segnala che la vendita delle medesime nell'ambito della procedura da sovraindebitamento comporterebbe maggiori debiti a carico della procedura (per aste, pubblicità, ecc) piuttosto che crediti da mettere a disposizione dei creditori. Si ritiene quindi la vendita delle automobili economicamente non conveniente, per le ragioni sopra citate.

3)***SITUAZIONE REDDITUALE DELLA FAMIGLIA***

- ▮▮▮▮▮▮▮▮▮▮▮ redditi da lavoro dipendente per ca € 2.200,00 mensili come da dichiarazione dei redditi degli ultimi 3 anni (**doc. 7, 8, 9 – dichiarazione dei redditi 2014 -2015 – 2016** ▮▮▮▮ e buste paga – oltre **tredicesima (doc. 10 –busta paga**▮▮▮▮;

- ▮▮▮▮▮▮▮▮▮▮ redditi da lavoro dipendente per ca € 2.200,00 mensili come da dichiarazione dei redditi degli ultimi 3 anni (**doc. 11, 12, 13 – dichiarazione dei redditi 2014 -2015 - 2016**) e buste paga – oltre tredicesima (cfr. doc. 10 –busta paga▮▮▮▮;

- ▮▮▮▮▮▮▮▮▮▮ redditi da lavoro dipendente per circa € 1.200,00 mensili come da cud/buste paga – oltre tredicesima;

- ▮▮▮▮▮▮▮▮▮ attualmente in cerca di occupazione e a carico dei genitori.

Pertanto si dà atto che **l'intero nucleo familiare gode di entrate per circa € 4.400,00 mensili**, oltre ad € 1.200,00 percepiti dal figlio ▮▮▮▮▮▮ che, tuttavia, per le ragioni che si diranno nel paragrafo successivo, non si ritiene di dover considerare all'interno della procedura da sovraindebitamento.

*4)***SPESE CORRENTI PER IL MANTENIMENTO PROPRIO E DEI FAMILIARI****

Si rileva innanzitutto che il figlio dei signori ██████████████ pur risultando formalmente nello stato di famiglia dei genitori, di fatto dal 2013 vive a Milano, città dove lavora, ed è economicamente autosufficiente, motivo per cui i costi relativi al suo sostentamento non saranno considerati tra i costi necessari al sostentamento quotidiano del nucleo familiare, ritenendo che il Sig. ██████ ██████ debba ritenersi estraneo alla presente procedura.

Si evidenzia come la spesa mensile complessiva necessaria al sostentamento dell'intero nucleo familiare è pari ad € **3.265,00 mensili a cui vanno aggiunti € 450,00 a titolo di canone di locazione dal tempo della vendita dell'immobile** (cfr. documenti da n. a n. 10 allegati a relazione Occ – spese alimenti, bollette gas, metano, luce, polizze assicurative, spese mediche) così ripartiti:

ELENCO SPESE NECESSARIE PER IL SOSTENTAMENTO DELLA FAMIGLIA (NUCLEO FAMILIARE N. 3 PERSONE)

ALIMENTI PER LA FAMIGLIA	EURO 800,00 MENSILI
GASOLIO PER AUTOMOBILE	EURO 400,00 MENSILI
AFFITTO	EURO 450.00 MENSILI*
BOLLETTE VARIE (LUCE,GAS, ACQUA, TELEFONIA ETC)	EURO 500,00 MENSILI
ASSICURAZIONI AUTO ██████████	EURO 150,00 MENISILE
BOLLO AUTO	EURO 100,00 MENSILE
ASSICURAZIONE VITA ██████████	EURO 100,00 MENSILI
TASSA RIFIUTI veritas	EURO 45 MENSILI
EQUITALIA	EURO 80,00 MENSILI come da piano di rateizzazione

CONTRIBUTI CASSA GEOMETRI	EURO 410,00 MENSILI
VARIE (vestiario, imprevisti, manutenzione auto e casa, ecc.)	EURO 200,00 MENSILE
SPESE MEDICHE	EURO 480,00 MENSILI
TOTALE	EURO 3.265 MENSILI oltre a 450,00* euro per affitto dalla data della vendita dell'appartamento

* Si rileva che dovranno essere calcolate tra le spese necessarie al sostentamento familiare anche le spese relative all'affitto che i signori ▮▮▮▮▮▮▮▮ dovranno versare a favore dell'acquirente del proprio appartamento e che sono state stimate in circa 450,00 euro mensili, che, tuttavia, saranno dovute solo a seguito della vendita dell'appartamento.

*5)***CAUSE DELL'INDEBITAMENTO, RAGIONI DELLA CRISI E DILIGENZA NELL'ASSUNZIONE DELLE OBBLIGAZIONI - RESOCONTO SULLA SOLVIBILITA' DEI RICORRENTI NEGLI ULTIMI CINQUE ANNI****

L'attuale situazione di sovraindebitamento dei ricorrenti è dipesa chiaramente da cause indipendenti dalla propria volontà e non è derivata da investimenti imprudenti.

Si rileva sin da subito come una buona parte dei debiti esistenti siano debiti c.d. di firma, cioè riconducibili a garanzie prestate dai ricorrenti nel corso degli anni in favore per lo più della società ▮▮▮▮▮▮▮▮ fallita nel novembre 2014.

Diversamente argomentando, si dovrebbe allora considerare altresì la responsabilità degli istituti di credito che, pur avendo le capacità e le possibilità di verifica, non avrebbero correttamente valutato la solvibilità dei soggetti a cui hanno fatto credito, dovendosi in tal caso anch'essi assumere le proprie responsabilità oggi.

Si ribadisce inoltre che la situazione di sovraindebitamento odierna è dipesa altresì dall'esistenza di comportamenti poco limpidi da parte degli stessi istituti di credito; comportamenti illegittimi che sono stati oggetto di denuncia querela davanti alla Procura Veneta che ha ritenuto di dover dar credito a quanto lamentato dai signori ██████████ disponendo la sospensione delle procedure esecutive ai sensi dell'art. 20 L. 44/99 (doc. 14 – **sospensione legge antiusura**).

Si precisa da ultimo, ma non per importanza, che i signori ██████████ con l'assunzione delle garanzia per ██████████ di fatto hanno messo a disposizione dei creditori il loro patrimonio personale pur non essendovi tenuti. Ed è proprio grazie all'assunzione di maggiori responsabilità personali in capo ai ricorrenti, che oggi, i creditori – in buona parte creditori di ██████████ – possono rivalersi, con la presente procedura liquidatoria, sull'intero patrimonio facente capo agli odierni ricorrenti.

Si rileva altresì che il Sig. ██████ e la Sig.ra ██████ negli ultimi anni hanno fatto il possibile per adempiere alle varie obbligazioni di pagamento a loro carico (pagamento del debito ██████ pagamento del debito con BCC Marcon seppur attraverso il prelievo coattivo dallo stipendio, pagamento dei debiti equitalia rateizzati, pagamento della cessione del quinto, pagamento a favore di Creditis, ecc.)

6)***ASSENZA DI ATTI DEL DEBITORE IMPUGNATI DAL CREDITORE – ASSENZA DI ATTI DI DISPONIBILITA' PATRIMONIALE***

Non risultano atti dispositivi compiuti dai debitori e impugnati dai creditori, così come i signori ██████████ non hanno compiuto nei 5 anni antecedenti la procedura atti di disponibilità patrimoniale (doc. 15 - **dichiarazione assenza di atti di disponibilità**)

7)***IL CONTENUTO DELLA PROPOSTA DI LIQUIDAZIONE DEL PATRIMONIO E PROSPETTIVE DI SODDISFAZIONE DEI CREDITORI***

I ricorrenti intendono con il presente atto avanzare la seguente proposta al fine di ottenere l'apertura della procedura liquidatoria di durata quadriennale.

Nello specifico **vengono messi a disposizione dei creditori**:

- **Il ricavato dalla vendita dell'immobile** di loro proprietà, meglio identificato al paragrafo 2 del presente atto, che verrà acquistato dal figlio ▮▮▮ per la somma di € 170.000,00, come da delibera della banca (cfr. doc. 41 e 42 allegati alla relazione dell'Occ).

- **provvista mensile di € 1000,00** che verrà versata dalla data di emissione del decreto di apertura della procedura liquidatoria per i successivi 4 anni di durata della medesima, per un totale stimato di € 48.000,00. Si rileva che tale importo mensile corrisponde all'importo che residua dalla somma dei due stipendi al netto delle spese necessarie per il sostentamento quotidiano e, pertanto, rappresenta il massimo sforzo finanziario sostenibile per i ricorrenti;

Non vengono inclusi nella liquidazione i beni privi di valore come il mobilio di arredo della casa in quanto costituente, peraltro, un bene funzionale al sostentamento e al decoro familiare, pertanto non acquisibile alla procedura. Non vengono messe a disposizione della procedura le autovetture in quanto beni strumentali alla creazione del reddito da lavoro che in parte viene destinato alla procedura.

CONCLUSIONI

alla luce di quanto sin qui premesso i signori ▮▮▮ e ▮▮▮ ▮▮▮ come sopra rappresentati, difesi e domiciliati

CHIEDONO

che l'ill.mo Tribunale adito voglia, previo ogni incombente di rito e ogni provvedimento opportuno, dichiarare aperta la procedura di liquidazione del patrimonio iniziata nel loro interesse, nei termini proposti dagli stessi ricorrenti e validati dall'OCC nominato, dichiarando esecutivo il piano e ordinando pertanto la sospensione/interruzione di tutte le cessioni di credito e di tutte le procedure esecutive e cautelari in essere nei confronti dei signori ▮▮▮ e ▮▮ ▮▮▮ poiché pregiudicherebbero l'esecuzione della presente proposta liquidatoria oltre che violerebbero il principio della par condicio creditorum. Per l'effetto, Voglia l'Ill.mo Giudice adito, disporre la sospensione/interruzione, tra le altre, della procedura esecutiva immobiliare - RGN ████████ - Tribunale di Venezia, in forza della quale è stato disposto il pignoramento degli immobili che vengono messi a disposizione della presente procedura da sovraindebitamento; Voglia altresì disporre che non possano, sotto pena di nullità, essere iniziate o proseguite azioni cautelari o esecutive né acquisiti diritti di prelazione sul patrimonio oggetto di liquidazione da parte dei creditori.

Si allegano i seguenti documenti:

1) certificato di stato di famiglia

2) relazione Occ con i relativi n. 43 documenti allegati

3) conteggio Sigla Credit

4) intervento Bcc Marcon nell'esecuzione immobiliare ████████

5) pignoramento presso terzi Bcc Marcon

6) ultimo bilancio disponibile ████████

7) 730.14 ████████

8) 730.15 ████████

9) 730.16 ████████

10) buste paga ████████

11) 730.14 ████████

12) 730.15 ████████

13) 730.16 ████████

14) sospensione legge antiusura

15) dichiarazione assenza atti dispositivi

16) elenco beni dei ricorrenti debitori

17) elenco spese necessarie al sostentamento della famiglia

18) elenco creditori

Con osservanza.

Brescia, 05 Maggio 2017

Avv. Monica Pagano   Avv. Danilo Griffo

TRIBUNALE CIVILE DI

VENEZIA

Giurisdizione
Volontaria

RELAZIONE PARTICOLAREGGIATA DEL PROFESSIONISTA INCARICATO ALLA COMPOSIZIONE DELLA CRISI

in ordine al ricorso presentato dai signori

████████████████ e ████████████████

R.G. n. ████████ **V.G.**

Giudice: dott.ssa ████████
Professionista O.C.C.: dr. ████████

INDICE

1. PREMESSA

Il sottoscritto dott. ███████ iscritto all'Ordine dei Dottori Commercialisti ed Esperti Contabili per la Circoscrizione del Tribunale di Venezia al n. ███ e al Registro dei Revisori Contabili al n. ███ con studio in ███ (██) alla via ███████ con provvedimento del 14 ottobre 2016 (depositato il 20 ottobre 2016) è stato nominato dal Giudice dott.ssa ███████ magistrato della Sezione I^ del Tribunale di Venezia, quale professionista incaricato per valutare l'ammissibilità alla procedura da sovraindebitamento richiesta dai signori:

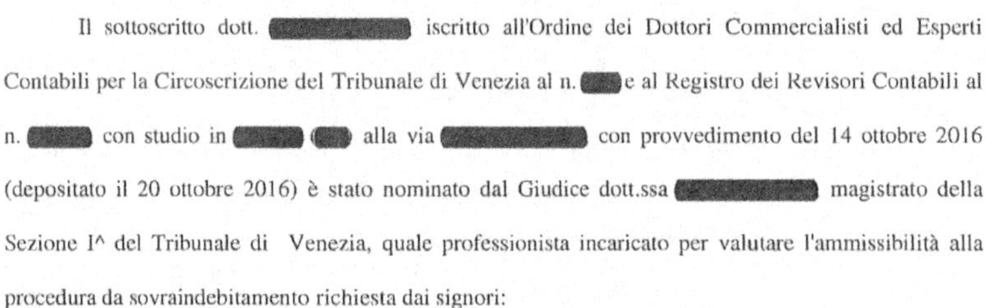

▶ ███████ nato a ███████ (██) il ███████ e residente a ███████ (██) in ███████ codice fiscale ███████

▶ ███████ nata a ███████ (██) il ███████ e residente a ███████ (██) in ███████ codice fiscale ███████ ;

entrambi lavoratori dipendenti, coniugati dal ███████ in regime di separazione dei beni.

La famiglia risulta composta oltre che dai ricorrenti anche da due figli:

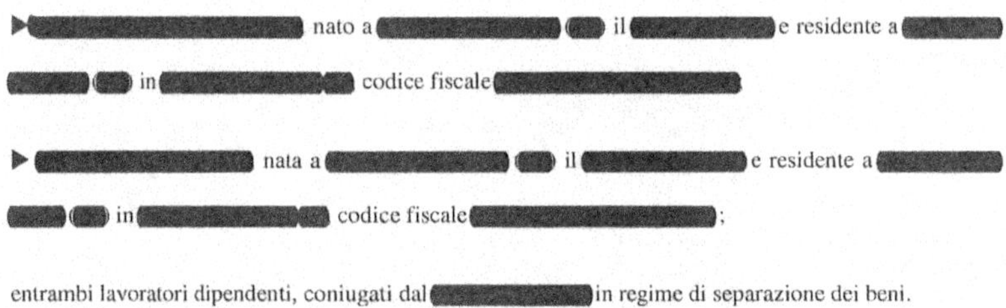

- ███████ nato a ███████ (██) il ███████ e residente a ███████ via ███████ codice fiscale ███████

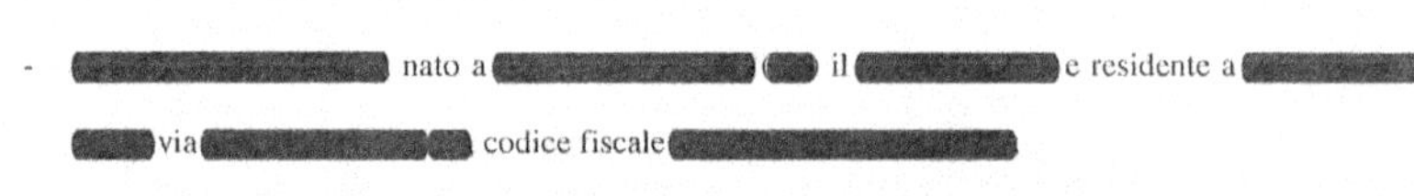

- ███████ nata a ███████ (██) il ███████ e residente a ███████ (██) in via ███████ codice fiscale ███████

I ricorrenti sono assistiti dal legale Avv.Monica Pagano con Studio In Brescia in via Solferino 15.

I ricorrenti hanno presentato la richiesta di nomina del professionista ai fini specifici di accedere, tra le tre previste dalla normativa, alla **procedura di liquidazione del patrimonio di cui all'art. 14 ter legge 3/2012.**

Con riguardo alla **dichiarazione di terzietà ed indipendenza**, il sottoscritto professionista incaricato dichiara di essere in possesso dei requisiti di cui all'art. 28, del regio decreto n. 267 del 16 marzo 1942 e di trovarsi nelle condizioni soggettive prescritte dall'art. 15 della legge n. 3 del 27 gennaio 2012 ed inoltre attesta:

a) che non sussistono in relazione alla sua persona condizioni di incompatibilità per l'espletamento dell' incarico;

b) che non si trova in situazioni di conflitto di interesse;

c) che non ha mai ricevuto né sta attualmente espletando alcun incarico professionale per conto dei signori ▬▬▬▬ e ▬▬▬▬

Inoltre ricorrono i presupposti di cui all'art. 7, legge 3/2012 e successive modifiche e cioè i ricorrenti:

➡ risultano versare in stato di sovra indebitamento. Ai sensi dell'art. 6, comma 2, lett. a) della citata legge. Dunque i ricorrenti si trovano *"in una situazione di perdurante squilibrio tra le obbligazioni assunte e il patrimonio prontamente liquidabile per farvi fronte, ovvero la definitiva incapacità di adempierle regolarmente"*;

➡ non sono soggetti a procedure concorsuali diverse da quelle regolate nel capo II della legge n. 3/2012;

➡ non hanno utilizzato nei precedenti cinque anni uno strumento di cui alla legge n. 3/2012 (piano, accordo o liquidazione);

➡ non hanno subito per cause a loro imputabili provvedimenti di impugnazione, risoluzione dell'accordo del debitore ovvero revoca o cessazione del piano del consumatore.

Lo scrivente professionista incaricato ha proceduto a svolgere le seguenti **attività istruttorie**, giusta autorizzazione del Giudice concessa in data 8 febbraio 2017 (depositata in data 13 febbraio 2017):

1) Accesso presso la cancelleria delle esecuzioni immobiliari del Tribunale di Venezia. E' risultata in corso, ed attualmente sospesa, l'esecuzione immobiliare r.g. n. ▮▮▮▮▮ avente all'oggetto l'abitazione dei ricorrenti e di cui si dirà più sotto. Valore di stima (relazione redatta il 17 marzo 2015 dal geometra ▮▮▮▮▮ ▮▮▮▮▮ di ▮▮▮▮▮ ▮▮▮▮▮ € 268.482,00. Formalità pregiudizievoli gravanti sulle unità immobiliari per complessivi € 1.017.394,68;

2) Accesso presso la Cancelleria delle esecuzioni mobiliari del Tribunale di Venezia. E' risultata archiviata nel 2014 una procedura di pignoramento presso terzi n. ▮▮▮▮▮ conclusasi con l'assegnazione di somme a favore del creditore ricorrente B.C.C. di Marcon. In sintesi il pignoramento contro ▮▮▮▮▮ era di € 201.478,81 oltre spese legali. In conseguenza del pignoramento di B.C.C. di Marcon, ▮▮▮▮▮ (si ricorda che ▮▮▮▮▮ è inquadrata come dipendente presso ▮▮▮▮▮), destina un quinto dello stipendio a deconto del debito e a favore di B.C.C. di Marcon;

3) Accesso presso la Sezione Civile del Tribunale di Venezia. E' risultato quanto segue:

    o Sentenza numero ▮▮▮▮▮ Opposizione a decreto ingiuntivo numero ▮▮▮▮▮ R.G. ▮▮▮▮▮ Sulla base della comunicazione a mezzo email da parte dell'avv. ▮▮▮▮▮ di ▮▮▮▮▮ la sentenza è a favore dei signori ▮▮▮▮▮ e dunque non vi sono consequenziali posizioni debitorie.

    o Decreto ingiuntivo numero ▮▮▮▮▮ R.G. ▮▮▮▮▮ Banca di Credito Cooperativo di Santo Stefano di Martellago contro ▮▮▮▮▮ e contro ▮▮▮▮▮ opposizione cancellata;

o Decreto ingiuntivo numero ▪▪▪▪ R.G. ▪▪▪▪ Creditis Servizi Finanziari s.p.a. contro ▪▪▪▪

o Decreto ingiuntivo numero ▪▪▪▪ R.G. ▪▪▪▪ ▪▪▪▪ contro ▪▪▪▪ ▪▪▪▪

Delle azioni intraprese dai creditori si riferirà più dettagliatamente di seguito.

4) Accesso presso la Banca d'Italia per la domanda e l'acquisizione di informazioni negli ultimi cinque anni contenute nella Centrale di Allarme Interbancaria e di cui si dirà più sotto;

5) Accesso presso la Banca d'Italia per la domanda e l'acquisizione di informazioni negli ultimi cinque anni contenute nella Centrale dei Rischi e di cui si dirà più sotto;

6) Accesso alla Centrale Rischi Finanziari s.p.a. (C.R.I.F.) e di cui si dirà più sotto;

7) Accesso presso la Camera di Commercio I.A.A. di Venezia per l'acquisizione di informazioni concernenti i protesti di titoli. Ne è risultato quanto segue:

Tipologia	Importo	Data levata protesto	Luogo levata protesto	Numero Repertorio	Motivo
assegno	€ 30.000,00	▪▪▪▪	▪▪▪▪	▪▪▪▪	Difetto di provvista
assegno	€ 8.000,00	▪▪▪▪	▪▪▪▪	▪▪▪▪	Difetto di provvista

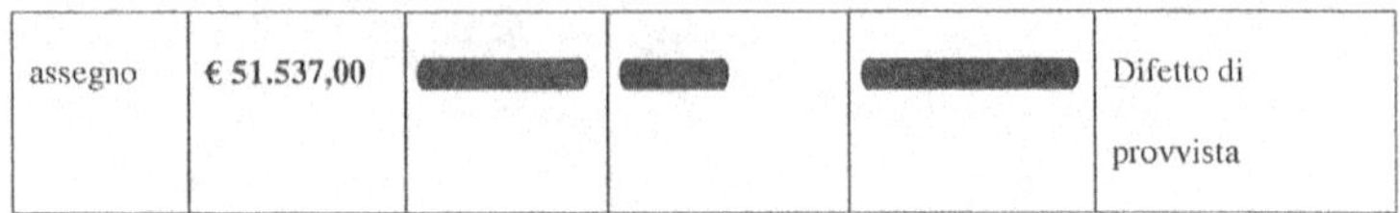

assegno	€ 51.537,00	▮▮▮▮▮	▮▮▮▮	▮▮▮▮▮▮	Difetto di provvista

Si specifica che dalla consultazione della Centrale di Allarme Interbancaria della Banca d'Italia risulta segnalato anche un altro assegno emesso il ▮▮▮▮▮ con difetto di provvista di € 50.000,00. Tuttavia non ne risulta l'iscrizione al Registro dei Protesti tenuto dalla C.C.I.A.A.

Mette conto sottolineare che trattasi di protesti datati che saranno cancellati automaticamente dal registro informatico dei protesti dopo cinque anni.

▮▮▮▮▮▮▮

E' risultato nulla.

8) Accesso alla Procura della Repubblica di Venezia onde accertare se vi siano procedimenti penali conclusi ed in corso a carico dei ricorrenti. E' risultato quanto segue:

NOMINATIVO	CASELLARIO GIUDIZIALE	CARICHI PENDENTI
	risulta:	risulta:
▮▮▮▮▮▮▮	NULLA	NULLA
▮▮▮▮▮▮▮	NULLA	NULLA

9) Accesso al P.R.A. E' risultato quanto segue: il signor ▮▮▮▮▮▮▮ risulta intestatario della autovettura targata ▮▮▮▮▮ (immatricolata nel ▮▮▮) e di un motociclo targato ▮▮▮▮▮ (immatricolato nel ▮▮▮) e la signora ▮▮▮▮▮▮▮ risulta intestataria della autovettura targata ▮▮▮▮▮ (immatricolata nel ▮▮▮) siccome indicati nella proposta di liquidazione. Non risultano sugli stessi automezzi ipoteche, privilegi o altri gravami. Non risultano vendite di automezzi nei cinque anni precedenti;

10) Accesso all'Agenzia delle Entrate (ex Territorio). E' risultato quanto segue: i coniugi █████████ █████ risultano intestatari per la quota di un mezzo ciascuno della piena proprietà degli immobili siti in █████████████ ████ meglio descritti più sotto a pagina 12 (osservazioni sull'attivo). Non risultano vendite immobiliari nei cinque anni antecedenti;

11) Accesso ad Equitalia Servizi di Riscossione s.p.a. E' risultato quanto segue:

CARTELLA	IMPORTO	PIANO RATEIZZ. SCAD. ████████	POSSIBILE DEFINIZ. AGEVOLATA ex Legge 225/2016
████████████████			
██████████████	597,29	SI	SI
██████████████	4.955,49	SI	NO
██████████████	27,43	NO	SI
██████████████	596,07	NO	SI
██████████████	4.497,09	NO	NO
██████████████	8.627,39	NO	NO
TOTALI	**19.300,76**		
████████████			
██████████████	671,14	NO	SI
██████████████	671,14	NO	SI
TOTALI	**1.342,28**		

12) richiesta di informazioni presso i creditori elencati dai ricorrenti concernenti l'ammontare del credito, diretto e/o indiretto (per fidejussioni o altre garanzie prestate) ed il rango (privilegiato o chirografario). Mette conto sottolineare che, dei creditori richiesti, al momento non hanno risposto la Banca Nazionale del Lavoro s.p.a. e la Ca.Ri.Ge. Comunque i dati relativi alla posizione debitoria dei signori ████████████████ sono stati assunti esaustivamente sia dai documenti inviati dai suddetti allo scrivente professionista O.C.C. sia dai documenti estratti dai

fascicoli delle procedure in corso.

2. LA COMPLETEZZA, ATTENDIBILITA' E VERIDICITA' DELLA DOCUMENTAZIONE FORNITA

I ricorrenti, tramite il loro legale, hanno fatto pervenire allo scrivente professionista O.C.C., a seguito di sue richieste, esauriente documentazione secondo quanto previsto dagli articoli 9 comma 2° e 14 ter comma 3° legge 3/2012.

Dalla sua analisi si può rilevare che essa risulta quanto più completa ai fini dell'analisi e valutazione dell'attivo e del passivo della procedura di sovra indebitamento in esame, nei limiti di quanto disposto dalla normativa e dalla non prevista possibilità di nomina di periti e consulenti specifici da parte dello scrivente facente funzioni di O.C.C. Si può quindi concludere per una sostanziale esaustività, attendibilità e veridicità della documentazione prodotta.

3. LA DOMANDA DI LIQUIDAZIONE DEL PATRIMONIO

In sintesi la domanda di liquidazione dei ricorrenti si sostanzia nella offerta ai creditori:

1) Dell'immobile di abitazione per un valore di € 170.000,00 corrispondente alla offerta fatta dal figlio ▮▮▮▮▮▮▮▮▮ supportata dal documento attestante l'affidamento da parte della Banca Popolare di Cividale di ▮▮▮▮▮▮▮ per € 170.000,00 con scadenza al ▮▮▮▮▮▮▮▮▮

2) Dal pagamento rateale di € 1.000,00 mensilmente e per quarantaotto mesi per un ammontare complessivo di € 48.000,00. La rata mensile è stata determinata sulla differenza tra quanto è incassato mensilmente dai coniugi ▮▮▮▮▮▮▮▮ e quanto sono mediamente le spese mensili familiari.

Gli altri beni elencati nella proposta sono effettivamente privi di valore per vetustà. Le

autovetture risultano datate e l'autovettura Mercedes classe M targata ███████ oltre che essere
fuori mercato, è comunque impiegata per l'attività lavorativa dei ricorrenti. Di conseguenza la sua
vendita, per effetto dell'inclusione nel piano di liquidazione, risulterebbe di pregiudizio nella
produzione del reddito e quindi anche della quota mensile di € 1.000,00 da versare ai creditori.

Appare comunque evidente che la loro vendita non potrebbe certamente recare sensibili
variazioni all'attivo disponibile per i creditori.

In conclusione, dalle verifiche eseguite, l'attivo a disposizione dei creditori risulta essere
soltanto quello indicato nei superiori punti 1) e 2).

4. L'ATTIVO E IL PASSIVO

Qui di seguito sono esposte le voci dell'attivo liquidabile e le voci del passivo come accertate
dall'attività istruttoria dello scrivente professionista O.C.C. .

Appena sotto al bilancio ███████████ come costruito nella pagina successiva, seguiranno le
spiegazioni alle singole voci in modo da fornire ai creditori le più chiare motivazioni delle
esposizioni degli importi.

ATTIVO		PASSIVO	
DESCRIZIONE	IMPORTI IN €	DESCRIZIONE	IMPORTI IN €
1) IMMOBILI	170.000,00	1) SPESE DI PROCEDURA (prededuzione)	13.830,00
2) LIQUIDITA'	48.000,00	2) SPESE LEGALI (prededuzione)	22.186,80
3) TITOLI	0,00	3) CREDITORI IPOTECARI:	
		3.1.) BANCA NAZIONALE DEL LAVORO (1° grado)	316.082,53
		3.2.) BANCA C.C. DI MARCON S.C. (2° grado)	215.720,67
		3.3.) BANCA DI C.C. SANTO STEFANO (3° grado)	32.790,94
		4) CREDITORI PRIVILEGIATI	
		4.1.) SIGLA CREDIT S.R.L.	27.712,00
		4.2.) EQUITALIA S.R. S.P.A. ▉	956,00
		4.3.) EQUITALIA S.R. S.P.A. ▉	1.049,70
		4.4.) REGIONE DEL VENETO ▉	1.872,06
		4.5.) REGIONE DEL VENETO ▉	1.598,68
		5) CREDITORI CHIROGRAFARI	
		5.1.) EQUITALIA S.R. S.P.A. ▉	18.344,01
		5.2.) EQUITALIA S.R. S.P.A. ▉	292,58
		5.3.) REALE MUTUA ASSICURAZIONE S.P.A.	391.591,75
		5.4.) CREDITIS SERVIZI FINANZIARI S.P.A.	3.070,19
		5.5.) BANCA NAZIONALE DEL LAVORO S.P.A.	38.400,00
		5.6.) CASSA DI RISPARMIO DI GENOVA S.P.A.	144.100,93
		5.7.)CASSA DI PREVIDENZA E ASSIST. GEOMETRI	4.800,62
		5.8.)▉	601,00
		5.9.)▉	73.650,00
		6) FONDO SPESE	
		6.1.) Spese legali	19.167,80
TOTALE ATTIVO	**218.000,00**	**TOTALE PASSIVO**	**1.327.818,26**
SBILANCIO	-1.109.818,26		
TOTALE A PAREGGIO	1.327.818,26	TOTALE A PAREGGIO	1.327.818,26

▶ Osservazioni sull'attivo:

1) **Gli immobili.** Il valore di € 170.000,00 è determinato sulla base della offerta del signor ▮▮▮▮ ▮▮▮▮ figlio dei coniugi ▮▮▮▮▮▮ il quale ha ricevuto un affidamento con scadenza al ▮▮▮▮ dalla Banca Popolare di Cividale S.C.p.A. da utilizzarsi per la stipula del mutuo necessario a finanziare l'acquisto dell'immobile. L'immobile è sottoposto ad esecuzione immobiliare n. ▮▮▮▮ radicata presso il Tribunale di Venezia. Nell'ambito della procedura il geometra ▮▮▮▮▮▮ ha stimato l'immobile € 268.482,00. Trattasi dell'immobile di abitazione della famiglia dei coniugi ▮▮▮▮▮▮ sita in ▮▮▮▮▮▮ (▮▮) via ▮▮▮▮ ▮▮▮▮ di metri quadrati commerciali 350; accatastata al **foglio** ▮▮ **mappale** ▮▮ **subalterno 2** (cat. A/7, classe 3, consistenza vani 9, rendita € 720,46) e al **foglio** ▮▮ **mappale** ▮▮ **subalterno 3** (cat. C/2, classe 6, consistenza 46, rendita € 64,14). Il perito attesta il sufficiente/buono stato manutentivo dell'immobile. Sullo stesso gravano le seguenti ipoteche:

▶ ▮▮▮▮ ai numeri ▮▮▮▮ ipoteca volontaria a garanzia di mutuo fondiario, a favore di Banca di Monastier e Treviso e contro ▮▮▮▮▮▮ e ▮▮▮▮▮▮ importo € 500.000,00;

▶ ▮▮▮▮ ai numeri ▮▮▮▮ ipoteca volontaria a garanzia di mutuo fondiario, a favore di Banca Nazionale del Lavoro s.p.a. e contro ▮▮▮▮▮▮ e ▮▮▮▮▮▮ importo € 300.000,00;

▶ ▮▮▮▮ ai numeri ▮▮▮▮ ipoteca volontaria a garanzia di mutuo fondiario, a favore di Banca di Credito Cooperativo di Marcon e contro ▮▮▮▮▮▮ e ▮▮▮▮▮▮ importo € 175.000,00;

▶ ▮▮▮▮ ai numeri ▮▮▮▮ ipoteca giudiziale derivante da decreto ingiuntivo, a favore di Banco C.C. di Santo Stefano di Martellago e contro ▮▮▮▮▮▮ e ▮▮▮▮▮▮ importo € 85.000,00;

▶ ▮▮▮▮ ai numeri ▮▮▮▮ pignoramento a favore della Banca Nazionale del

Lavoro s.p.a.

Lo scrivente professionista, vista l'esperienza pluriennale maturata nel mercato immobiliare veneziano, ritiene che l'offerta operata dal signor ▮▮▮▮ ▮▮▮▮ sia ragionevolmente accettabile. Gli immobili ormai nella provincia di Venezia normalmente sono collocati nell'ambito delle procedura esecutive ad un valore di aggiudicazione che si colloca dal 75% al 50% del valore di stima (per esperienza più verso il 50% che verso il 75%).

Mette conto sottolineare che **le spese notarili**, che <u>si stimano</u> almeno in € 6.000,00 tra costi fiscali ed onorari per il passaggio di proprietà, dovranno essere totalmente a carico, come di consueto, dell'acquirente perché, diversamente ragionando, si andrebbe ad intaccare la somma resa disponibile per i creditori (€ 170.000,00). Per tale ragione non è stanziata alcuna spesa al riguardo.

Appare comunque più che evidente che il presente ricorso per la composizione della crisi nasce sia a causa delle contestazioni nate in ordine ad alcuni debiti (querela concernente i debiti bancari verso B.N.L. s.p.a. e B.C.C. Marcon Venezia S.C.), come si dirà più sotto, ma certamente anche per il tentativo di salvataggio della abitazione principale ed il mantenimento ivi della residenza da parte della famiglia ▮▮▮▮▮▮

Non va infine sottaciuto che **<u>l'esecuzione immobiliare n.</u>** ▮▮▮▮ **<u>è a tutt'oggi sospesa</u>** con decreto n. ▮▮▮▮▮ in data ▮▮▮▮ (dep. ▮▮▮▮) del P.M. Sost. Procuratore dott. ▮▮▮▮ ai fini dell'accertamento della natura usuraria dei mutui stipulati dai coniugi ▮▮▮▮ con la B.N.L. s.p.a. e con la B.C.C. Marcon Venezia S.C.

2) **La liquidità**. I signori ▮▮▮▮ propongono il versamento di € 1.000,00 mensili per quattro anni. La somma è determinata sottraendo dalle retribuzioni mensili, quantificate mediamente in € 2.200,00, sia per il signor ▮▮▮▮ che per la signora ▮▮▮▮ (sono dipendenti di Istituti bancari, entrambi quadri di 1° livello), le spese correnti mediamente

sostenute quantificate mensilmente in € 3.400,00.

Di seguito è esposta una dettagliata analisi delle spese correnti familiari rilevate dai ricorrenti nella domanda presentata e poste a confronto dallo scrivente professionista O.C.C. con i documenti prodotti. Ciò <u>ai fini di verificarne la congruità e, in ultima analisi, concludere sulla correttezza circa il massimo importo della liquidità da porre a disposizione dei creditori</u> (€ 1.000,00 mensili).

La consultazione delle buste paga prodotte consente di affermare che la signora ▮▮▮ ▮▮▮ percepisce € 2.250,00 medi mensili (come da buste paga standard di ottobre e novembre 2016), e il signor ▮▮▮ percepisce € 2.212,00 (come da buste paga standard di ottobre e novembre 2016).

Mette conto sottolineare che i contratti di lavoro dipendente bancario prevedono sia la tredicesima che la quattordicesima mensilità. Consultando le buste paga prodotte di dicembre 2016, si rileva che la tredicesima della signora ▮▮▮ ammonta a quasi la retribuzione lorda mensile. Si può dunque immaginare (perché nella busta paga di dicembre 2016 prodotta non si distinguono le trattenute della retribuzione ordinaria e le trattenute sulla tredicesima o gratifica natalizia), che essa, al netto di tutte le trattenute previdenziali e fiscali, possa ammontare grossomodo alla retribuzione ordinaria. Analogamente per il signor ▮▮▮ Di conseguenza le entrate annuali del signor ▮▮▮ ammontano ad € 30.968,00 netti mentre le entrate annuali della signora ▮▮▮ ammontano ad € 31.500,00. Quindi le entrate nette medie mensili ammontano per entrambi i coniugi ▮▮▮ ad € 5.205,67.

Non sono stati conteggiati gli importi dei T.F.R. maturati che però potrebbero essere oggetto di una operazione di monetizzazione.

Per quanto attiene alle **spese di alimenti** è stato prodotto un rendiconto dei prelievi mensili da gennaio 2016 a dicembre 2016. Esso attesta una spesa annua di € 13.362,00. Il che significa una spese media mensile di € 1.113,50 ed una spesa giornaliera di € 37,12.

Considerando che le persone considerate ai fini del bilancio familiare sono tre (in quanto ▮▮▮▮ ▮▮▮▮ risultando autosufficiente non grava sul nucleo familiare), ne risulterebbe un importo giornaliero di € 12,37 pro capite. L'importo appena predetto appare congruo con la spesa giornaliera per alimenti.

Per quanto attiene alle **spese per carburante** per autotrazione mette conto sottolineare che i coniugi ▮▮▮▮▮▮ si recano, rispettivamente, a Jesolo e a Treviso. La distanza tra la loro residenza e il luogo di lavoro è di chilometri 17,20 (Jesolo) e 34,2 (Treviso). Il che significa che, andata e ritorno, dal luogo di lavoro sono percorsi chilometri 102,80 per entrambi. Quindi considerando che mediamente sono lavorati 22 giorni in un mese, i chilometri percorsi da coniugi ▮▮▮▮▮▮ ammontano a 2.261,60. Considerando che mediamente per le due autovetture Mercedes classe A di quella data di immatricolazione è stimato un consumo medio di 15 litri per chilometro, il consumo medio di carburante è di litri 150,77. Di conseguenza, considerando che il prezzo del gasolio per autotrazione è mediamente di € 1,35 (fonte ACI), il costo mensile di carburante per recarsi al lavoro da parte dei coniugi è di € 203,54 mensile. Naturalmente solo per i motivi di lavoro. Volendo considerare gli spostamenti eseguiti durante la settimana e durante i fine settimana per motivi extralavorativi appare ragionevole stimare una uscita mensile di € 300,00.

Le **spese per l'affitto** si riferiscono all'affitto che sarebbe pagato in caso di vendita dell'immobile. Considerando i valori medi dei canoni di locazione per un appartamento in situazione di normalità (quindi tre camere, cucina, soggiorno e due bagni) a ▮▮▮▮▮▮ l'importo risulta assolutamente congruo.

Le **spese per le erogazioni** (gas, luce, acqua e telefono), sulla base dei documenti prodotti, risultano ammontare ad € 1.744,19 (gas), € 314,00 (acqua), € 2.390,69 (luce) ed € 1.058,15 (telefono). Quindi le erogazioni mediamente costano mensilmente ai coniugi ▮▮▮▮▮▮ € 458,92.

Le **spese di assicurazione** delle autovetture, sulla base dei documenti prodotti, ammontano ad € 1.428,00 annui. Quindi la spesa media mensile è di € 119,00.

Il **bollo delle due autovetture** ammonta rispettivamente, per l'autovettura targata ████████ ad € 471,78, e per l'autovettura targata ████████ ad € 331,72. Quindi l'ammontare mensile del bollo delle due autovetture è di € 66,96. Nella somma va tenuto conto anche del motociclo. Infatti se anche vetusto e da riparare, e quindi si presume che sia tenuto in spazio privato tale per cui non occorra tenere conto del costo di assicurazione, la tassa di bollo colpisce la proprietà e quindi fintantoché non risulta radiato occorrerà tenerne conto. Il calcolo annuo è di € 63,97. Quindi l'ammontare mensile del bollo delle due autovetture e del motociclo è di € 72.29.

L'assicurazione sulla vita stipulata dal signor ████████ ammonta ad € 1.239,00 nel 2012. Nel 2013 la spesa è di € 630,00. Nel 2014 e 2015 la spesa è stata, per anno, di € 530,00 (i dati sono tratti dalle dichiarazioni dei redditi Quadro P degli oneri sostenuti e detraibili dal reddito). Di conseguenza l'importo medio mensile è quello traibile sulla base dell'ultima spesa detraibile sostenuta di € 530,00 e quindi la spesa media mensile è di € 44,16.

La **tassa rifiuti** documentata ammonta ad € 143,28 per il periodo gennaio – marzo 2016. Di conseguenza l'importo annuale dovrebbe ammontare ad € 573,12 e quindi l'importo medio mensile ammonta ad € 47,76.

Le **spese mediche** documentate, sostenute e sostenende nel 2016 e successivamente, ammontano ad € 7.239,39 (con una parte prevalente di spese di dentista per la figlia ████████ ████████). La spesa media mensile ammonta quindi ad € 603,20.

I contributi della Cassa Italiana di Previdenza e Assistenza dei Geometri. Nelle dichiarazioni dei redditi prodotte dal 2012 al 2015 risulta compilato il quadro E ove si espongono i redditi derivanti dall'attività professionale (€ 3.533,00 nel 2012; € 2.587,00 nel 2013; € 27.727,00 nel 2014; € 621,00). La prima considerazione è che, ad eccezione del periodo d'imposta 2014, per tutti gli altri periodi l'attività professionale è stata svolta in perdita. Infatti se

consideriamo che i contributi minimi soggettivo e integrativo pesano per € 4.000,00 in media, si
conclude che il guadagno dell'anno 2014 è stato praticamente assorbito dai costi contributivi.

La seconda considerazione è che fintantoché il signor ███████ resta iscritto
alla Cassa dovrà contribuire seppur minimamente. I contributi previsti per periodo 2017
ammontano ad € 3.250,00, quanto al contributo soggettivo, e ad € 1.625,00 quanto al contributo
integrativo. Quindi la spesa media mensile ammonta ad € 406,25.

Piano rateizzato con Equitalia Servizi di Riscossione s.p.a. Il signor ███████
███████ ha chiesto ed ottenuto un piano rateizzato con una rata media mensile di € 83,50 fino
al 31 gennaio 2022. Appare evidente che se da un lato trattasi oggettivamente di una uscita
mensile di cui tener conto; dall'altro lato occorre anche considerare che il debito verso Equitalia
Riscossioni s.p.a. si ridurrà progressivamente.

Piano rateizzato con la Cassa Italiana di Previdenza ed Assistenza dei Geometri. Il
signor ███████ ha chiesto ed ottenuto un piano rateizzato con una rata mensile di €
240,03 fino al 27 ottobre 2018. Appare evidente che se da un lato trattasi oggettivamente di una
uscita mensile di cui tener conto; dall'altro lato occorre anche considerare che il debito verso La
Cassa Italiana di Previdenza e Assistenza dei Geometri si ridurrà progressivamente.

Le spese varie. Appare evidente come si tratta di una voce composita che deve tenere
conto di tutti i capitoli di spesa che una famiglia affronta giornalmente (danni nell'abitazione,
vestiario, spese mediche impreviste, tempo libero ecc.). Trattasi di una voce difficile da
quantificare con esattezza ma che comunque, per una famiglia composta di tre unità normodotate
(si ricorda che il figlio ███████ non è considerato in quanto autosufficiente ed estraneo di
fatto dalla corrente procedura), appaiono congrue nell'importo esposto dai ricorrenti di € 200,00
mensili.

Si espongono dunque le spese correnti familiari siccome sopra analizzate:

ENTRATE MENSILI MEDIE		USCITE MENSILI MEDIE	
1) STIPENDIO DI ▮▮▮▮▮▮	2.625,00	ALIMENTI PER LA FAMIGLIA	1.113,50
2) STIPENDIO ▮▮▮▮ ▮▮▮▮▮	2.580,00	GASOLIO PER AUTOTRAZONE	300,00
		AFFITTO	450,00
		EROGAZIONI	460,00
		ASSICURAZIONI R.C.	120,00
		BOLLO AUTO	72,00
		ASSICURAZIONE VITA ▮▮▮▮▮	44,00
		TASSA RIFIUTI	48,00
		SPESE MEDICHE	603,00
		CONTRIBUTI CASSA GEOMETRI	406,00
		PIANO RATEIZZATO EQUITALIA	83,00
		PIANO RATEIZZATO CASSA GEOM.	240,00
		SPESE VARIE	200,00
TOTALE ENTRATE MEDIE MENSILI	**5.205,00**	**TOTALE USCITE MEDIE MENSILI**	**4.139,50**
		RESIDUO PER I CREDITORI	**1.065,50**

Dalla tabella sopra esposta si evidenzia come l'importo reso disponibile ai creditori di € 1.000,00 mensili risulti correttamente determinato. La tabella infatti rappresenta una forma di "stress test" circa le voci di entrata e di uscita della famiglia e ne è risultato un residuo (che corrisponderebbe mediamente al risparmio familiare mensile), di circa € 1.000,00 che sarà messo a disposizione dei creditori.

Appare evidente che le trattenute mensili sugli stipendi dei coniugi ▮▮▮▮▮▮▮ in conseguenza della cessione e/o del pignoramento di un quinto degli stipendi, dovranno cessare in quanto, altrimenti ragionando, il risparmio mensile così determinato verrebbe giocoforza assorbito e la liquidità di € 48.000,00 di cui alla proposta di composizione della crisi verrebbe meno.

▶ **Osservazioni sul passivo:**

3) **Le spese di procedura.** Consistono nel calcolo del compenso al lordo degli accessori di legge (c.p. 4% e iva 22%) spettante allo scrivente professionista siccome calcolato secondo i dettami del decreto ministeriale numero 202 del 24 settembre 2014. Mette conto sottolineare che è stata applicata la clausola di salvaguardia essendo che l'applicazione delle percentuali agli scaglioni previsti dal decreto porta ad un valore di compenso superiore al massimo normativamente concedibile (5% del valore previsto per i creditori, al momento, di € 218.000,00);

4) **Le spese legali.** Corrispondono alle spese quantificato dallo studio legale Pagano di Brescia per il patrocinio dei coniugi [omissis] nello studio, stesura e domanda di liquidazione del patrimonio.

5) **I creditori ipotecari.**

   5.1) La **Banca Nazionale del Lavoro s.p.a.** vanta un credito complessivo di € 316.082,53 dovuto a due mutui fondiari stipulati i[omissis] presso il notaio [omissis] con capitale erogato originario di € 166.660,55 e di € 150.000,00;

   5.2) La **Banca di Credito Cooperativo di Marcon S.C.** vanta un credito complessivo di € 215.720,67 dovuto ad un mutuo fondiario stipulato il [omissis] presso il notaio [omissis] [omissis] con capitale erogato originario di € 175.000,00;

   5.3) La **Banca di Credito Cooperativo di Santo Stefano di Martellago S.C.** vanta un credito complessivo di € 32.790,94 dovuto ad un decreto ingiuntivo emesso dal Tribunale di Venezia in data [omissis] nei confronti [omissis] per un capitale originario di € 42.394,68; debito per il quale i coniugi [omissis] si erano costituiti fideiussori nei confronti della Banca. La [omissis] è società con sede in [omissis] via [omissis] (quindi nell'abitazione dei coniugi [omissis] la cui compagine sociale risulta così costituita: [omissis] con la quota del 50% del capitale sociale per € 5.000,00; [omissis] con la quota del 50% del capitale sociale per € 5.000,00. La società è in liquidazione; liquidatore è la signora █████████ <u>Amministratore unico è, dal 15 settembre 2011 fino alla liquidazione avvenuta in data 25 settembre 2014, è il signor █████████</u>

Precedentemente amministratore unico è il signor █████████

<u>Appare più che evidente che le cifre sopra esposte sono determinate ad una certa data ma esse maturano interessi col passare del tempo e quindi sono destinate ad aumentare nel corso della procedura.</u>

6)   **I creditori privilegiati.**

6.1) Sigla Credit s.r.l. vanta un credito di € 27.712,00. I coniugi █████████ hanno stipulato un contratto di finanziamento a fronte del quale è stato ceduto un quinto dello stipendio del signor █████████ (non anche per █████████ per la quale nulla risulta). La rata mensile, trattenuta direttamente sulla busta paga signor █████ è di € 433,00. Sono previste 120 rate di cui 56 già pagate, residuando quindi numero 64 rate mensili. <u>Sigla Credit s.r.l. si premura di sottolineare che il suo credito, derivando dalla cessione del quinto dello stipendio, non solo è assistito da privilegio ex art. 2751 bis n. 1 c.c. ma anche che non potrà che trovare regolare adempimento (cioè deve essere corrisposto integralmente).</u> Ragionando con i valori dell'attivo a disposizione appare evidente che i 48.000,00 € versati dai coniugi █████████ nel quadriennio andrebbero a coprire tutti i creditori privilegiati e, per il residuo, i creditori chirografari.

Non va sottaciuto come Sigla Credit s.p.a. calcolasse in data 3 gennaio 2017 l'importo complessivo da pagare in caso di estinzione anticipata. Esso ammonterebbe ad € 21.729,65. Va quindi considerata la possibilità di una congrua riduzione del debito in caso di estinzione anticipata del finanziamento.

6.2) Equitalia Servizi di Riscossione s.p.a. vanta un credito privilegiato nei confronti del signor █████████ di € 956,00. Trattasi delle tasse automobilistiche annuali del 2010 e 2011 (quindi un credito vantato dalla Regione del Veneto), e relativi accessori (interessi). Equitalia

Servizi di Riscossione s.p.a. vanta un credito privilegiato nei della signora███████████di €

1.049,70. Trattasi delle tasse automobilistiche annuali del 2011 e 2012 (quindi un credito vantato

dalla Regione del Veneto), e relativi accessori (interessi);

6.3) La **Regione del Veneto** vanta un credito privilegiato nei confronti del signor ████████

█████████ di € 1.872,06. Trattasi delle tasse automobilistiche annuali dal 2013 al 2016. La

Regione del Veneto vanta un credito privilegiato nei confronti della signora███████████di €

1.598.68. Trattasi delle tasse automobilistiche annuali dal 2014 al 2016.

Dalla congiunta consultazione tra le cartelle esattoriali e la missiva della Regione del Veneto si

verifica che l'annualità 2012 per████████████e l'annualità 2013 per████████████non

sono state conteggiate. Si conclude, senza troppa convinzione, che tali annualità siano state

corrisposte.

<u>Valgono le medesime considerazioni espresse per i creditori ipotecari circa il decorso degli
interessi nel corso della procedura sulle somme a debito.</u>

7) **I creditori chirografari**

    7.1) Equitalia Servizi di Riscossione s.p.a. vanta un credito nei confronti del signor ████████

█████████ di € 18.344,01. Trattasi degli accessori (sanzioni) delle tasse automobilistiche annuali

del 2010 e 2011 (quindi un credito vantato dalla Regione del Veneto), e, per la gran parte degli

importi delle cartelle esattoriali, delle sanzioni (e conseguenti maggiorazioni), per l'emissione di

assegni senza provvista. Equitalia Servizi di Riscossione s.p.a. vanta un credito nei confronti

della signora ████████████ di € 292,58. Trattasi degli accessori (sanzioni) delle tasse

automobilistiche annuali del 2011 e 2012 (quindi un credito vantato dalla Regione del Veneto);

    7.2) Reale Mutua Assicurazione s.p.a. vanta un credito nei confronti dei coniugi ████████

████ di € 391.591,75. I medesimi hanno assunto ex art. 1292 e ss e art. 1944 c.c., a favore di

Reale Mutua Assicurazioni s.p.a., in via solidale con l'obbligato principale ████████████████

████ oggi fallita presso il Tribunale di Venezia, la garanzia dell'adempimento di operazioni immobiliari compiute nel Comune di ██████████ (███). Tali operazioni immobiliari erano state effettuate con le parti contraenti signore ████████████ ██████████ e █████ attraverso la stipula di un contratto preliminare avente all'oggetto la realizzazione di appartamenti, che si sarebbero dovuti realizzare da parte di ██████████████ Le signore █████████████ ██████████ e █████ garantite da Reale Mutua Assicurazioni s.p.a. (a sua volta contro garantita dai signori ████████████ e ███████████████), versavano complessivamente € 373.000,00 a ████████████████ per la realizzazione di appartamenti in ██████████ (███) ma █████ ████████████ si rendeva inadempiente. Di conseguenza le signore █████ escutevano Reale Mutua Assicurazione s.p.a. la quale, a sua volta, si rivaleva sui coniugi ████████████ Reale Mutua Assicurazione s.p.a., patrocinata dall'avv. ████████████ di Torino e l'avv. ███████ ████████ di Genova, ha svolto azione monitoria nei confronti dei coniugi ████████████ culminata con l'emissione di un decreto ingiuntivo numero █████ del ████████████ da parte del Tribunale di Torino. I coniugi ████████████ patrocinati dall'avv. ████████████ di Napoli e dall'avv. ████████████ di Nola, hanno presentato atto di citazione in opposizione avverso il decreto ingiuntivo fondando sulla incompetenza del Giudice torinese adito e sulla inefficacia dell'appendice alla polizza fiudejussoria per asserita mancata sottoscrizione della stessa da parte dei coniugi ████████████

7.3) Creditis Servizi Finanziari s.p.a. (Gruppo CaRiGe) vanta un credito nei confronti del signor ████████████ di € 3.070,19. Il debito nasce dalla stipula di un finanziamento chirografario di originari € 25.000,00. E' stata prevista una dilazione di numero sessanta rate mensili di € 498,75. Dalla lettura dell'estratto conto inviato da Creditis Servizi Finanziari s.p.a. si osserva che i coniugi ████████████ pagano correntemente € 500,00 alla società. In questo momento dal debito di € 3.070,19 attestato a gennaio 2017 dovrebbero essere dedotti € 1.500,00 circa per le rate pagate nei mesi di febbraio, marzo ed aprile 2017;

7.4) Banca Nazionale del Lavoro s.p.a. vanta un credito di € 38.400,00. Trattasi di un finanziamento chirografario, asseritamente, concesso a ████████████████ in cui i coniugi ███████████ si sono costituiti a favore della Banca fideiussori. Mette conto sottolineare che la Banca Nazionale del Lavoro s.p.a. non ha risposto alla richiesta di informazioni dello scrivente professionista e dunque il valore risulta dalle mere asserzioni del signor ██████████████ non risultando alcun documento prodotto al riguardo e dalle risultanze della Centrale dei Rischi di un finanziamento chirografario (che per esclusione si riconduce al finanziamento dichiarato dai coniugi ████████████ ;

7.5) Cassa di Risparmio di Genova s.p.a. vanta un credito di € 144.100,93. Il credito è attestato da Ca.Ri.Ge. s.p.a. sulla base di una missiva del 12 febbraio 2013 di revoca degli affidamenti e passaggio a sofferenze dell'importo.

7.6) Cassa di Previdenza e Assistenza Geometri vanta un credito di € 4.800,62. E' l'importo dovuto alla Cassa dal signor ██████████████ a tutto febbraio 2017 di un piano di rateizzazione che prevede 24 rate da € 240,03 a partire dal 28 novembre 2016 e per un importo complessivo di € 5.760,74. L'importo del credito quindi dovrebbe essere ulteriormente diminuito per effetto del pagamento della rata di marzo 2017;

7.7) ████████████████████████████ vantano un credito di € 601,00. Trattasi del residuo credito di complessivi € 15.034,00 oltre spese, come da provvedimento di assegnazione del 22 aprile 2014 da parte del G.E. presso il Tribunale di Padova R.G. n. ████████ concernente il pignoramento della B.C.C. di Marcon Venezia S.C. presso terzi (cioè nei confronti della ██████████████████████████), cui ha fatto seguito la riunione sostanziale con la procedura esecutiva attivata dalle signore ████████ stante l'identità del debitore signor ████████████ .

7.8) ██████████████ vanta un credito di € 73.650,00. Trattasi di un credito rinveniente dal versamento di € 75.000,00 da parte del suddetto a ██████████████████ in adempimento di un contratto preliminare stipulato per l'acquisto da parte del signor ████████ di una abitazione in corso di costruzione. Abitazione mai edificata. Il signor ██████████ si era reso garante dell'importo versato dal signor ██████ consegnandogli due assegni bancari per un totale di € 75.000,00. Il signor ██████ ha presentato nel gennaio 2017 ricorso per decreto ingiuntivo ed il signor ██████ è stato conseguentemente condannato;

7.9) Le spese legali ammontano ad € 19.167,80. L'importo è stato calcolato sulla base delle spese liquidate nelle varie azioni monitorie e nella procedura esecutiva secondo quanto segue:

AZIONE	CREDITORE/OPPONENTE	LEGALE	IMPORTO
DECRETO INGIUNTIVO	██████████	AVV. ██████	3.709,08
OPPOSIZIONE D.I.	██████████	AVV. M. PAGANO	1.458,72
ATTIVITA' ESECUTIVA	B.C.C. MARCON	AVV. ██████	5.000,00
ATTIVITA' EECUTIVA	B.C.C. SANTO STEFANO	AVV. ██████	3.000,00
ATTIVITA' ESECUTIVA	B.N.L. S.P.A.	AVV.TI ██████	6.000,00
TOTALI			19.167,80

Si tratta di spese nei vari procedimenti in corso. Qualche dettaglio:

a) € 3.709,08 corrispondono all'importo lordo delle spese liquidate nel decreto ingiuntivo azionato dal signor ██████████

b) € 1.458,72 corrispondono all'importo lordo maturato dallo Studio Pagano, che assiste i coniugi ██████████ in questa procedura, per l'opposizione al decreto ingiuntivo azionato da Reale Mutua Assicurazione s.p.a.;

c) € 5.000,00, € 3.000,00 ed € 6.000,00 corrispondono alla **stima** dei compensi maturati (ed in corso di maturazione) per le attività esecutive svolte dai legali. Trattasi pertanto, con riguardo a questa voce, di un importo di debito che dovrà esser quantificato ex post in sede di precisazione dei crediti da parte dei creditori esecutante ed intervenuti (e tenendo conto anche delle spese della esecuzione: perito, pubblicità, notaio ecc.), ma di cui, già fin d'ora, risulta evidentemente opportuno tenerne conto.

5. CAUSE DEL SOVRAINDEBITAMENTO E DILIGENZA IMPIEGATA DAI DEBITORI PERSONE FISICHE NELL'ASSUMERE VOLONTARIAMENTE LE OBBLIGAZIONI

La proposta di liquidazione ben espone le cause di sovraindebitamento dei ricorrenti ▬▬▬ ▬▬▬

Esse sono state confermate sia dai documenti prodotti dai debitori sia dalle risultanze della attività istruttoria compiuta dallo scrivente professionista O.C.C.

Le entrate mensili, derivanti dalle retribuzioni da lavoro dipendente dei signori ▬▬▬ ▬▬▬ permettevano, con scarsa sufficienza, ai medesimi di sopportare le uscite derivanti dai pagamenti delle rate dei mutui stipulati nel 2010 concernenti l'attuale casa di abitazione in ▬▬▬ ▬▬▬

Si ricorda: **a)** mutuo fondiario stipulato con la <u>Banca Nazionale del Lavoro s.p.a.</u> a rogito del notaio ▬▬▬ rep. ▬▬▬ racc ▬▬▬ del ▬▬▬ di originari € 166.660,55 (in surroga a precedente mutuo stipulato con la Banca di Monastier e del Sile S.C.; **b)** mutuo fondiario stipulato con <u>Banca Nazionale del Lavoro s.p.a.</u> a rogito del notaio ▬▬▬ rep. ▬▬▬ racc ▬▬▬ del ▬▬▬ di originari € 150.000,00; **c)** mutuo fondiario stipulato con <u>Banca di Credito Cooperativo di Marcon Venezia S.C.</u> a rogito del notaio ▬▬▬ rep. ▬▬▬ racc. ▬▬▬ del ▬▬▬ di originari € 150.000,00 (<u>con la riserva espressa, e di cui si dirà in dettaglio più sotto, circa la legittimità della operazione di compensazione tra le opposte partite a credito, per l'erogazione del mutuo, e a debito per lo scoperto di c/c e per il giroconto del residuo sul passivo bancario di</u> ▬▬▬);

Si ricorda inoltre che tali finanziamenti sono all'oggetto di valutazione per usura da parte della Procura della Repubblica.

Il signor ▬▬▬ individua l'inizio della crisi finanziaria irreversibile della sua famiglia con la stipula del mutuo con B.C.C. di Marcon Venezia S.C.

Gli importi consistenti dei finanziamenti erogati (presumibilmente, dato il loro carattere fondiario, per la casa di abitazione), assorbivano le entrate familiari in modo tale da non consentire errori di carattere finanziario (come spese straordinarie ed impreviste).

E certamente l'errore più che palese è stato quello di decidere di finanziare le sorti di ▮▮▮▮ ▮▮▮▮▮▮▮▮▮▮e, seppur in modo minore, di ▮▮▮▮▮▮▮▮▮▮▮▮

La successione di ulteriori debiti che si sono ribaltati da ▮▮▮▮▮▮▮▮▮▮▮▮ sui coniugi ▮▮▮▮▮▮▮▮▮ rendono chiaramente il senso dei tentativi di salvataggio della società, decisamente fuori misura rispetto alle risorse finanziarie personali, da parte dei medesimi coniugi.

Tali assunzioni di debiti dei coniugi ▮▮▮▮▮▮▮▮▮ a garanzia di ▮▮▮▮▮▮▮▮▮▮▮▮ evidenziano solo gli estremi errati tentativi dei soci di salvare una società che manifestava segni di evidente crisi fin dal 2011; crisi divenuta conclamata ed irreversibile nel 2012 (culminata nel 2013 con la segnalazione alla Banca d'Italia dei crediti degli Istituti di credito in sofferenza nei confronti dei soci finanziatori ▮▮▮▮▮▮▮▮).

Col senno di poi, ovviamente, si sarebbe dovuto procedere col deposito dei libri in Tribunale fin dal 2012 evitando le imprudenti operazioni immobiliari di ▮▮▮▮▮▮▮▮▮▮▮ ed evitando assolutamente di inquinare con le vicende immobiliari della società la situazione finanziaria della famiglia ▮▮▮▮▮▮▮

Il sovraindebitamento risulta evidente dalla successione di assunzione dei coniugi ▮▮▮▮▮▮ ▮▮▮ di garanzie a favore dei creditori:

- Banca di Credito Cooperativo di Marcon S.C.; mutuo fondiario di originari € **266.799,22**. Si tratta di un finanziamento che, asseritamente, è stato immediatamente ribaltato sui conti personali dei coniugi ▮▮▮▮▮▮▮ dai conti di ▮▮▮▮▮▮▮▮▮▮▮ In pratica la Banca avrebbe sostituito il credito chirografario di ▮▮▮▮▮▮▮▮▮▮▮ con un credito privilegiato ipotecario sulla casa di abitazione;

- Banca di Credito Cooperativo Santo Stefano di Martellago S.C.; decreto ingiuntivo di originari €
42.394,68. I coniugi ████████████ si erano costituiti fideiussori di ████████████████

- Banca Nazionale del Lavoro s.p.a., fido cassa a favore di ███████████████ per € 38.400,00.
I coniugi ████████████ si erano costituiti fideiussori. Mette conto sottolineare che la voce di
debito è stata soltanto asserita dai coniugi ███████████ in quanto la B.N.L. s.p.a. non ha risposto
alle richieste dello scrivente professionista O.C.C. ed il dato è stato desunto dalle risultanze della
Centrale dei Rischi;

- Reale Mutua Assicurazione s.p.a., l'assicurazione ha dovuto pagare € 373.000,00 in forza della
garanzia prestata alle signore ████████████ ██████ e █████ per le operazioni immobiliari
di ██████████████ A loro volta i coniugi ████████████ hanno contro garantito la
Compagnia di Assicurazione. Contro i coniugi ████████████ è stato emesso un decreto ingiuntivo
opposto;

- Cassa di Risparmio di Genova s.p.a., vanta un credito per finanziamenti chirografari di €
144.100,93 nei confronti di ██████████████ I coniugi ████████████ si erano costituiti
fideiussori;

- ████████████ ha anticipato € 75.000,00 per talune operazioni immobiliari che ██████
██████████ avrebbe dovuto compiere. Il signor ████████████ si è costituito fideiussore nei
confronti del signor ████████ Contro il signor ███████ è stato emesso un decreto ingiuntivo. Non
risulta una opposizione al decreto ingiuntivo.

Appare quindi chiaro come un grave pregiudizio alle finanze familiari (che dalle cifre sopra
esposte assomma ad originari € 939.694,83) sia stato recato dall'assunzione di garanzie a favore delle
intraprese di ██████████████ quasi esclusivamente, e di ██████████████

Presumibilmente le somme garantite alle Banche dai coniugi ████████████ per le menzionate
società sono ancora maggiori rispetto al dato complessivo appena sopra espresso. Consultando gli

esiti della Centrale dei Rischi risulta un importo garantito a favore di ██████████████ di €
140.000,00 nei confronti della B.N.L. s.p.a. i cui importi, invece, nella domanda di ammissione alla
procedura sono stati considerati, secondo i documenti prodotti, come mutui fondiari, epperciò
estranei alle vicende di ██████████████

Mette conto sottolineare che ██████████████ risulta fallita con sentenza del Tribunale
di Venezia n. ███ del ██████████████ (Giudice delegato dott. ██████████ curatore
fallimentare dott.ssa ██████████). I soci sono, per la quota di ½ ciascuno, ██████████ e
██████████ Il signor ██████████ è stato amministratore unico dal 25 luglio 2011 fino al 2
settembre 2014 (quindi fino a ridosso della sentenza di fallimento). Subito dopo, dal 2 settembre
2014, è stato nominato amministratore unico il signor ██████████ Precedente al signor
██████████ amministratore unico della società era il signor ██████████ dal 28 maggio
2006 al 25 luglio 2011. E, prima ancora, dalla costituzione societaria fino al 28 maggio 2006 è stato
amministratore unico il signor ██████████

Da questa breve disamina della scansione temporale delle nomine/cessazioni dell'amministratore
unico si può concludere che se la crisi finanziaria di ██████████████ è iniziata nel 2011 e se
da questo periodo in avanti quasi fino al fallimento a fine 2014 di ██████████████
l'amministratore unico era il signor ██████████ appare palese che la scelta di indebitare la
famiglia ██████████ per gli eventi che avevano interessato ██████████ e ██████████
██████████ era stata consapevolmente assunta dai coniugi ██████████ E quindi in tale
contesto appariva assolutamente obbligata la scelta di depositare fin da subito i libri sociali di ██████
██████████ in Tribunale (o quantomeno tentare alternative concorsuali: concordato preventivo
o accordo di ristrutturazione dei debiti laddove ve ne fossero stati i presupposti), in ogni caso senza
far assumere garanzie oltre misura alla famiglia ██████████

6. LE RAGIONI DELL'INCAPACITA' DEI DEBITORI PERSONE FISICHE DI ADEMPIERE LE OBBLIGAZIONI ASSUNTE

Sui motivi dell'incapacità dei signori ▮▮▮▮▮▮▮▮ e ▮▮▮▮▮▮▮▮ di adempiere le obbligazioni assunte si è già riferito nei capitoli precedenti.

La successione di obbligazioni derivanti dai finanziamenti e dalle garanzie prestate concernenti la casa di abitazione e le intraprese di ▮▮▮▮▮▮▮▮ e ▮▮▮▮▮▮▮▮ unitamente alla considerazione del ruolo del signor ▮▮▮▮▮▮▮▮ quale organo gestore delle società, lasciano ben poco spazio ad argomenti circa l'imprevedibilità o l'inevitabilità del sovraindebitamento.

Pare a tal punto opportuno un brevissimo cenno in ordine alla **meritevolezza dei coniugi** ▮▮▮▮▮▮▮▮ collocando però quanto segue nei termini di mera opinione del professionista O.C.C. e non volendo minimamente invadere il campo di competenza dell'organo giudicante.

Appare evidente che, dopo questa lunga disamina, i coniugi ▮▮▮▮▮▮▮▮ non hanno certamente dimostrato oculatezza nella gestione delle risorse economico finanziarie familiari, né risulta che i medesimi coniugi ▮▮▮▮▮▮▮▮ siano stati investiti da avvenimenti ineludibili ed imprevedibili esterni alla loro sfera di controllo finanziario, perché ragionevolmente impossibili da anticipare, tali da non potersi ascrivere loro una responsabilità almeno di natura colposa.

Certamente una domanda strutturata dai coniugi ▮▮▮▮▮▮▮▮ per accedere all'accordo di composizione della crisi (ex art. 10 L. n. 3/2012) o del piano del consumatore (ex art. 12 bis L. n. 3/2012) sarebbe immeritevole di accoglimento stante i fatti enucleati nella corrente relazione particolareggiata (cfr. Trib. Milano, decreto 18.11.2016; Trib. Treviso, decreto 21.12.2016; Trib. Udine, decreto 4.01.2017; Trib. Treviso, decreto 25.01.2017; contra Trib. Cagliari, ordinanza 11.05.2016 con specifico riferimento alla possibilità di accedere, pur con immeritevolezza, all'accordo con i creditori o alla liquidazione del patrimonio ed escludendo la possibilità di accedere al piano del consumatore).

Diversamente nel caso della domanda di liquidazione del patrimonio (ex art. 14 ter L. n. 3/2012).

Si ritiene che nel caso di procedura liquidatoria il debitore, anche non meritevole, possa averne accesso laddove esponga di porre a disposizione dei creditori tutto il suo patrimonio (ed in questo caso non solo il patrimonio corrente ma anche quello futuro, accertato al momento, per i prossimi quattro anni). Si ritiene che il giudizio di non meritevolezza debba senz'altro essere involto nelle valutazioni da porsi in merito alla successiva (nel senso, dopo la liquidazione del patrimonio del debitore) richiesta di esdebitazione (cfr. Trib. Cagliari, ordinanza 11.05.2016 sopra citata).

E d'altro canto anche la stessa **Relazione illustrativa** del Ministero di Giustizia del disegno di legge recante la delega al Governo per la Riforma organica delle discipline della crisi d'impresa e dell'insolvenza cita con specifico riguardo alla Legge n. 3/2012: *"Nel corso dell'istruttoria si è discusso sul come configurare i requisiti di meritevolezza del debitore cui si applica la procedura di sovra indebitamento, al fine della sua possibile esdebitazione. A fronte di una opinione che, paventando il rischio di troppo facile abuso dell'istituto, avrebbe preferito un regime più severo, è prevalso l'orientamento di chi, in linea con le legislazioni dei paesi (anche extraeuropei) che vantano il più alto indice di applicazione delle procedura di composizione delle crisi da sovra indebitamento, ha scelto di non esigere per l'ammissione alla procedura in questione requisiti soggettivi troppo stringenti".* Ed ancora: *"In tale ottica, si è quindi optato per l'inserimento di requisiti negativi, ostativi dei benefici di legge, individuati nella malafede o nel compimento di atti di frode (la mala fede tendenzialmente rilevante nel momento di contrazione del debito, la frode normalmente operante nelle fasi precedenti o successive all'ammissione alla procedura)".*

Tornando quindi ed in conclusione alla procedura liquidatoria richiesta dai coniugi ████████ ████ si ritiene, che mancando atti compiuti in malafede o atti di frode per i creditori (ed anzi accertata la presenza di atti presumibilmente anche indotti, in talune circostanze, da certi comportamenti dei creditori/istituti di credito), si possa senz'altro ascrivere ai medesimi coniugi la responsabilità di un comportamento decisamente colposo sul loro sovraindebitamento che però da un lato non pregiudica l'ammissione alla procedura liquidatoria di tutto il patrimonio e dall'altro lato, ma solo successivamente in caso di domanda dei coniugi ▮▮▮▮▮▮▮▮▮ dovrà essere valutato ai fini della esdebitazione (cfr. circ. ABI Serie legale n. 3 del 25.01.2013).

7. IL RESOCONTO SULLA SOLVIBILITA' DEI DEBITORI PERSONE FISICHE NEGLI ULTIMI CINQUE ANNI

Un panorama della situazione finanziaria e sulla solvibilità dei signori ▮▮▮▮▮▮▮▮ e ▮▮ ▮▮▮▮▮▮▮ è possibile già trarlo dalla lettura dei capitoli precedenti.

Lo scrivente professionista O.C.C. ha comunque chiesto e ricevuto i documenti concernenti lo standing creditizio dei coniugi ▮▮▮▮▮▮▮▮ dalla Banca d'Italia Centrale dei Rischi e Centrale di Allarme Interbancaria nonché dal Centro Rischi Finanziari.

Gli esiti sono i seguenti:

▶ ▮▮▮▮▮▮▮▮▮▮

SEGNALAZIONI CENTRALE DEI RISCHI

BANCA DI CREDITO COOP. SANTO STEFANO DI MARTELLAGO
garanzie personali a favore di ▮▮▮▮▮▮▮▮▮▮

	valore garanzia	importo garantito
gen-12	50.000,00	41.226,00
giu-12	50.000,00	43.931,00
dic-12	50.000,00	47.264,00
giu-13	50.000,00	50.000,00
dic-13	50.000,00	50.000,00
giu-14	50.000,00	34.165,00
dic-14	50.000,00	36.532,00
giu-15	50.000,00	36.532,00
dic-15	50.000,00	32.791,00
giu-16	50.000,00	32.791,00
dic-16	50.000,00	32.791,00

BANCA CA.RI.GE. S.P.A.
garanzie personali a favore di [redacted]

	valore garanzia	importo garantito
gen-12	130.000,00	130.000,00
giu-12	130.000,00	130.000,00
dic-12	130.000,00	130.000,00
giu-13	non pervenuto	non pervenuto
dic-13	non pervenuto	non pervenuto
giu-14	non pervenuto	non pervenuto
dic-14	non pervenuto	non pervenuto
giu-15	non pervenuto	non pervenuto
dic-15	non pervenuto	non pervenuto
giu-16	non pervenuto	non pervenuto
dic-16	non pervenuto	non pervenuto

BANCA NAZIONALE DEL LAVORO
S.P.A.
garanzie personali a favore di [redacted]

	valore garanzia	importo garantito
gen-12	140.000,00	140.000,00
giu-12	140.000,00	140.000,00
dic-12	140.000,00	140.000,00
giu-13	140.000,00	140.000,00
dic-13	140.000,00	140.000,00
giu-14	140.000,00	140.000,00
dic-14	140.000,00	140.000,00
giu-15	140.000,00	140.000,00
dic-15	140.000,00	140.000,00
giu-16	140.000,00	140.000,00
dic-16	140.000,00	140.000,00

BANCA NAZIONALE DEL LAVORO S.P.A.: CREDITI PER CASSA

	accordato operativo	utilizzato	garantito ipoteca
gen-12			
giu-12	325.934,00	336.084,00	297.557,00
dic-12	320.499,00	340.478,00	292.462,00
giu-13	287.317,00	313.048,00	287.317,00
dic-13	282.118,00	348.781,00	316.877,00
giu-14	sofferenze	353.754,00	321.072,00
dic-14	sofferenze	359.156,00	325.507,00
giu-15	sofferenze	365.651,00	329.894,00
dic-15	sofferenze	375.047,00	338.738,00
giu-16	sofferenze	380.473,00	343.127,00
dic-16	sofferenze	384.656,00	163.094,00

BANCA DI CREDITO COOPERATIVO DI MARCON S.C.: CREDITI PER CASSA

	accordato operativo	utilizzato	garantito ipoteca
gen-12	172.000,00	176.505,00	172.000,00
giu-12	168.883,00	179.531,00	179.531,00
dic-12	165.055,00	185.221,00	185.221,00
giu-13	sofferenze	191.728,00	191.728,00
dic-13	sofferenze	192.170,00	192.170,00
giu-14	sofferenze	191.027,00	191.027,00
dic-14	sofferenze	194.188,00	194.188,00
giu-15	sofferenze	189.206,00	0,00
dic-15	sofferenze	184.379,00	0,00
giu-16	sofferenze	178.617,00	0,00
dic-16	sofferenze	172.638,00	0,00

SEGNALAZIONI CENTRALE DI ALLARME INTERBANCARIA

TITOLO	DATA EMISSIONE	IMPORTO	SANZIONI	DATA ISCRIZIONE
ASSEGNO	09/03/2012	8.000,00	non pervenuto	14/08/2013
ASSEGNO	15/03/2012	30.000,00	3.015,00	14/08/2013
ASSEGNO	31/03/2012	50.000,00	2.710,00	15/11/2013
ASSEGNO	30/09/2012	51.537,00	5.540,00	03/08/2015

▸ ▬▬▬▬▬▬▬

Le stesse segnalazioni sopra esposte sono riportate dalla Centrale dei Rischi anche per la signora ▬▬▬▬▬▬ e dunque si omettono rinviando alle tabelle sopra esposte.

Per quanto attiene alle segnalazioni della Centrale di Allarme Interbancaria, la signora ▬▬▬▬ ▬▬▬ non è stata interessata da alcun protesto di titoli e dunque nulla risulta.

Per quanto riguarda gli esiti della consultazione della banca dati del **C.R.I.F.**, gli stessi non fanno che confermare quanto già riportato nei capitoli precedenti. I signori ▬▬▬▬▬▬ e ▬▬▬▬▬▬ sono persone con un profilo creditizio valutato negativamente; nella elencazione delle varie operazioni di finanziamento compiute risulta a più riprese "ritardi non regolarizzati alla data dell'ultimo aggiornamento" (praticamente rate insolute), e con il rating/lettera loro attribuita pari ad "S" (che significa "al legale/in sofferenza. Dopo ripetuti eventi di insolvenza, la pratica viene passata tra le sofferenze").

In sintesi.

Dalla lettura delle tabelle risulta evidente che lo stato di sofferenza per i coniugi ▬▬▬▬▬▬ si conclama nel giugno 2013 ma il passaggio dei debiti a sofferenza da parte della Banca (e la conseguente comunicazione alla Centrale dei Rischi) non avviene notoriamente in un breve lasso tempo. Appare quindi ragionevole pensare che lo stato di crisi irreversibile possa sicuramente individuarsi nel 2012, esattamente nel periodo di operatività immobiliare di ▬▬▬▬▬▬▬ In quel periodo, come risulta dall'ultima tabella sopra esposta (Segnalazioni Centrale di Allarme interbancaria), si verificano i protesti degli assegni bancari emessi per mancanza di provvista.

Gli stessi ricorrenti ▬▬▬▬▬▬ peraltro riconoscono nella domanda presentata che lo stato di crisi finanziaria si verifica nel 2011.

E tale crisi era stata ben percepita dagli Istituti di credito sia per le segnalazioni in quegli anni delle Banche coinvolte alla Banca d'Italia sia per operazioni compiute quantomeno discutibili.

Il c/c tenuto dai coniugi ███████ numero ██████████ presso la filiale di ████ della Banca di Credito Cooperativo di Marcon S.C. presentava alla data del 30 giugno 2011 un saldo passivo di € 147.000,44. Il credito della Banca era chirografario. Il 28 luglio 2011 la Banca accreditava il c/c dei coniugi con l'erogazione del mutuo fondiario di originari € 175.000,00 (l'accredito in c/c dedotte le spese era di € 173.462,50). In questo modo il c/c da saldo passivo passava a saldo attivo. Ma tale saldo attivo era nello stesso giorno 28/07/2011 girato a deconto del passivo di ██████████████ con la causale generica di "finanziamento infruttifero soci". Non è dato ovviamente conoscere e neppure interessa in questa sede sondare di chi sia la responsabilità di scelte siffatte ma certamente ciò che resta in concreto è che in questo modo la Banca ha sostituito un credito chirografario con un credito fondiario garantito da ipoteca sull'immobile di abitazione dei coniugi ██████████.

8. ESISTENZA DI ATTI DEL DEBITORE IMPUGNATI DAI CREDITORI

Non risultano atti del debitore impugnati dai creditori (naturalmente non intendendosi le azioni monitorie compiute dai creditori per tentare il recupero dei loro crediti ma impugnazioni di atti di disposizione compiuti dai coniugi in frode alle ragioni dei creditori). Si è già detto che nel quinquennio antecedente non risultano atti di disposizione sui beni dei signori ██████████ e ██████████.

Non risultano atti di frode in danno ai creditori compiuti dai suddetti coniugi.

La presente relazione si compone di numero 35 pagine e numero 43 allegati.

Con osservanza.

Mestre, 21 aprile 2017.

IL PROFESSIONISTA O.C.C.

Tribunale Ordinario di Venezia

Sezione I Civile

Il Giudice dott.ssa [omissis],

letta la proposta di liquidazione del patrimonio depositata da [omissis]

e [omissis] ai sensi dell'art. 14 *ter* L. 3/2012 in data

9.6.2017;

osservato, quanto al debito nei confronti di Sigla s.r.l., che allo stesso non

deve essere riconosciuta natura privilegiata, non potendosi far discendere il

privilegio dal fatto che il rimborso sia stato pattuito mediante cessione del

quinto dello stipendio;

osservato, ancora, che, a differenza di quanto riportato alla pagina 20 della

relazione particolareggiata dell'OCC, non è previsto il pagamento integrale

del credito di Sigla s.r.l., in quanto trattasi di credito non privilegiato e,

comunque, non essendo richiamato nell'ambito della procedura di

liquidazione l'art. 7 co. 1 L. 3/2012;

considerato, quanto al debito nei confronti delle sigg.re [omissis], che,

essendo intervenuto provvedimento giudiziale di assegnazione nell'ambito

del pignoramento presso terzi, deve considerarsi ferma e intangibile la

assegnazione alle creditrici del quinto dello stipendio del sig. [omissis];

ritenuto che, quindi, di detta assegnazione debba tenersi conto nel calcolo

delle uscite mensili ai fini della determinazione della parte di stipendio da

destinare al soddisfacimento dei creditori;

osservato, quanto ai debiti - di natura chirografaria - verso la Cassa

Geometri e verso Equitalia, che la concordata rateizzazione non mantiene

efficacia nell'ambito della procedura di liquidazione del patrimonio, di tal

ché i debiti suddetti dovranno e potranno essere soddisfatti al pari degli altri

debiti chirografari;

ritenuto, in conseguenza di quanto sopra detto, che di dette rateizzazioni non

dovrà tenersi conto nel calcolo delle uscite mensili ai fini della

determinazione della parte di stipendio da destinare al soddisfacimento dei

creditori;

rilevato, quanto a beni messi a disposizione dai debitori, che l'immobile,

rispetto al quale è stata formulata proposta irrevocabile di acquisto da parte

del figlio dei coniugi ▮▮▮▮▮, dovrà essere liquidato a mezzo di procedura

competitiva ai sensi dell'art. 14 *novies* L. 3/2012;

osservato, in relazione alle entrate nette mensili dei debitori, che le stesse

ammontano ad € 5.205,67, come indicato alla pagina 14 della relazione

particolareggiata dell'OCC, e non ad € 4.400,00, come indicato alla pagina

12 della proposta;

rilevato che non è dato di capire in cosa consisterebbero le spese mediche

sostenute e sostenende nel 2016 e successivamente per € 600,00 mensili

circa, anche tenuto conto della possibilità di accedere al SSN;

rilevato, ancora, che non appare ragionevole che il sig. ▮▮▮▮▮ supporti

esborsi annui considerevoli per la iscrizione alla Cassa Italiana di

Previdenza e Assistenza dei Geometri, posto che, come sottolineato

dall'OCC, lo stesso non ricava alcun utile da detta attività professionale (si

rimanda, sul punto, alle pagine 16 e 17 della relazione particolareggiata);

considerato, infine, che, nella prospettiva di durata della prospettata procedura di liquidazione del patrimonio (4 anni), non sono state indicate le ragioni per cui ███████, attualmente disoccupata e a carico dei genitori, non potrebbe essere in grado di contribuire in futuro al *menage* familiare, così rendendo disponibili maggiori risorse ai fini del soddisfacimento dei creditori;

ritenuto che, rispetto a quanto sopra evidenziato, sia opportuno che i ricorrenti prendano posizione scritta, se del caso integrando e modificando la domanda formulata (fatto, in ogni caso, salvo il potere di cui all'art. 14 *quinquies* co. 2 lett. f) L. 3/2012);

P.Q.M.

concede agli istanti termine di 15 giorni per rendere i chiarimenti scritti sopra indicati.

Si comunichi anche al dott. ███████

Venezia, 20.6.2017

Il G.D.

Dott.ssa ███████

3

Avv. Monica Pagano
Via Solferino n. 15, 25122 Brescia (BS)
Tel. 030 2944364 e Fax 030 2939738
PEC: monica.pagano@milano.pecavvocati.it

Avv. Danilo Griffo
Via dei Mille n. 2, 25122 Brescia (BS)
Tel. 030.29 01 38 - Fax 030.83 80 660:
PEC: danilo.griffo @nola.pecavvocati.it

TRIBUNALE DI VENEZIA

INTEGRAZIONI ALLA PROPOSTA DI ACCORDO PER LA COMPOSIZIONE DELLA CRISI DA SOVRAINDEBITAMENTO - LIQUIDAZIONE DEL PATRIMONIO –art. 14 ter c.3, della Legge 3/2012

RG ▮▮▮ – Dott.ssa ▮▮▮ – OCC Dott. ▮▮▮

Nell'interesse

del signor ▮▮▮▮▮▮, C.F. ▮▮▮▮▮▮ e della Sig.ra ▮▮

▮▮▮▮▮, C.F. ▮▮▮▮▮, rappresentati e difesi dagli avv.ti

Monica Pagano e Danilo Griffo

PREMESSA

Facendo seguito al provvedimento emesso da Codesto Giudice in data 20/05/2016 e

comunicato in data 22/06/2017, nel termine concesso, si rendono i chiarimenti richiesti

e si compiono le seguenti osservazioni, seguendo, per punti, le questioni rilevate dal

Giudicante.

1) *Quanto al credito di Sigla Credit Srl.*

Si condividono le osservazioni dell'organo giudicante circa la necessità di

spostare tale credito dai privilegiati ai chirografari.

2) *Quanto al credito delle Signore ▮▮▮.*

Codesto Giudicante ritiene che, essendo intervenuta assegnazione delle somme

nel provvedimento presso terzi instaurato dalla signore ▮▮▮ nei confronti dei

coniugi ▮▮▮, il credito delle signore ▮▮▮ sarebbe fermo e intangibile e

andrebbe soddisfatto per l'intero.

La scrivente difesa non ritiene condivisibile tale orientamento. Si rileva sul punto che la

legge 3/2012, all'art. 14 – quinquies comma 2 lettera b), prevede espressamente che con

il decreto di apertura della liquidazione il Giudice *"dispone che, sino al momento in cui il*

provvedimento di omologazione (leggasi decreto di chiusura della procedura liquidatoria, come

ritenuto da autorevoli fonti dottrinali (pag. 73 Crisi da Sovraindebitamento – Maggioli

Editore), che rilevano come nel procedimento liquidatorio, a differenza che nell'accordo o nel piano del consumatore, non sia prevista l'omologazione, ma un mero decreto di chiusura della procedura, come detto - n.d.r.) *diventa definitivo, **non possono, sotto pena di nullità essere iniziate o proseguite azioni cautelari o esecutive** né acquisiti diritti di prelazione sul patrimonio oggetto di liquidazione **da parte dei creditori aventi titolo o causa anteriore***". Sul punto si rileva che si è recentemente espresso anche il Tribunale di Brescia, che, in caso analogo a quello che ci occupa, con proprio provvedimento di omologa di piano del consumatore emesso in data 23/06/2017, facendo leva sul principio della *par condicio creditorum*, che si applica a tutte le procedure concorsuali ivi comprese quelle da sovraindebitamento, ha stabilito, a seguito di specifica contestazione sul punto da parte del creditore, che il creditore che abbia ottenuto ordinanza di assegnazione somme in un procedimento presso terzi non possa ritenere ferma e intangibile la somma assegnata, in quanto la medesima procedura esecutiva, indipendentemente dalla proposizione di una procedura da sovraindebitamento, sarebbe comunque esposta al rischio di cessazione al venir meno dello stipendio del debitore esecutato. Nello specifico il Giudice bresciano ha stabilito quanto segue: *"rilevato quanto al pignoramento del quinto dello stipendio che con l'omologazione del piano del consumatore per il principio della par condicio creditorum (immanente in tutte le procedure concorsuali quali sono quelle relative al sovraindebitamento del debitore non fallibile), cessa definitivamente il suddetto pignoramento ed il credito residuo sarà pagato secondo le condizioni previste dal piano; ritenuto che ciò non viola la par condicio creditorum in quanto, a differenza dell'ipoteca relativa ad un immobile specifico e ben determinato, il pignoramento del quinto dello stipendio si esegue man mano che lo stipendio viene accreditato al debitore e potrebbe venir meno qualora ad esempio il debitore non percepisca più lo stipendio, tant'è che in questo caso il credito tornerebbe ad essere semplicemente chirografario, per cui atteso che nel caso di specie le somme già percepite dal creditore in forza del citato pignoramento non vengono toccate e solo il residuo credito viene pagato secondo le condizioni previste nel piano, non si vede quale violazione della par condicio possa lamentare il creditore […] P.Q.M. omologa il piano del consumatore […]"* (doc. **19 - provvedimento di omologa di piano del consumatore del 23/06/2017 Tribunale di Brescia**).

E ancora, a titolo esemplificativo e non esaustivo, si segnala che, nell'ambito delle procedure concordatarie ordinarie, la giurisprudenza – che, per analogia, si ritiene applicabile anche alle procedure da sovraindebitamento - si è più volte espressa sancendo che, in presenza di ordinanza di assegnazione antecedente alla pubblicazione del ricorso per concordato, il creditore *(accipiens)* sia tenuto a restituire alla massa dei creditori le somme che abbia percepito dal terzo pignorato *(debitor debitoris)* in forza del provvedimento di assegnazione (Trib. di Livorno, 4/02/2014, in www.ilcaso.it, n. 10232; Cass. Civ. 24476/2010). Allo stesso modo, altra giurisprudenza ha sancito che *"se anteriormente alla domanda di concordato preventivo, nell'ambito di un procedimento di espropriazione presso terzi, un creditore del proponente ha ottenuto l'assegnazione di una somma dovuta dal terzo al debitore ma non il pagamento, nel procedimento di concordato preventivo a detto creditore è preclusa ai sensi dell'art. 168 L.F. la prosecuzione dell'azione esecutiva; ne consegue che l'assegnazione delle somme non è di fatto opponibile alla massa dei creditori ed il creditore che, in adempimento dell'ordinanza di assegnazione, dovesse ottenere il pagamento da parte del terzo sarebbe comunque tenuto a restituire alla procedura quanto indebitamente conseguito"* (Cass. Civ. 14738/2007).

Si rileva inoltre che qualora codesto Giudice ritenesse di tenere fermo il proprio orientamento, non potrà esimersi dal considerare che esiste ordinanza di assegnazione (la medesima resa a favore delle Sig.re ████████) emessa anche nei confronti di BCC Marcon (cfr. doc. 37 allegato alla relazione dell'Occ allegata alla proposta originaria) che grava sia sullo stipendio del Sig. ██████ che sullo stipendio della Sig.ra ███████, come si evince dalle buste paga già prodotte in allegato all'originaria proposta (cfr. doc. 10 allegato alla proposta) e come si evince dal prospetto elaborato sulla base delle trattenute operate negli ultimi anni **(doc. 20 – prospetto trattenute dalla busta paga di ██████ e della Sig.ra ███████ e comunicazione trattenute da parte di ████████ quale datore di lavoro della sig.ra ███████)**. Si ritiene, pertanto, che nelle spese per il sostentamento quotidiano dovrà tenersi conto non solo della quota di stipendio destinata alle sig.re ██████ ma anche del prelievo operato sulle buste paga dei signori ████████ in forza del pignoramento presso terzi di Bcc Marcon, con l'inesorabile conseguenza che tali trattenute andranno a diminuire (di molto) la quota disponibile da destinare agli altri creditori concorsuali.

3) Quanto ai debiti rateizzati nei confronti di Cassa Geometri e Equitalia.

Si condividono le osservazioni dell'organo giudicante e in tal senso l'Occ ha provveduto a modificare l'iniziale proposta, inserendo detti creditori tra i creditori chirografari e togliendo le rateizzazioni dalle uscite mensili.

4) Quanto all'immobile e alla procedura competitiva di vendita.

Si condividono le osservazioni dell'organo giudicante, corrispondenti a quanto esposto nella proposta originaria poi attestata dall'Occ.

5) Quanto alle entrate mensili.

Si rileva che <u>dovrà tenersi conto del fatto che i coniugi</u> ▮▮▮▮▮▮▮ <u>percepiscono tredicesima e quattordicesima in periodi ben definiti nel corso dell'anno</u> <u>(prima dell'estate e a dicembre). Ciò comporta che solo in quei determinati periodi</u> <u>dell'anno avranno disponibilità liquide maggiori da destinare alla procedura, di cui non</u> <u>potranno godere in altri periodi.</u> Di ciò dovrà tenersi conto nella determinazione della quota di provvista liquida mensile da destinare in procedura che dovrà essere proporzionale alle effettive disponibilità mensili dei coniugi.

6) **Quanto alle spese mediche.**

<u>Si ritiene tale voce di spesa imprescindibile</u> nella misura già indicata in proposta, calcolata sulla base di documentazione specifica depositata agli atti, della quale codesto Giudice potrà prendere visione (cfr. doc. 10 allegato a relazione Occ allegata a proposta liquidatoria originaria). Non sfuggirà che trattasi, tra le altre, di spese odontoiatriche per le quali è stata chiesta e concessa rateizzazione di pagamenti per i prossimi anni. Concordemente con l'Occ si è ritenuto di spalmare nei primi 12 mesi le uscite per spese mediche documentate puntualmente dal Sig. ▮▮▮▮ e dalla consorte mantenendo la quota mensile di € 600,00 prevista nella proposta originaria. Si è quindi provveduto a elaborare una successiva tabella che prevedesse le spese mediche ridimensionate per gli anni successivi di procedura successivi al primo, ipotizzando, sulla base delle spese effettuate in questi anni e ritenute ripetibili, una somma forfettaria di € 200 al mese per tutti e tre i componenti del nucleo familiare. Si rimanda al riguardo alle tabelle elaborate nella relazione integrativa dell'Occ, allegata alle presenti osservazioni **(doc. 21 – relazione integrativa Occ)** specificando che tale aumento è stato inserito nella voce "spese varie".

7) **Quanto all'iscrizione alla Cassa Italiana di Previdenza e Assistenza dei Geometri.**

Si rileva che il Sig. ▮▮▮▮, proprio al fine di non incrementare inutilmente la propria posizione debitoria ha ritenuto di provvedere a chiudere la propria partita iva in data ▮▮▮▮ **(doc. 22 – chiusura partita Iva Sig.** ▮▮▮▮**)**

8) **Quanto alla figlia** ▮▮▮▮**.**

Si rileva che ▮▮▮▮ ha da poco finito gli studi avendo ottenuto il diploma. E' in cerca di un'occupazione lavorativa e qualora dovesse reperirla provvederà certamente a contribuire al menage familiare sollevando almeno in parte i genitori dall'onere del proprio mantenimento.

***

Presa visione dell'elaborato integrativo dell'Occ, si compiono ulteriori osservazioni sulle quali si attende che codesto Ill.mo giudice si esprima:

1) **Spese alimentari.**

Si prende atto che nelle osservazioni integrative l'Occ ritiene di ridurre a propria discrezione a 800,00 euro la somma destinata all'acquisto di alimenti. Si rileva che tale spesa, inserita nella procedura originaria dallo stesso Occ nella misura di € 1113,00 euro era stata calcolata sulla base della documentazione prodotta dai ricorrenti ed allegata dall'Occ alla propria relazione (cfr. doc. 6 allegato alla relazione dell'Occ allegata alla proposta liquidatoria originaria). Sul punto il Giudice non ha espresso alcuna osservazione, pertanto si ritiene che tale voce di spesa doveva essere mantenuta inalterate nella misura documentata dai ricorrenti ed attestata dall'Occ nella sua originaria relazione.

2) **Spese condominiali.**

Si rileva che per mero errore non si è mai dato conto delle **spese condominiali** alle quali i signori ███████████████ dovranno continuare a far fronte durante i 4 anni di durata della procedura, indipendentemente dalla titolarità o meno del diritto di proprietà sull'immobile. Tali somme si stimano in **circa 150,00 euro mensili da aggiungere alla quota di affitto** per un totale di € 600,00 /mese.

3) **Ulteriori spese necessarie al decoro familiare e professionale dei ricorrenti.**

Si rileva la necessità di aggiungere alla proposta **un'ulteriore voce di spesa per circa 200,00** euro mensili con la quale i signori ███████████████ possano fare fronte ad eventuali spese necessarie al decoro della propria professione (es. acquisto di vestiario) e ad eventuali spese impreviste necessarie per la famiglia (es. manutenzione straordinaria dei veicoli necessari all'attività lavorativa, necessità di far fronte a spese per l'iscrizione di ██████ a corsi di formazione necessari ad assicurargli una migliore possibilità di ingresso nel mercato del lavoro, ecc.).

4) **Quanto al credito avanzato da Equitalia.**

Si rileva che Equitalia, debitamente interrogata da codesto Occ, ha precisato il proprio credito nella misura recepita dall'Occ nel proprio elaborato (si confronti la tabella attivo – passivo a pagina 11 della relazione originaria dell'Occ e la tabella attivo – passivo a pagina 8 e 9 delle osservazioni ad integrazione predisposte dall'Occ). Tuttavia si rileva che da documentazione reperita dal Sig. ██████ presso gli sportelli Equitalia il debito risulta superiore a quello recepito dall'occ. Si ritiene a tal riguardo che debba essere inserito in procedura, in via prudenziale, l'importo maggiorato indicato nella documentazione rilasciata al Sig. ▮▮▮▮ e che si allega alle presenti osservazioni (**doc. 23 – prospetto Equitalia rilasciato al Sig. ▮▮▮▮**).

***

Si chiede sin da subito termine a Codesto Giudice per l'elaborazione di una nuova proposta all'esito delle decisioni del Giudicante in merito alle osservazioni sopra elencate.

Si producono in allegato, con numerazione progressiva rispetto a quella contenuta nella proposta originaria:

19) provvedimento di omologa di piano del consumatore del 23/06/2017 Tribunale di Brescia

20) prospetto trattenute dalla busta paga di ▮▮▮▮ e della Sig.ra ▮▮▮▮ e comunicazione trattenute da parte di Unicredit quale datore di lavoro della sig.ra ▮▮ ▮▮ attestante la sussistenza del pignoramento presso terzi BCC Marcon

21) relazione integrativa Occ

22) chiusura partita Iva Sig. ▮▮▮▮

23) prospetto Equitalia rilasciato al Sig. ▮▮▮▮

Con osservanza.

Brescia – Venezia 05/07/2017.

Avv. Monica Pagano   Avv. Danilo Griffo

N. ███████

Tribunale Ordinario di Venezia

Sezione I Civile

Il Giudice dott.ssa ███████,

letta l'istanza presentata da ███████ e ███████ ai sensi
degli artt. 14 *ter* e ss. L. 3/2012 nonché della integrazione depositata il
6.7.2017;

ritenuta la competenza di questo Tribunale, stante la residenza degli istanti
in ███████ (██);

rilevato che gli istanti non hanno fatto ricorso, nei precedenti cinque anni, ai
procedimenti di cui alla L. 3/2012;

rilevato che gli istanti non hanno subito uno dei provvedimenti di cui agli
artt. 14 e 14 *bis* L. 3/2012;

ritenuta la completezza della documentazione prodotta ai sensi dell'art. 9
commi 2 e 3 art. 14 *ter* comma 3 L. 3/2012;

rilevato che i sigg.ri ███████ e ███████ hanno dichiarato di voler mettere a
disposizione dei propri creditori tutti i loro beni, costituiti dall'immobile,
adibito ad abitazione, sito in ███████ (██) via ███████
██, e dai proventi della loro attività lavorativa;

osservato che appare plausibile la esclusione, tra i beni da liquidare, del
mobilio dell'abitazione e degli automezzi degli istanti, tenuto conto
dell'esiguo valore di detti beni, così come attestato dall'OCC, e considerato

altresì che i coniugi ███ necessitano dei mezzi per poter raggiungere il luogo di lavoro;

ritenuto, quanto alle passività, che, così come riportato nella elencazione di cui alle pagine 8 e seguenti della relazione particolareggiata integrativa dell'OCC depositata in allegato alla integrazione depositata il 6.7.2017, non vada riconosciuto il privilegio in favore del creditore Sigla s.r.l., cessionaria del quinto dello stipendio del sig. ███;

osservato, sul punto, che il credito ceduto dal lavoratore alla finanziaria è un credito futuro, poiché lo stesso sorge relativamente ai ratei di stipendio soltanto nel momento in cui il lavoratore medesimo matura il diritto a percepire il relativo rateo mensile di stipendio e, relativamente al TFR, soltanto nel momento in cui cessa il rapporto di lavoro;

rilevato che, nel caso di cessione di un credito futuro, il trasferimento si verifica soltanto nel momento in cui il credito viene ad esistenza e, anteriormente, il contratto, pur essendo perfetto essendo a tal fine sufficiente il consenso delle parti, esplica efficacia meramente obbligatoria (cfr. Cass. 551/2012 e Cass. 17590/05);

rilevato, con riferimento al TFR, che lo stesso sorge, a norma dell'art. 2120 c.c., al momento della cessazione del rapporto ed in conseguenza di essa, essendo irrilevante, al fine di ipotizzare una diversa decorrenza, l'accantonamento annuale della quota del trattamento, che costituisce una mera modalità di calcolo dell'unico diritto che matura nel momento anzidetto;

osservato che è parimenti irrilevante la previsione dell'anticipazione sul trattamento medesimo, che è corresponsione di somme provvisoriamente quantificate e prive del requisito della certezza, atteso che il diritto all'integrale prestazione matura, per l'appunto, solo alla fine del rapporto lavorativo (cfr. Cass.. 3894/2010);

ritenuto, per quanto sopra detto, che Sigla s.r.l. non sia titolare di alcun privilegio rispetto al proprio credito e, soprattutto, che detto credito, di natura chirografaria, debba essere soddisfatto, al pari degli altri crediti di pari rango, mediante il ricavato della liquidazione;

rilevato, con riferimento al debito nei confronti di BCC Marcon, che dalla relazione integrativa dell'OCC è emerso che, nell'ambito del pignoramento presso terzi eseguito dall'istituto di credito, è intervenuta la assegnazione del quinto dello stipendio dei sigg.ri ▮▮▮▮ e ▮▮▮▮ in favore del creditore;

ritenuto che, con la pronuncia della ordinanza di assegnazione, la procedura esecutiva debba essere considerata chiusa, con la conseguenza che il provvedimento giudiziale assunto deve considerarsi intangibile e vincolante nella presente sede;

osservato che l'ipotesi di assegnazione della quota del quinto dello stipendio non è equiparabile all'ipotesi di un pignoramento pendente, rispetto alla quale è prevista una specifica disciplina circa la proseguibilità delle azioni esecutive;

ritenuto, per quanto sopra detto, che il credito di BCC Marcon debba continuare ad essere soddisfatto nelle forme e con le modalità previste dalla ordinanza di assegnazione, con conseguente detrazione degli importi attribuiti a BCC Marcon dalle disponibilità liquide mensili dei debitori;

osservato che nella integrazione alla relazione particolareggiata dell'OCC si dà atto che il debito nei confronti delle sigg.re ▮▮▮▮ è stato, nelle more, integralmente soddisfatto, come è peraltro desumibile dalle pagine 8 e seguenti della relazione particolareggiata integrativa dell'OCC depositata in allegato alla integrazione depositata il 6.7.2017;

rilevato, quanto ai debiti nei confronti della Cassa Geometri e Equitalia s.p.a., che non deve tenersi conto della rateizzazione concordata, trattandosi di debito chirografario che dovrà essere soddisfatto al pari degli altri crediti di pari rango;

osservato, quanto al reale ammontare del debito verso Equitalia s.p.a., che la questione verrà risolta dal liquidatore nel corso della procedura di liquidazione;

osservato che anche il *quqntum* delle spese prededucibili per la assistenza legale dovranno essere vagliate dal liquidatore nel corso della procedura di liquidazione;

osservato, quanto alle modalità di liquidazione dei beni degli istanti, che l'immobile dovrà essere ceduto secondo le modalità competitive previste dall'art. 14 *novies* co. 2 L. 3/2012;

rilevato, quanto agli stipendi dei sigg.ri ███████ e ███████, che spetta a questo giudice stabilire in quali limiti gli stessi non siano compresi nella liquidazione, tenuto conto degli esborsi necessari per il mantenimento della famiglia (art. 14 *quinquies* co. 2 lett. f) L. 3/2012);

ritenuto, in primo luogo, che gli stipendi dei debitori debbano essere calcolati tenendo anche conto della tredicesima e della quattordicesima, di tal ché gli stessi ammontano a complessivi € 5.205,67 mensili;

osservato che, con riferimento alla necessità di tenere conto del mensilità in cui la tredicesima e la quattordicesima vengono in concreto incassate, gli istanti non hanno redatto alcun prospetto né hanno formulato alcuna specifica proposta, di tal ché ci si deve limitare a considerare, nella presente sede, lo stipendio medio dei coniugi ████, così come, d'altronde, gli stessi debitori hanno stabilito di spalmare mensilmente esborsi che, invece, vengono sostenuti in un'unica soluzione (si pensi al bollo auto);

osservato, con riferimento all'elenco delle spese mensili necessarie di cui alle pagine 13 e 14 della proposta depositata il 9.6.2017, che le uscite devono andare correttamente quantificate nella seguente misura, alla luce delle puntualizzazioni contenute nella relazione particolareggiata cui integralmente si rimanda ed in considerazione della integrazione depositata il 6.7.2017:

€ 800,00 per alimenti

€ 300,00 per gasolio per automobile

€ 450,00 per affitto

€ 460,00 per bollette varie

€ 120,00 per assicurazione auto

€ 72,00 per bollo auto

€ 44,00 per assicurazione vita ████

€ 48,00 tassa rifiuti

€ 400,00 spese varie

€ 455,83 ordinanza di assegnazione a carico di ████ e a favore di BCC Marcon

€ 551,10 ordinanza di assegnazione a carico di ████ e a favore di BCC Marcon,

per un totale di € 3.700,93;

rilevato che le 'spese varie' sono state indicate in € 400,00 considerando anche le possibili spese mediche cui la famiglia dovrà fare fronte;

osservato che, tra gli esborsi, non si è tenuto conto delle 'spese mediche' per € 603,00 mensili (si veda il nuovo prospetto di cui alla pagina 5 della relazione integrativa dell'OCC allegata alla integrazione depositata il 6.7.2017);

ritenuto, infatti, che anche rispetto a detta voce si tratti, in realtà, di un debito chirografario pregresso per allegate spese mediche, rispetto al quale parrebbe essere stata concessa una rateizzazione di pagamento, con la conseguenza che anche detto debito deve essere soddisfatto al pari degli altri debiti di pari rango, previa esatta sua quantificazione in sede di liquidazione;

osservato, ancora, che detti esborsi appaiono congrui se parametrati ad una famiglia di tre persone (i due debitori e la figlia ▮▮▮, nata il ▮▮▮);

ritenuto che, essendosi ▮▮▮ diplomata e avendo circa 22 anni, si imponga alla stessa di reperire nel più breve tempo possibile un lavoro e di contribuire al mantenimento della famiglia;

ritenuto che, quindi, dal mese di giugno 2018 compreso, gli esborsi mensili della famiglia ▮▮▮ dovranno essere ridimensionati nella seguente misura (più che prudenziale):

€ 550,00 per alimenti

€ 300,00 per gasolio per automobile

€ 450,00 per affitto

€ 460,00 per bollette varie

€ 120,00 per assicurazione auto

€ 72,00 per bollo auto

€ 44,00 per assicurazione vita ▮▮▮

€ 48,00 tassa rifiuti

€ 300,00 spese varie

€ 455,83 ordinanza di assegnazione a carico di ████ e a favore di BCC
Marcon

€ 551,10 ordinanza di assegnazione a carico di ████ e a favore di BCC
Marcon,

per un totale di € 3.350,93;

ritenuto che, quindi, la quota parte mensile da mettere a disposizione dei
creditori sia pari ad € 1.504,74 (arrotondato ad € 1.500,00) sino a maggio
2018 compreso e ad € 1.850,00 da giugno 2018 sino al termine previsto
dall'art. 14 *undecies* L. 3/2012;

ritenuto che, alle condizioni sopra indicate, possa dichiararsi aperta la
presente procedura;

osservato che non è possibile concedere un ulteriore termine ai debitori,
tenuto anche conto del fatto che le questioni risolte nella presente sede sono
giuridiche o comunque attengono alla discrezionalità di questo giudice;

P.Q.M.

1) dichiara aperta la procedura di liquidazione

2) nomina liquidatore per i fini di cui all'art. 14 *ter* l. 3/2012 il dott.
   ████ ;

3) dispone che, sino al momento in cui il provvedimento di chiusura
   della liquidazione non diventi definitivo, non possano, sotto pena di
   nullità, essere iniziate o proseguite azioni cautelari o esecutive
   né acquistati diritti di prelazione sul patrimonio oggetto di
   liquidazione da parte dei creditori aventi titolo o causa anteriore;

4) dispone la pubblicazione della domanda depositata il 9.6.2017, della integrazione depositata il 6.7.2017, corredata dalla integrazione alla relazione particolareggiata dell'OCC, e del presente decreto presso il sito del Tribunale di Venezia;

5) ordina la trascrizione del presente decreto, a cura del liquidatore, presso i registri immobiliari;

6) ordina la consegna e il rilascio dei beni facenti parte del patrimonio di liquidazione.

Si comunichi anche al dott. █████████

Venezia, 17.7.2017

Il G.D.

Dott.ssa ██████████

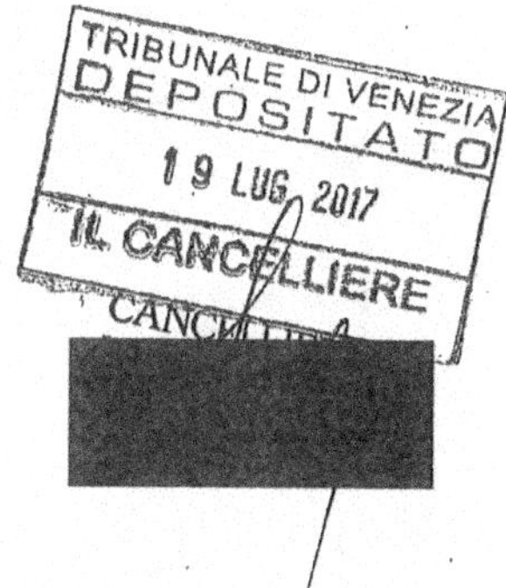

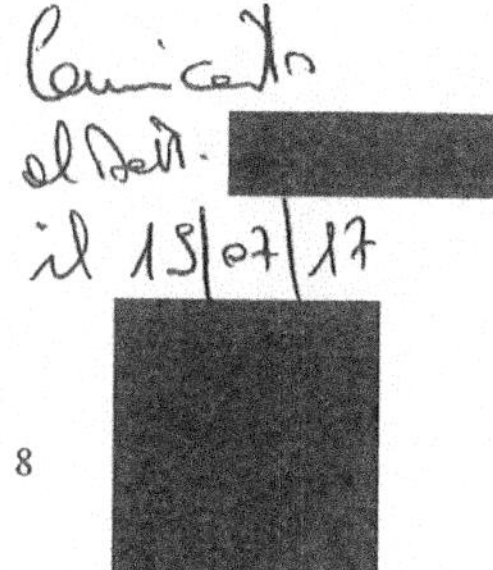

8

TRIBUNALE DI VENEZIA

IN COMPOSIZIONE COLLEGIALE

RECLAMO

ex art. 739 c.p.c. e artt. 10 e 14-quinquies L. 3/2012

Nella procedura n. ▉▉▉ di composizione della crisi da sovra indebitamento,

promossa da: ▉▉▉▉▉▉▉ e ▉▉▉▉▉▉▉

nei confronti di: **SIGLA S.R.L.** e altri

* * *

SIGLA S.R.L., corrente a Conegliano (TV) in Via Battisti n. 5/A (P.Iva 03951740269), il persona del legale rappresentante *pro-tempore* dott. ▉▉▉ ▉▉▉ rappresentata e difesa, giusta procura in calce al presente atto, dall'avv. ▉▉▉(c.f. ▉▉▉▉ e dall'avv. ▉▉▉(c.f. ▉▉▉▉ e presso quest'ultima elettivamente domiciliata a ▉▉▉▉▉ i quali dichiarano di voler ricevere le comunicazioni di cancelleria al n. di fax ▉▉▉ e agli indirizzi P.E.C. ▉▉▉▉▉ e ▉▉▉▉

propone

RECLAMO

contro il decreto del 19.7.2017, comunicato a Sigla s.r.l. in data 1.8.2017 (doc. 1), con il quale il Giudice monocratico dott.ssa ▉▉▉ ha dichiarato aperta la procedura di liquidazione e ha risolto questioni giuridiche attinenti alle condizioni e alla distribuzione del ricavato della liquidazione

* * *

A seguito di istanza presentata dai signori ██████ ██████ e ██████ ██████ l'epigrafato Tribunale, con decreto del 19.7.2017 dichiarava aperta la procedura di liquidazione dei beni degli istanti *ex* art. 14-*ter* e ss. della L. n. 3/2012.

Rispetto alla patrimonio del signor ██████ ██████ l'esponente Sigla s.r.l. vanta un credito derivante da contratto di finanziamento del ██████ da rimborsarsi mediante il pagamento di 120 rate di 433 € ciascuna (doc. 2).

Con la sottoscrizione del contratto di finanziamento, il ██████ cedeva a Sigla s.r.l. il quinto dello stipendio che lo stesso percepisce da ██████ ██████ presso la quale è assunto da 25 anni (dal ██████), inquadrato quale quadro impiegato direttivo (cfr. doc. 3 — attestazione di ██████ del ██████).

Oltre al contratto, nel quale come detto era pattuita la cessione del quinto dello stipendio, lo stesso ██████ sottoscriveva inoltre la dichiarazione per i dipendenti delle aziende private (doc. 4), nel quale autorizzava "*irrevocabilmente*" il proprio datore di lavoro a pagare a Sigla s.r.l. quanto portato dalla cessione.

Notificata alla datrice di lavoro ██████ ██████ la cessione del credito, con atto di benestare del 28.3.2012 (doc. 5), quest'ultima prendeva atto dell'intervenuto trasferimento della quota dello stipendio, confermando che avrebbe provveduto alle relative trattenute.

La cessione del credito, era peraltro stata notificata a ██████ ██████ con raccomandata a.r. del 20.3.2012 (doc. 6).

A fronte di questo, l'epigrafato Tribunale, nel dichiarare aperta la procedura di liquidazione, ha tuttavia evidenziato che "*il credito ceduto dal lavoratore [il ▮▮▮▮ alla finanziaria [Sigla s.r.l.] è un credito futuro, poiché lo stesso sorge relativamente ai ratei di stipendio soltanto nel momento in cui il lavoratore medesimo matura il diritto a percepire il relativo rateo mensile di stipendio e, relativamente al TFR, soltanto nel momento in cui cessa il rapporto di lavoro*" (p. 2 del decreto 19.7.2017).

Sulla scorta di tale considerazione, il Giudice ha rilevato che, rispetto al credito ceduto, "*il trasferimento si verifica soltanto nel momento in cui il credito viene ad esistenza*" e ha infine concluso che "*detto credito [di Sigla s.r.l.], di natura chirografaria, debba essere soddisfatto, al pari degli altri crediti di pari rango, mediante il ricavato della liquidazione*" (p. 3).

Per l'effetto, Sigla s.r.l. è stata totalmente espunta dal Giudice dall'elenco delle uscite (pagina 5 del decreto) e degli esborsi a partire dal mese di giugno 2018 (pp. 6 e 7), come se la cessione di credito non esistesse.

Ciò, tuttavia, non è corretto.

Invero, il Tribunale, nell'impostazione impressa al decreto non ha tenuto conto della distinzione – ben chiara nella giurisprudenza della Corte di Cassazione – tra i crediti futuri nascenti da un unico ed attuale rapporto di base e i crediti eventuali ed aleatori.

Posto che il Codice Civile non disciplina l'ipotesi della cessione di credito futuro (che è categoria elaborata dalla giurisprudenza), la Cassazione ha infatti evidenziato che la cessione di un credito avente ad oggetto un credito futuro è profondamente diversa a seconda del fatto che essa abbia ad oggetto un credito che derivi da uno stabile rapporto di base – quale quello per stipendio – oppure abbiano ad oggetto crediti solamente eventuali.

Ora, a fronte di tale distinzione, è evidente che il credito derivante da un rapporto di lavoro – quale quello del ▮▮▮▮ con la ▮▮▮▮▮▮▮▮ ▮▮▮▮ – è dotato di una innegabile stabilità (il lavoratore è infatti assunto a tempo interminato a far data da 25 anni orsono, cfr. doc. 3).

Perciò, come precisato dalla Cassazione con riferimento ai crediti derivanti da rapporto di lavoro, "*questo tipo di crediti futuri, benché a rigore non appartenenti al patrimonio del debitore esecutato, sono tuttavia caratterizzati da un alto grado di probabilità*", di modo che "*nel caso di crediti futuri ma probabili perché nascenti da un unico rapporto-base (come quelli di lavoro), il contratto di cessione, perfetto ab initio pur se con effetto reale differito, può essere assimilato alla cessione del credito attuale*" (Cass. Civ. 26.10.2002, n. 15141).

Proprio su tale base, la Cassazione ha quindi concluso imponendo il principio di diritto secondo cui "*In materia di efficacia della cessione di crediti futuri in pregiudizio del creditore pignorante occorre distinguere tra crediti maturandi con origine da un unico e già esistente rapporto-base, quali i crediti di lavoro, e crediti soltanto eventuali [...]. La cessione dei primi prevale sul pignoramento..*".

Gli stessi principi sono peraltro ribaditi dalla Cassazione anche nella successiva sentenza del 21.12.2005, n. 28300.

Del resto, la stessa giurisprudenza richiamata nel decreto reclamato (Cass. Civ. n. 551/2012) aveva ad oggetto un credito meramente eventuale, ovvero il credito derivante da un contratto di vendita di cosa futura e non esistente.

Tale ultimo tipo di credito è – come detto e come ben chiarito anche dalla Cassazione – profondamente diverso dal credito per stipendio.

Del resto, negare che il credito derivante da uno stabile rapporto di lavoro non possa essere trasferito se non nel momento in cui verrà ad esistenza il singolo rateo di stipendio (come fa il decreto reclamato), impedirebbe addirittura la possibilità di un pignoramento presso terzi dello stesso.

Dato che, invece, l'ordinamento prevede espressamente il pignoramento di tale tipo di credito, dato che *"ancor oggi è la stabilità del rapporto sottostante (nel nostro caso, il rapporto di lavoro) che permette la pignorabilità di crediti futuri, tra cui le retribuzioni non ancora maturate"* (cfr. Cass. Civ. n. 15141/2002, già sopra richiamata).

Del resto, il negare che la cessione del quinto dello stipendio (pattuita e concordata nel 2012 tra Sigla s.r.l. e il ▮▮▮▮▮ debba permanere tutt'oggi e nel corso della procedura di liquidazione significherebbe determinarne artatamente una sorta di inefficacia o invalidità, oppure una specie di inopponibilità alla procedura di liquidazione di cui alla legge n. 3/2012.

Ma tale legge non prevede alcun genere di inefficacia o di inopponibilità.

Del resto – anche alla luce delle due sentenze della Cassazione sopra richiamate – la cessione del credito per stipendio o salario è pienamente opponibile anche al creditore pignorante.

Non si vede dunque per quale motivo essa non sia opponibile nel caso della procedura di liquidazione.

Tanto più che, si aggiunga, il decreto di apertura della liquidazione è pienamente e testualmente equiparato all'atto di pignoramento (art. 14-*quinquies*, co. 3, l. n. 3/2012).

Si noti del resto che, se il ragionamento tenuto nel decreto reclamato fosse valido, il Tribunale dovrebbe conseguentemente espungere dalle spese mensili e dagli esborsi anche la "*ordinanza di assegnazione a carico di* ▮▮▮ *a favore di BCC Marcon*" (p. 5 e p. 7 del decreto), dato che anch'essa ha ad oggetto lo stipendio.

Ciò il Tribunale invece non ha fatto: la soluzione prospettata dal decreto di apertura della procedura appare quindi irragionevole, determinando anche un'inversione artificiosa del normale ordine di opponibilità (dato che la cessione dello stipendio, precedente al pignoramento, dev'essere invece opponibile a quest'ultimo).

* * *

Per tali ragioni si ritiene che il decreto datato 17.7.2017, depositato in data 19.7.2017, con il quale è stata dichiarata aperta la procedura di liquidazione dei beni dei signori ▮▮▮ ▮▮▮ e ▮▮▮ debba essere revocato o modificato, con espressa inclusione tra le spese mensili del signor ▮▮▮ (sia antecedenti che successive al mese di giugno 2018) della quota di stipendio ceduta a Sigla s.r.l., pari ad € 433 mensili sino ad estinzione del debito di cui al contratto di finanziamento del ▮▮▮ vale a dire di n. 56 rate mensili residue a decorre dal ▮▮▮ per € 433 ciascuna (fino alla concorrenza quindi della somma di € 24.248).

In altri termini, il Tribunale dovrà prevedere che la datrice di lavoro del ▮▮▮ continui ad operare la trattenuta in favore di Sigla s.r.l. e continui a versare a quest'ultima le quote trattenute e non che tali somme debbano essere messe a disposizione di tutti i creditori.

* * *

In ragione di quanto esposto, Sigla s.r.l., in persona del suo legale rappresentante *pro tempore*, come sopra difesa e rappresentata, propone

RECLAMO

avverso il decreto datato 17.7.2017, depositato in cancelleria il 19.7.2017, di apertura della procedura di liquidazione di cui all'art. 14-*ter* L. n. 3/2012 del signor ██████ █████████ e

CHIEDE

che il predetto decreto di apertura venga revocato e/o modificato con la previsione che la datrice di lavoro del signor ██████ █████████ continui ad operare la trattenuta mensile in favore di Sigla s.r.l. come previsto dal contratto di finanziamento del ██████████ e continui quindi a versare alla stessa Sigla s.r.l. le quote trattenute dallo stipendio del predetto ████████ (56 rate residue di € 433 ciascuna, a decorrere dal ████████, senza che tali somme vengano messe a disposizione degli altri creditori.

<u>Si dimettono in copia:</u>

doc. 1) decreto 19.7.2017 e P.E.C. del 1.8.2017 da parte del liquidatore;

doc. 2) contratto di finanziamento ████████

doc. 3) attestazione di ████ ██████████ del 14.2.2012;

doc. 4) dichiarazione ████ ██████████

doc. 5) atto di benestare di ████ ██████ ██████ del 28.3.2012;

doc. 6) raccomandata a.r. 20.3.2012.

Si chiede che il Tribunale voglia disporre l'acquisizione del fascicolo della procedura n. ██████ di cui al decreto reclamato e del fascicolo dell'o.c.c..

Si chiede inoltre di poter essere autorizzati alla notifica del reclamo e del decreto di fissazione dell'udienza a mezzo di posta elettronica certificata.

Ai fini di legge, si dichiara che, trattandosi di reclamo, il contributo unificato è dovuto in misura fissa ed è pari ad € 147 (€ 98 + 50%).

Vittorio Veneto – Venezia, 5 settembre 2017.

- avv.  -

PROCURA:

Io dott. ▓▓▓▓▓ nato a ▓▓▓▓ il ▓▓▓▓▓ (C.F. ▓▓▓▓ ▓▓▓▓, in qualità di legale rappresentante di Sigla s.r.l. (P.I. ▓▓▓▓ corrente a ▓▓▓▓ (▓▓) in Via ▓▓▓▓ delego a rappresentare e difendere la predetta Sigla s.r.l. nel procedimento avanti il Tribunale di Venezia di reclamo contro il decreto 17-19.7.2017 emesso nella procedura n. 7/2017 di liquidazione *ex* L. 3/2012 dei beni di ▓▓▓▓ ▓▓▓▓ e ▓▓▓▓ in ogni sua fase e grado, anche di opposizione e di esecuzione, l'avv. ▓▓▓▓ del foro di Treviso e l'avv. ▓▓▓▓ del foro di Venezia, conferendo loro anche disgiuntamente tutte le facoltà di legge ivi comprese quelle di conciliare, transigere, rinunciare agli atti e alla domanda, accettare rinunce, incassare, quietanzare, chiamare terzi in causa, concludere nei loro confronti, proporre domande riconvenzionali, farsi sostituire, nominare procuratori domiciliatari e consulenti di parte nonché eleggere domicilio. Eleggo domicilio presso l'avv. ▓▓▓▓ a ▓▓▓▓

Dichiaro inoltre ai sensi e per gli effetti di cui al D.Lgs. 30.6.03 nr. 196, di essere stato/a edotto/a che i dati personali richiesti direttamente, ovvero raccolti presso terzi, verranno utilizzati ai soli fini del presente incarico e conseguentemente presto il mio consenso al loro trattamento. Prendo atto che il trattamento dei dati personali avverrà mediante strumenti manuali, informatici e telematici con logiche correlate alle finalità dell'incarico.

Dichiaro di essere stato/a informato/a, ai sensi dell'art. 2, co. 7, D.L. n. 132/2014, della possibilità di ricorrere alla convenzione di negoziazione assistita da uno o più avvocati disciplinata dagli artt. 2 e ss. del suddetto decreto legge.

Dichiaro di essere stato reso/a edotto/a circa il grado di complessità dell'incarico che con la presente procura conferisco, nonché di avere ricevuto tutte le informazioni utili circa gli oneri ipotizzabili dal momento del conferimento sino alla conclusione dell'incarico.

Dichiaro altresì di essere stato/a informato/a ai sensi dell'art. 4, 3° comma, del d.lgs. n. 28/10 della possibilità di ricorrere al procedimento di mediazione ivi previsto e dei benefici fiscali di cui agli artt. 17 e 20 del medesimo decreto.

Sigla S.R.L.

Il legale rappresentante dott. ▓▓▓▓

E' autentica.

avv. ▓▓▓▓

TRIBUNALE DI VENEZIA

PRIMA SEZIONE CIVILE

▓▓▓▓ R.G.

Il Presidente del collegio

letto il reclamo ex art.739 c.p.c. e artt. 10 e 14-quinquies L.3/2012. proposto da Sigla s.r.l.;

FISSA

l'udienza collegiale del 9 novembre 2017 ore 11.30 per la comparizione in camera di consiglio;

nomina relatore la dott.ssa ▓▓▓▓

DISPONE

che il ricorso ed il presente decreto siano notificati alla controparte a cura di parte reclamante entro il 16 ottobre 2017;

ASSEGNA

alla parte resistente termine per la costituzione sino al 6 novembre 2017 (termine dato al solo fine di accelerare la discussione).

Si comunichi.

Venezia, 6 ottobre 2017

Il Presidente
(dott. ssa ▓▓▓▓

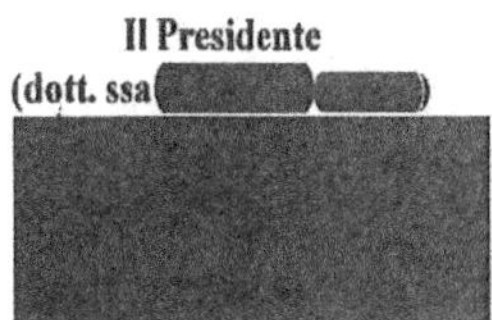

L'avv. ▮▮▮▮▮▮ nella sua qualità di difensore di Sigla srl, dichiara ex art. 16 bis, comma 9 bis, L. 221/2012, come introdotto dal D.L. 90/2014 e convertito con L. 114/2014, che le presenti copie cartacee del Reclamo ex art. 739 c.p.c e artt. 10 e 14-quinquies L. 3/2012 - R.G. nr.▮▮▮▮▮▮ del mandato in calce al predetto ricorso e del provvedimento 6.10.2017 cron. n. ▮▮▮▮▮▮ estratte tramite consultazione remota del fascicolo informatico, sono conformi agli originali, costituiti da nr. 11 pagine e depositati nello stesso.

Vittorio Veneto, lì 12.10.2017

-avv. ▮▮▮▮▮▮

CRON .

<u>RELAZIONE DI NOTIFICA</u>: io sottoscritto avv. ▮▮▮ proc. in giudizio di Sigla S.R.L., regolarmente autorizzato dal Consiglio dell'Ordine degli Avvocati di Treviso, con delibera in data 19.07.2012 ai sensi della Legge 21/01/1994 nr. 53, ho notificato copia del sopra esteso atto a:

▮▮▮ nato a ▮▮▮ il ▮▮▮ (c.f.: ▮▮▮) residente in ▮▮▮ in via ▮▮▮, ed ivi trasmettendone copia conforme a mezzo del servizio postale con piego raccomandato nr. ▮▮▮......spedito dall'ufficio postale di Vittorio Veneto (TV) in data corrispondente a quella del timbro postale.

- avv. ▮▮▮

▮▮▮, nata a ▮▮▮ il ▮▮▮ (c.f.: ▮▮▮) residente in ▮▮▮ in via ▮▮▮ nr . ▮, ed ivi trasmettendone copia conforme a mezzo del servizio postale con piego raccomandato nr...spedito dall'ufficio postale di Vittorio Veneto (TV) in data corrispondente a quella del timbro postale.

- avv. ▮▮▮ -

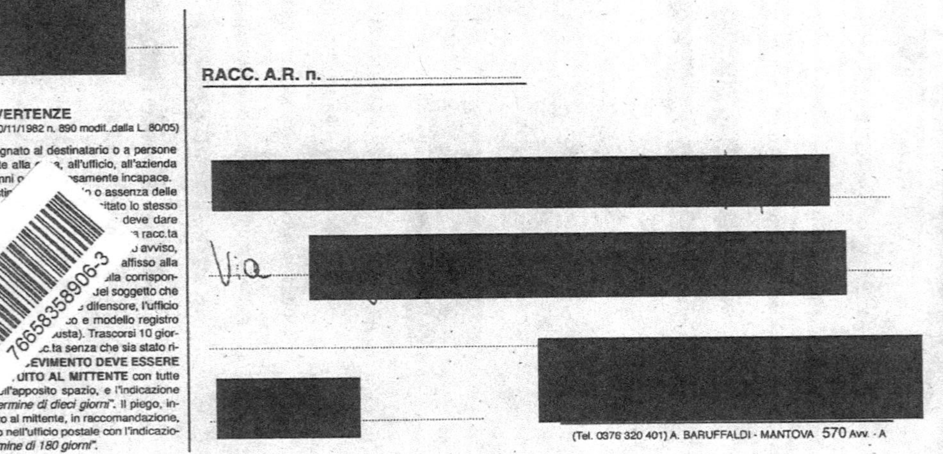

SERVIZIO NOTIFICAZIONI ATTI GIUDIZIARI

N. .... Reg. Cron.

AVVOCATO AUTORIZZATO
(LEGGE 21/01/1994 N. 53)

STUDIO LEGALE

(firma)

Postaraccomandata
AR

Posteitaliane

13.10.2017 11.39
Euro 007.95

RACC. A.R. n. ....

AVVERTENZE
(Art. 139 C.P.C. e art. 8 L. 20/11/1982 n. 890 modif. dalla L. 80/05)

Il plico deve essere consegnato al destinatario o a persone
con lui conviventi o addette alla casa, all'ufficio, all'azienda
purchè non minore di 14 anni o palesamente incapace.
In caso di assenza del destinatario o assenza delle
suddette persone, il plico viene depositato lo stesso
giorno presso l'ufficio postale e deve dare
avviso al destinatario a mezzo racc.ta
e avviso di ricevimento avviso,
in caso di assenza affisso alla
porta d'ingresso alla corrispondenza; l'avviso del soggetto che
ha richiesto difensore, l'ufficio
Notifiche e modello registro
(della busta). Trascorsi 10 giorni c.ta senza che sia stato ritirato il plico, RICEVIMENTO DEVE ESSERE
IMMEDIATAMENTE RESTITUITO AL MITTENTE con tutte
le annotazioni nell'apposito spazio, e l'indicazione
"atto non ritirato nel termine di dieci giorni". Il piego, invece, deve essere restituito al mittente, in raccomandazione,
dopo sei mesi dal deposito nell'ufficio postale con l'indicazione "non ritirato entro il termine di 180 giorni".

Via

(Tel. 0376 320 401) A. BARUFFALDI - MANTOVA 570 Avv. · A

Avv. Monica Pagano Via Solferino n. 15, 25122 Brescia (BS) Tel. 030 2944364 e Fax 030 2939738 PEC: monica.pagano@milano.pecavvocati.it	Avv. Danilo Griffo Via dei Mille n. 2, 25122 Brescia (BS) Tel. 030.29 01 38 - Fax 030.83 80 660: PEC: danilo.griffo @nola.pecavvocati.it

TRIBUNALE DI VENEZIA

R.G. ██████ - G. E.: Dott.ssa ██████

prossima udienza ██████

MEMORIA DI COSTITUZIONE E RISPOPSTA NELL'INTERESSE DEI SIGNORI 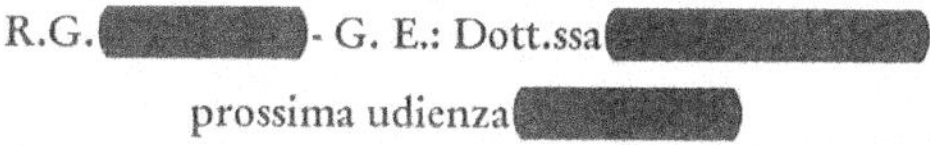

Nel procedimento di reclamo promosso da:

SIGLA CREDIT SRL corrente a Conegliano (TV) in Via Battisti n. 5/a (P.I. 03951740269) in persona del legale rappresentante pro tempore, con l'avv. ██████ e l'avv. ██████

reclamante

CONTRO

signori ██████ C.F. ██████ nato a ██████ in data ██████ ed ivi residente in Via ██████ e ██████ C.F. ██████ nata a ██████ in data ██████ e residente in ██████ in Via ██████

rappresentati e difesi sia congiuntamente che disgiuntamente dall'Avv. Monica Pagano del Foro di Milano (C.F. PGNMNC82T58B157P - PEC monica.pagano@milano.pecavvocati.it), dall'Avv. Biagio Riccio del Foro di Napoli (CF RCCBGI64S08B759D) nonché dall'Avv. Danilo Griffo del Foro di Nola, C.F. GRFDNL81L21F839X, iscritto all'Ordine degli Avvocati di Nola – i quali dichiarano di volere ricevere le comunicazioni al numero di fax 030 2939738, ai sensi dell'art. 176 comma II c.p.c., o all'indirizzo di posta elettronica e-mail: monica@studiopaganopartners.it o PEC: monica.pagano@milano.pecavvocati.it i quali eleggono domicilio nello studio dell'avv. Biagio Riccio e dell'avv. Danilo Griffo in Brescia, Via Malta n. 6/B, come da procura in calce al presente atto

reclamati

***

Con il presente atto si costituiscono i signori ▆▆▆▆▆▆▆ e ▆▆▆▆▆▆▆

contestando l'inammissibilità/improcedibilità del reclamo proposto da Sigla Credit, in quanto irrituale, nonché contestando nel merito tutto quanto *ex adverso* dedotto in quanto infondato in fatto e in diritto e, pertanto, chiedendo il rigetto del reclamo avversario con la conseguente conferma dell'impugnato decreto di apertura della procedura liquidatoria.

FATTO E SVOLGIMENTO DEL PROCESSO

Per quanto di interesse nella presente procedura di reclamo si rileva che a seguito di deposito di ricorso per l'apertura di procedura liquidatoria ex art. 14 ter L. 3/2012 nell'interesse dei signori ▆▆▆▆▆▆▆ l'intestato Tribunale, in composizione monocratica, in data 19/07/2017 emetteva decreto di apertura della indicata procedura rubricata al n. RG ▆▆▆

In tale decreto il Giudice monocratico riteneva che il credito vantato da Sigla Srl, derivante dalla stipulazione di un contratto di finanziamento con cessione del quinto, fosse da considerarsi credito non privilegiato e non garantito, pertanto da soddisfarsi nell'ambito della proposta secondo il rango chirografario, al pari degli altri crediti della stessa tipologia. Riteneva pertanto di sospendere la cessione del quinto insistente sulla busta paga del Sig. ▆▆▆▆ a favore del creditore Sigla.

Il creditore Sigla proponeva pertanto reclamo avverso tale decreto, chiedendo al Tribunale collegiale la *revoca e/o modifica del medesimo provvedimento con "previsione che la datrice di lavoro del Sig. ▆▆▆▆▆▆▆ continui ad operare la trattenuta mensile in favore di Sigla Srl come previsto dal contratto di finanziamento del ▆▆▆▆▆▆ e continui quindi a versare alla stessa Sigla Srl le quote trattenute dallo stipendio del predetto ▆▆▆▆ (56 rate residue di € 433 ciascuna, a decorrere dal ▆▆▆▆▆▆ , senza che tali somme vengano messe a disposizione degli altri creditori."*

DIRITTO

1) **INAMMISSIBILITA' / IMPROCEDIBILITA' DEL RECLAMO.**

Preliminarmente si ritiene che il reclamo proposto da controparte sia irrituale e pertanto inammissibile / improceditbile.

A codesto Collegio non sfuggirà infatti che l'art. 14 quinquies della L. 3/2012, che richiama l'art. 10 comma 6 della medesima normativa prevede la possibilità di reclamare il decreto di apertura della procedura liquidatoria solo qualora si voglia contestare al Giudice l'assenza dei requisiti di ammissibilità dell'art. 14 ter o la presenza di atti in frode ai creditori. Ed infatti, l'art. 14 quinquies, al comma 1, appena prima di richiamare l'art. 10 comma 6, riferito all'ipotesi di reclamo, recita testualmente *"il giudice, se la domanda soddisfa i requisiti di cui all'art. 14 ter, verificata l'assenza di atti in frode ai creditori negli ultimi 5 annidichiara aperta la procedura di liquidazione"*.

Pare chiaro pertanto che il perimetro di cognizione del giudice, ai fini della dichiarazione di apertura della procedura liquidatoria, risulta essere esclusivamente quello di verifica della sussistenza dei requisiti di ammissibilità di cui all'art. 14 ter e l'assenza di atti in frode ai creditori. Pertanto, per converso, oggetto del reclamo non può che essere la contestazione circa l'operato del giudice in relazione alla verifica della sussistenza di tali requisiti e quindi, in questa sede, in altre parole, si sarebbe potuta contestare solamente la legittimità della disposta liquidazione.

Nulla di tutto questo nel reclamo avanzato da Sigla, il quale semmai ha ad oggetto la natura del credito riconosciuta dal Giudice nel provvedimento di apertura della procedura liquidatoria e la questione della ripartizione delle somme all'interno della procedura da sovraindebitamento; ma alla luce dell'esame della normativa sopra riportata, pare evidente che non sia questa la sede opportuna ove avanzare le contestazioni mosse dal creditore Sigla Srl, che paiono contestazioni da rimettere alla fase successiva alla determinazione del passivo e del piano di liquidazione.

Per tali ragioni si ritiene, come anticipato, che il reclamo promosso da Sigla sia del tutto inammissibile / improcedibile e, per converso, incontestata la legittimità della disposta procedura liquidatoria, si ritiene che il relativo decreto di apertura vada in questa sede confermato.

2) INFONDATEZZA DEL RECLAMO.

Pur ritenendo del tutto assorbente l'argomentazione esposta al punto 1 che precede circa l'inammissibilità / improcedibilità del reclamo avanzato dal creditore Sigla, per mero tuziorismo difensivo si ritiene opportuno contestare anche nel merito le difese avversarie, che paiono del tutto infondate.

E' infatti noto che in caso di finanziamento con cessione del 1/5 dello stipendio ci si trova di fronte ad un negozio giuridico consensuale con effetti meramente obbligatori ove una parte cede all'altra un credito futuro a condizione - chiaramente – che questo venga ad esistenza.

Il diritto del creditore a percepire fattivamente le somme cedute sorge, pertanto, solo nel momento in cui il credito ceduto venga fattivamente ad esistenza e, quindi, nel caso che ci occupa, solo nel momento in cui maturino fattivamente i ratei di stipendio del lavoratore che ha concluso il finanziamento con la cessione del 1/5 dello stipendio.

La posizione della giurisprudenza pare infatti granitica sul punto.

E' noto che la Cassazione ha più volte affermato che *"la natura consensuale del contratto di cessione di credito comporta che esso si perfeziona per effetto del solo consenso dei contraenti, cedente e cessionario, in quanto, nel caso di cessione di un credito futuro, il trasferimento si verifica soltanto nel momento in cui il credito viene ad esistenza e, anteriormente, il contratto, pur essendo perfetto, esplica efficacia meramente obbligatoria" (Cass. Civ. 551/2012, Cass. Civ. 15590/2005)"*. E' noto peraltro che, in forza di tale principio la Cassazione ha concluso che *"nel caso di cessione di crediti futuri e di sopravvenuto fallimento del cedente, la cessione, anche se sia tempestivamente notificata o accettata ex art. 2914 n. 2 c.c., non è opponibile al fallimento se, alla data della dichiarazione di fallimento, il credito non era ancora sorto e non si era verificato l'effetto traslativo della cessione"* tanto che l'art. 44 L. F. prevede l'inefficacia e la ripetibilità delle somme pagate dal terzo assegnatario successivamente alla dichiarazione di fallimento.

Pare ragionevole che i principi affermati in tema di fallimento possano essere applicati in via analogica alla fattispecie liquidatoria prevista nella procedura da sovraindebitamento L. 3/2012, perfettamente equiparabile alla procedura fallimentare per finalità e procedura.

La recente giurisprudenza di merito pare peraltro dello stesso avviso della giurisprudenza di legittimità. Ed infatti, con proprio provvedimento pubblicato in data 20/02/2017, il Tribunale di Livorno, dopo aver richiamato la giurisprudenza della Suprema Corte citata, ha disposto che *"la natura consensuale del contratto di cessione di credito comporta che esso si perfeziona per effetto del solo consenso dei contraenti, cedente e cessionario, ma non anche che dal perfezionamento del contratto consegua sempre il trasferimento del credito dal cedente al cessionario, in quanto, nel caso di cessione di un credito futuro, il trasferimento si verifica soltanto nel momento in cui il credito viene ad esistenza e, anteriormente, il contratto, pur essendo perfetto, esplica efficacia meramente obbligatoria".* Infine, conclude il Tribunale, *"ritenere che il contratto di cessione del quinto dello stipendio sia opponibile alla procedura di sovraindebitamento appare in radicale contrasto con l'effetto sospensivo (addirittura) delle procedure esecutive in corso che la presentazione del ricorso ha. [...] Se [infatti] la procedura ha l'effetto di sospendere le procedure esecutive (e, in caso di omologazione, ha l'effetto di estinguere le procedure esecutive, con rimodulazione dei crediti azionati), con la sola limitazione – deve ritenersi – delle procedure esecutive concluse, è evidente che, a maggior ragione, il medesimo effetto sospensivo (e, con l'omologazione, risolutivo) deve aversi anche nei confronti delle cessioni di credito futuro a garanzia della restituzione di prestiti".*

Conseguentemente, se ne trae che la non opponibilità della cessione dei crediti futuri successivi all'apertura della procedura liquidatoria significa che tali crediti devono giustamente ritenersi ancora nella disponibilità del debitore che, pertanto, può correttamente prenderli in considerazione come quota del proprio attivo da destinare alla procedura da sovraindebitamento e da ripartire tra tutti i creditori in via omogenea secondo la rispettiva classe in base al predisponendo stato passivo.

Da ultimo, ma non per importanza, si rileva altresì che controparte nulla specifica in merito alla norma che, a suo avviso, riconoscerebbe un privilegio al credito vantato nei confronti del Sig. ▮▮▮ Non compie cioè alcun riferimento alla normativa specifica in base alla quale la (sua) cessione del quinto sarebbe da qualificare come credito privilegiato.

A fronte delle argomentazioni appena esposte, si ritiene che sia legittima la sospensione della cessione del quinto disposta dal decreto di apertura della procedura liquidatoria e altrettanto legittima sia l'accertamento della natura chirografaria del credito vantato da Sigla Srl e della sua conseguente possibilità di essere oggetto di falcidia. Pertanto si ritiene in conclusione che il reclamo avanzato dal creditore Sigla Srl sia del tutto infondato anche nel merito e vada pertanto rigettato.

***

Per tutto quanto sopra esposto, gli odierni reclamati, *ut supra* rappresentati e difesi, così rassegnano le proprie

CONCLUSIONI

Voglia l'Ill.mo Tribunale adito:

In via preliminare: dichiarare inammissibile / improcedibile il reclamo proposto per tutte le ragioni meglio esposte in narrativa

In via principale e nel merito: rigettare il reclamo in quanto infondato in fatto e in diritto per tutte le ragioni esposte in narrativa, e, per l'effetto, confermare il decreto di apertura della procedura di liquidazione con vittoria di spese e compensi della presente fase di giudizio.

Si producono i seguenti atti e documenti:

    1) reclamo notificato

Con ogni più ampia riserva di ulteriormente dedurre e produrre e ciò occorrendo diversamente concludere.

Con Osservanza

Brescia, 03/11/2017

Avv. Monica Pagano   *Avv. Biagio Riccio*   *Avv. Danilo Griffo*

TRIBUNALE ORDINARIO DI VENEZIA
SEZIONE FALLIMENTARE

riunito in camera di consiglio, composto da:

dott.ssa	Presidente rel.
dott.ssa	Giudice
dott.	Giudice

nel procedimento *ex* artt. 739 c.p.c. e 14 *quinquies* comma 1, e 10, comma 6 L. n. 3/2012 promosso su istanza di Sigla S.r.l.;

sciogliendo la riserva assunta all'udienza camerale del 9.11.2017;

ha emesso il seguente

D E C R E T O

Sigla S.r.l. ha proposto reclamo camerale avverso il decreto datato 17.7.2017, depositato il 19.7.2017, col quale nell'ambito del procedimento n. ███ pendente innanzi a questo Tribunale il Giudice Delegato ha disposto l'apertura della procedura di liquidazione del patrimonio di ███ ed ███

La reclamante ha dedotto di essere creditrice nei confronti di ███ ███ in forza di un contratto di finanziamento stipulato in data ███ il rimborso delle cui rate sarebbe dovuto avvenire mediante cessione in favore della medesima Sigla S.r.l. del quinto del proprio stipendio contestualmente accordata da parte dello stesso ███ cessione, quest'ultima, debitamente notificata al datore di lavoro il quale con dichiarazione del 28.3.2012 l'ha poi accettata.

Sigla S.r.l. ha contestato, in sostanza, quel passaggio del provvedimento reclamato in cui il G.D. – ai fini di determinare *ex* art. 14 *quinquies*, comma 2, lett. f) l'entità delle spese correnti necessarie per il mantenimento dei debitori e della loro famiglia e quindi di calcolare i limiti entro i quali gli stessi possono trattenere a tal fine gli emolumenti guadagnati con la loro

1

attività – ha qualificato la citata cessione come una cessione di credito futuro escludendo di doverne valutare l'incidenza rispetto al calcolo in questione, con l'ulteriore precisazione per cui Sigla S.r.l. dovrà essere soddisfatta, quale creditore chirografaria, nella futura fase di liquidazione.

La reclamante assume che tale soluzione tuttavia non sarebbe condivisibile poiché non terrebbe in debita considerazione la circostanza per cui la cessione in esame è stata pattuita, notificata e persino accettata anteriormente all'adozione del provvedimento contestato, risultando così il suo effetto traslativo perfettamente "opponibile" alla procedura.

Sulla base di tali argomentazioni, Sigla S.r.l. ha quindi richiesto che il decreto datato 17.7.2017 venga revocato o quantomeno modificato con la previsione che il datore di lavoro di ███████████ continui, pur in pendenza della procedura liquidatoria, a versare in diretto favore della medesima società la quota di stipendio oggetto di cessione.

Con memoria datata 26.10.2017 si è costituito in giudizio il Liquidatore nominato *ex* art. 14 *quinquies,* comma 2, lett. a), dott. ████████ il quale, in via principale ha eccepito l'inammissibilità del reclamo evidenziando il carattere non decisorio del provvedimento impugnato, per la cui adozione è infatti richiesto al G.D. di valutare soltanto che la domanda soddisfi i requisiti di ammissibilità di cui all'art. 14 *ter* della L. n. 3/2012 e l'assenza di atti in frode ai creditori negli ultimi cinque anni.

Essendo il perimetro della cognizione assegnata al G.D. così circoscritto, se ne dovrebbe desumere che solo ed esclusivamente negli stessi limiti sia ammessa la contestazione in sede di reclamo del provvedimento di apertura della procedura di liquidazione del patrimonio, risultando preclusa la deduzione di ogni diversa contestazione.

Diversamente, Sigla S.r.l. avrebbe qui posto una serie di questioni relative in ultima analisi al tempo, al modo ed alla misura in cui il proprio credito potrà trovare eventuale soddisfazione nell'ambito della iniziata procedura concorsuale: questioni, queste, sul quale il decreto datato 17.7.2017 non avrebbe invero minimamente inciso e che saranno affrontate soltanto nella prossima fase di accertamento del passivo secondo le regole di cui agli artt. 14 *septies* ss. L. n. 3/2012.

In subordine, il Liquidatore ha in ogni caso evidenziato l'infondatezza del reclamo nel merito, aderendo *in parte qua* alle valutazioni condotte dal G.D. Con memoria datata 3.11.2017 si sono infine costituiti i debitori ▆▆▆▆▆ ▆▆▆▆ e ▆▆▆▆▆▆▆▆ insistendo anch'essi per la declaratoria di inammissibilità ovvero in subordine per il rigetto del reclamo proposto da parte di Sigla S.r.l., spendendo a tal fine argomentazioni sovrapponibili a quelle appena citate e offerte dal Liquidatore.

All'udienza camerale del 19.11.2017 i procuratori delle parti hanno insistito per l'accoglimento delle rispettive conclusioni ed il Tribunale si è riservato la propria decisione.

Il reclamo proposto da Sigla S.r.l. è inammissibile, per le ragioni di seguito esposte.

Occorre anzitutto individuare il fine, e quindi la portata, della statuizione resa da parte del G.D. e qui contestata.

A tale scopo appaiono rilevanti da un punto di vista normativo diverse disposizioni della L. n. 3/2012, ed in particolare:

- l'art. 14 *quinquies*, comma 2, lett. f), ove si stabilisce che con il decreto di apertura il G.D. fra l'altro *"fissa i limiti di cui all'art. 14 ter, comma 5, lett. b)"*, ma il riferimento deve intendersi al comma 6 di detto articolo, non soltanto per una considerazione di tipo logico ma anche perché il comma quinto richiamato, verosimilmente per un errore del legislatore, non reca alcuna lettera b);

- lo stesso art. 14 *ter*, comma 6, lett. b), ove si escludono dalla liquidazione anche *"gli stipendi, pensioni, salari e ciò che il debitore guadagna con la sua attività, nei limiti di quanto occorra al mantenimento suo e della sua famiglia indicati"* appunto *"dal giudice"*;

- l'art. 9, comma 2, richiamato dall'art. 14 *ter*, comma 2, ove, allo scopo di consentire al G.D. le valutazioni previste dalle disposizioni appena richiamate, si onera il debitore di depositare unitamente alla proposta *"l'elenco delle spese correnti necessarie al sostentamento suo e della sua famiglia, previa indicazione della composizione del nucleo familiare corredata dal certificato dello stato famiglia"*.

Si tratta di un quadro normativo non dissimile da quello tracciato in ambito propriamente fallimentare; ed infatti l'art. 46, n. 2), L.F. prevede anch'esso che non sono compresi nel fallimento, fra l'altro, *"gli stipendi, pensioni, salari e ciò che il fallito guadagna con la sua attività, entro i limiti di quanto occorre per il mantenimento suo e della famiglia"* i quali *"sono fissati con decreto motivato del giudice delegato che deve tener conto della condizione personale del fallito e di quella della sua famiglia"*.

Il tutto, allo scopo di garantire al debitore ed al fallito un'esistenza comunque libera e dignitosa anche in pendenza della procedura concorsuale.

Orbene, la contestazione mossa da parte di Sigla S.r.l. riguarda quel capo del decreto col quale il G.D., secondo una valutazione ampia ed elaborata, si è occupato proprio di determinare l'ammontare delle spese correnti alle quali i debitori nonostante l'apertura della procedura dovranno necessariamente continuare a far fronte.

Ciò, sulla base della documentazione allegata da parte degli stessi istanti ed allo scopo di tracciare i limiti entro i quali gli emolumenti stipendiali ad essi spettanti saranno sottratti alle pretese dei creditori per essere destinati al soddisfacimento delle loro esigenze di vita.

Nel compiere tale operazione dunque il G.D. ha analizzato una pluralità di "voci di spesa" rappresentategli da parte dei debitori (ivi compresa quella relativa alla cessione del quinto in favore di Sigla S.r.l.) al solo ed esclusivo scopo di meglio orientare il calcolo che egli era chiamato in quel momento a compiere *ex* art. 14 *quinquies*, comma 2, lett. f) L. n. 3/2012.

Tale conclusione, peraltro, appare confermata ove si abbia contezza del precedente provvedimento interlocutorio emesso dal medesimo G.D. in data 20.6.2017 dalla cui complessiva disamina emerge come quest'ultimo avesse compiuto valutazioni analoghe a quelle poi riferite anche alla posizione creditoria della reclamante rispetto ad altre poste debitorie specificando espressamente, stavolta, se se ne sarebbe dovuto tener conto oppure no *"nel calcolo delle uscite mensili ai fini della determinazione della parte di stipendio da destinare al soddisfacimento dei creditori"*.

In definitiva, il riferimento del G.D. alla posizione di Sigla S.r.l. non era volto a definire la natura, l'entità ovvero la misura del suo credito, bensì funzionale esclusivamente ai fini sopra indicati.

Né d'altro canto sarebbe potuto avvenire diversamente, posto che, come correttamente evidenziato dai resistenti, il G.D. in sede di apertura della procedura di liquidazione deve soltanto valutare che la domanda soddisfi i requisiti di cui all'art. 14 *ter* e che il debitore nei cinque anni precedenti non abbia compiuto atti in frode ai creditori.

Una volta data risposta positiva a detti quesiti, poi, egli adotterà il decreto di apertura recante fra l'altro la statuizione relativa alle "spese" del debitore, la quale peraltro pare doversi intendersi sempre modificabile in forza dell'art. 742 c.p.c. richiamato dall'art. 10, comma 6, L. n. 3/2012.

Risulta allora ancor più certo quindi che con il provvedimento di cui all'art. 14 *quinquies* il G.D. non adotta alcuna statuizione idonea ad incidere, con efficacia decisoria, sulle posizioni dei singoli creditori i quali infatti, in tale fase, potrebbero persino ignorare la pendenza della procedura e per i quali è prevista poi agli art. 14 *sexies* ss. una peculiare procedura di accertamento del passivo affidata sostanzialmente al Liquidatore.

Ed è solo in tale momento, ove ricorrano "*contestazioni non superabili*", che il G.D. prima e il giudice del reclamo camerale poi possono adottare decisioni sull'esistenza, le qualità e la misura dei crediti vantati dai creditori concorsuali.

Conseguentemente, soltanto in tale sede il creditore insoddisfatto del trattamento prospettatogli dal Liquidatore potrà porre tutte quelle questioni che in sede fallimentare solitamente vengono discusse in sede di opposizione allo stato passivo, mentre il reclamo previsto avverso il decreto di apertura, ove proposto, non potrà che riguardare soltanto il modo in cui il G.D. ha risolto le specifiche questioni che la richiamata lettera dell'art. 14 *quinquies* gli demanda di risolvere.

In conclusione, il reclamo proposto da parte di Sigla S.r.l è inammissibile, poiché relativo a questioni che il Giudice del reclamo medesimo non può conoscere in ragione della portata delle disposizioni di cui agli artt. 14 *quinques* e 10, comma 6, L. n. 3/2012.

Quanto alle spese di lite (che dovrebbero comunque regolarsi secondo gli ordinari canoni - anche in analogia a quanto accade nel caso di reclamo *ex* art. 18 L.F. - trattandosi di un procedimento si camerale ma connotato comunque da un conflitto fra le parti, cfr. ad es. in tal senso Cass. Civ., Sez.

5

II, 30.1.2006, n. 1856), l'assoluta novità delle questioni trattate ne giustifica l'integrale compensazione fra le parti.

P.Q.M.

Visti gli artt. 739 c.p.c. e 14 *quinques*, comma 1, e 10, comma 6, L. n. 3/2012, e 13, comma I *quater*, D.P.R. n. 115/2002,

- dichiara inammissibile il reclamo proposto da Sigla S.r.l.;
- compensa integralmente fra le parti le spese di lite;
- dichiara Sigla S.r.l. tenuta a versare un ulteriore importo a titolo di contributo unificato, pari a quello già versato per l'impugnazione, ai sensi dell'art. nuovo art. 13 D.P.R. n. 115/2002 (comma 1 quater), come modificato dalla legge 228/2012.

Venezia, il 9 novembre 2017.

Il Presidente rel.
Dott.ssa ██████████

Il provvedimento è stato redatto con la collaborazione del MOT Dott. ██████████

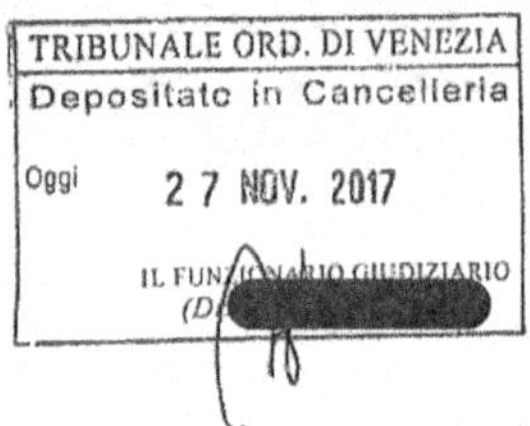

Avv. Monica Pagano
Via Solferino n. 15, 25122 Brescia (BS)
Tel. 030 2944364 e Fax 030 2939738
PEC: monica.pagano@milano.pecavvocati.it

Avv. Danilo Griffo
Via dei Mille n. 2, 25122 Brescia (BS)
Tel. 030.29 01 38 - Fax 030.83 80 660:
PEC: danilo.griffo @nola.pecavvocati.it

TRIBUNALE CIVILE DI VENEZIA
SEZIONE FALLIMENTARE

DOMANDA DI PARTECIPAZIONE ALLA PROCEDURA DI LIQUIDAZIONE

Nella procedura da sovraindebitamento dei ▮▮▮▮▮▮▮ – ▮▮▮▮▮ aperta con decreto del Tribunale di Venezia RG▮▮▮▮▮ emesso in data 17/07/2017 e pubblicato in data 19/07/2017

G.D.: Dott.ssa ▮▮▮▮▮

Liquidatore: Dott. ▮▮▮▮▮

Indirizzo PEC della procedura ▮▮▮▮▮▮▮

Indirizzo PEC del creditore (per le successive notifiche) *monica.pagano@milano.pecavvocati.it* e fax: 030.2939738

L'Avv. Monica Pagano (C.F. PGNMNC82T58B157P), PEC: monica.pagano@milano.pecavvocati.it del foro di Milano e l'avv. Danilo Griffo (C.F. GRFDNL81L21F839X) del Foro di Nola, PEC danilogriffo@legalmail.it, entrambi domiciliati presso lo studio dell'avv. Monica Pagano in Brescia in via Solferino n. 15

PREMESSO

- che l'avv. Monica Pagano e l'avv. Danilo Griffo hanno avuto contezza che, con provvedimento depositato il 19 luglio 2017, il Tribunale di Venezia ha dichiarato aperta la procedura di liquidazione del patrimonio nei confronti dei signori ▮▮▮▮-▮▮▮▮

- che gli avvocati istanti hanno ricevuto mandato dai signori ▮▮▮▮ - ▮▮▮▮ al fine di analizzare la loro situazione debitoria, valutare e predisporre la procedura da sovraindebitamento nel loro interesse;

- che, pertanto, gli avvocati istanti depositavano dapprima ricorso per la nomina di Occ instaurando il relativo procedimento RG Volontaria Giurisdizione ▮▮▮▮ - Tribunale di Venezia e, successivamente, depositavano ricorso per l'apertura della procedura liquidatoria allegando proposta e attestazione dell'Occ ▮▮▮▮, così instaurando la presente procedura RG▮▮▮▮ – Tribunale di Venezia (**doc. 1 - schermata consolle avvocato**);

- che gli scriventi legali si sono pertanto occupati di:

  - raccogliere la documentazione utile all'analisi della situazione complessiva debitoria / patrimoniale / reddituale e familiare dei signori ▮▮▮▮ - ▮▮▮▮,

  - studiare la fattibilità della procedura da sovraindebitamento,

  - richiedere la nomina di Occ (**doc. 2 – ricorso per nomina Occ**),

  - tenere contatti costanti con l'Occ nominato, Dott. ▮▮▮▮ collaborando fattivamente con quest'ultimo e fornendo al medesimo tutti i documenti e le informazioni tempo per tempo richieste,

  - interfacciarsi regolarmente con i signori ▮▮▮▮ - ▮▮▮▮,

  - redigere la proposta liquidatoria da sottoporre all'analisi del nominato Occ Dott. ▮▮▮▮ (**doc. 3– proposta liquidatoria**),

  - provvedere al deposito in Tribunale della proposta liquidatoria con attestazione del nominato Occ,

  - redigere la memoria richiesta per chiarimenti dal Giudice Delegato della scrivente procedura (**doc. 4 – osservazioni**)

  - più in generale fornire assistenza legale stragiudiziale e giudiziale necessaria al buon esito della procedura liquidatoria instaurata per i signori ▮▮▮▮ - ▮▮▮▮

precisando che tutta la documentazione attestante l'attività svolta è già a mani del Dott. ▮▮▮▮ nonché depositata in Tribunale

- gli scriventi legali hanno continuato e continueranno ad offrire assistenza legale utile alla procedura da sovraindebitamento anche nella fase successiva al decreto di apertura della procedura liquidatoria;

- in assenza di parametri di liquidazione compensi specifici per l'attività legale prestata per questa tipologia di procedure, gli scriventi legali hanno ritenuto opportuno quantificare i propri compensi, considerando che trattasi di procedura del valore debitorio di circa 1.300.000,00 euro e dal presunto valore di realizzo di circa 220.000,00 euro; si è pertanto provveduto a verificare il compenso medio richiedibile secondo D.M. 30/2012 da un curatore fallimentare per procedure di questo genere, e si è verificato altresì il compenso richiedibile da un avvocato, secondo i parametri minimi previsti dal D.M. 55/2014, per assistenza legale in cause civili ordinarie di valore compreso tra 1.000.000 di euro a 2.000.000 da instaurarsi presso il Tribunale. Si precisa che nel primo caso il compenso ammonterebbe ad € 20.437,58 oltre accessori di legge e spese vive; nel secondo caso il compenso ammonterebbe ad € 24.637,60 oltre accessori di legge e spese vive (**doc. 5 - simulazione compenso curatore fallimentare e simulazione compenso avvocato**)

- nonostante la indiscussa complessità della procedura da sovraindebitamento, nonostante il mandato conferito a due legali, l'avv. Pagano e l'avv. Griffo, questi ultimi, considerata l'entità delle somme versate dai signori ▬▬ – ▬▬ allo studio Griffo – comprendenti un acconto per la procedura da sovraindebitamento e per altre procedure giudiziali e consulenze (quali ad esempio, a titolo esemplificativo l'attività legale svolta presso la procura nei confronti della banca BCC Marcon e l'attività svolta dallo studio legale Griffo nell'esecuzione immobiliare) (doc. 6 - **acconti versati dai signori** ▬▬ – ▬▬ **per la procedura da sovraindebitamento**) e considerata l'indigente situazione finanziaria dei propri clienti, hanno ritenuto di richiedere a saldo per l'attività svolta un compenso complessivo di € 15.000,00 oltre spese generali, accessori di legge e un minimo rimborso spese escluse ex art 15 DPR 633/72 per € 300,00, per un totale di € 22.186,80, come da nota proforma che si allega (**doc. 7 – nota proforma a saldo di compensi professionali per attività giudiziaria/stragiudiziale RGN** ▬▬ **e RG** ▬▬ **Tribunale di Venezia**);

Tutto ciò premesso e considerato, l'Avv. Monica Pagano (C.F. PGNMNC82T58B157P) e l'avv. Danilo Griffo (C.F. GRFDNL81L21F839X)

CHIEDONO

che l'Ill.mo Tribunale adito, in persona del Giudice Delegato Dott.ssa ▬▬ su parere favorevole del nominato Occ Dott. ▬▬, voglia ammetterli al passivo della procedura da sovraindebitamento n. ▬▬, per la complessiva somma pari ad **euro 22.186,80 in prededuzione** trattandosi di crediti derivanti da attività funzionale alla procedura stessa ex art. 14 duodecies L. 3/2012 e successive modifiche. La somma dovrà essere così ripartita:

- **Euro 11.093,40** a favore dell'avv. Monica Pagano

- **Euro 11.093,40** a favore dell'avv. Danilo Griffo

Si allegano in copia:

1) schermata consolle avvocato

2) ricorso per nomina Occ

3) proposta liquidatoria;

4) osservazioni

5) simulazione compenso curatore fallimentare e simulazione compenso avvocato

6) acconti versati dai signori ▬▬ – ▬▬ per la procedura da sovraindebitamento

7) nota proforma a saldo di compensi professionali per attività giudiziaria/stragiudiziale RGN ▬▬ e RG ▬▬ Tribunale di Venezia

Si dichiara di voler ricevere eventuali comunicazioni a mezzo fax al n. 030 2939738 o all'indirizzo pec: *monica.pagano@milano.pecavvocati.it* e all'indirizzo *danilogriffo@legalmail.it*

Brescia, 21 Settembre 2017

Avv. Monica Pagano

Avv. Danilo Griffo

Tribunale di Venezia
Sezione Fallimentare

PROGETTO DI STATO PASSIVO
Domande Tempestive

RG numero: ███ - Liquidazione del Patrimonio
Denominazione: ███ e ███
Massa: ███ e ███
Giudice delegato: Dott.ssa ███
Liquidatore: Dott. ███

Tribunale di Venezia
Massa: ▮▮▮▮ e ▮▮▮▮

G.D.: Dott.ssa ▮▮▮▮
R.G.: ▮▮▮▮

Liquidatore: Dott. ▮▮▮▮

Domande Tempestive

N.	Domanda di Ammissione			Proposta del curatore		
	Prededuzione	In sede privilegiata	In sede chirografaria	Prededuzione	In sede privilegiata	In sede chirografaria
1	Creditore: CASSA ITALIANA ASSISTENZA E PREVIDENZA GEOMETRI del 31-08-2017 17:24 - email PEC: cipag@geopec.it					
1-a	€ 0	€ 0	€ 17.655,90	€ 0	€ 0	€ 16.101,60
				CREDITO AMMESSO IN CHIROGRAFO PER € 16.101,60 DEDOTTI € 1.554,30 RICOMPRESI NEL CREDITO DI EQUITALIA S.P.A.		
2	Creditore: REGIONE DEL VENETO del 14-09-2017 20:14 - email PEC: ▮▮▮▮					
2-a	€ 0	€ 3.559,89	€ 0	€ 0	€ 3.559,89	€ 0
	artt. 2752, co. 4 e 2778, n. 20 c.c. crediti degli enti locali e per imposte, tasse e tributi previsti dalla legge per la finanza locale e dalle norme relative all'imposta comunale sulla pubblicità ed ai diritti sulle pubbliche affissioni			artt. 2752, co. 4 e 2778, n. 20 c.c. Credito ammesso in privilegio ex art. 2752 3° comma c.c. per € 3.559,89 oltre interessi legali come per legge.		
3	Creditore: SIGLA S.R.L. del 14-09-2017 20:23 - email PEC: ▮▮▮▮					
3-a	€ 0	€ 0	€ 24.248,00	€ 0	€ 0	€ 24.248,00
				CREDITO AMMESSO IN CHIROGRAFO PER € 24.248,00. CON RIGUARDO ALLA RICHIESTA CONTINUAZIONE DELLA TRATTENUTA DI UN QUINTO DELLO STIPENDIO DEL DEBITORE, TRATTANDOSI DI UNA MODALITA' DI PAGAMENTO DEL DEBITO, ESSA NON PUO' ESSERE ACCOLTA IN QUANTO INAMMISSIBILE DOVENDOSI ATTENDERE GLI ESITI DEL PIANO DI RIPARTO FINALE.		
4	Creditore: BANCA SANTO STEFANO CREDITO COOPERATIVO S.C. del 29-09-2017 16:38 - email PEC: ▮▮▮▮					
4-a	€ 0	€ 36.870,30	€ 0	€ 0	€ 36.870,30	€ 0
				CREDITO AMMESSO COME CHIESTO IN PRIVILEGIO IPOTECARIO FINO A CONCORRENZA DEL RICAVATO DALLA VENDITA DEL BENE IMMOBILE IPOTECATO E SECONDO L'ORDINE DI TRASCRIZIONE DELLE IPOTECHE. PER QUANTO NON CAPIENTE SECONDO IL RICAVATO D'ASTA, CREDITO AMMESSO IN CHIROGRAFO.		

PROGETTO DI STATO PASSIVO - Domande Tempestive

Tribunale di Venezia   G.D.: Dott.ssa ▮   Liquidatore: Dott. ▮

Massa: ▮ e ▮   R.G.: ▮

N.	Domanda di Ammissione			Proposta del curatore		
	Prededuzione	In sede privilegiata	In sede chirografaria	Prededuzione	In sede privilegiata	In sede chirografaria
5	Creditore: BANCA DI CREDITO COOPERATIVO DI MARCON del 29-09-2017 19:07 - email PEC: ▮					
5-a	€ 0	€ 216.879,45	€ 0	€ 0	€ 216.879,45	€ 0
				CREDITO AMMESSO COME CHIESTO IN PRIVILEGIO IPOTECARIO FINO A CONCORRENZA DEL RICAVATO DALLA VENDITA DEL BENE IMMOBILE IPOTECATO E SECONDO L'ORDINE DI TRASCRIZIONE DELLE IPOTECHE. PER QUANTO NON CAPIENTE SECONDO IL RICAVATO D'ASTA, CREDITO AMMESSO IN CHIROGRAFO.		
6	Creditore: ▮ del 29-09-2017 21:16 - email PEC: ▮					
6-a	€ 0	€ 0	€ 80.398,15	€ 0	€ 0	€ 80.398,15
				CREDITO AMMESSO COME CHIESTO.		
7	Creditore: AGENZIA DELLE ENTRATE - RISCOSSIONE del 29-09-2017 21:44 - email PEC: ven.procedure.concorsuali.speciali@pec.agenziariscossione.gov.it					
7-a	€ 0	€ 19.372,88	€ 0	€ 0	€ 17.818,58	€ 0
				CREDITO AMMESSO COME CHIESTO IN PRIVILEGIO DEDOTTI € 1.554,30 CORRISPONDENTI AI CONTRIBUTI E ACCESSORI DELLA CASSA GEOMETRI AMMESSI ALLA LIQUIDAZIONE IN CHIROGRAFO (V. DOMANDA N. 1).		
7-b	€ 0	€ 0	€ 18.678,23	€ 0	€ 0	€ 20.232,53
				CREDITO AMMESSO COME CHIESTO AUMENTATO DEL CREDITO DELLA CASSA GEOMETRI PER € 1.554,30 AMMESSO IN CHIROGRAFO (V. DOMANDA N. 1).		
8	Creditore: AGENZIA DELLE ENTRATE - RISCOSSIONE del 29-09-2017 21:44 - email PEC: ven.procedure.concorsuali.speciali@pec.agenziariscossione.gov.it					
8-a	€ 0	€ 1.049,70	€ 0	€ 0	€ 1.049,70	€ 0
				CREDITO AMMESSO COME CHIESTO.		
8-b	€ 0	€ 0	€ 292,58	€ 0	€ 0	€ 292,58
				CREDITO AMMESSO COME CHIESTO.		

PROGETTO DI STATO PASSIVO - Domande Tempestive

Tribunale di Venezia

Massa:

G.D.: Dott.ssa

R.G.:

Liquidatore: Dott.

N.	Domanda di Ammissione			Proposta del curatore		
	Prededuzione	In sede privilegiata	In sede chirografaria	Prededuzione	In sede privilegiata	In sede chirografaria
9	Creditore: BANCA NAZIONALE DEL LAVORO S.P.A. del 29-09-2017 21:47 - email PEC:					
9-a	€ 0	€ 347.822,19	€ 0	€ 0	€ 347.822,19	€ 0
	CREDITO AMMESSO COME CHIESTO IN PRIVILEGIO IPOTECARIO FINO ALLA CONCORRENZA DI QUANTO RICAVATO DALLA VENDITA IMMOBILIARE E SECONDO L'ORDINE DI TRASCRIZIONE DELLE IPOTECHE. PER QUANTO NON CAPIENTE, CREDITO AMMESSO IN CHIROGRAFO.					
9-b	€ 0	€ 0	€ 187.306,92	€ 0	€ 0	€ 187.306,92
	CREDITO AMMESSO COME CHIESTO.					
10	Creditore: PAGANO MONICA del 04-10-2017 17:05 - email PEC: monica.pagano@pec.milanoavvocati.it					
10-a	€ 11.093,40	€ 0	€ 0	€ 11.093,40	€ 0	€ 0
	CREDITO AMMESSO COME CHIESTO, AL LORDO DELLE SPESE GENERALI, RIMBORSO SPESE ESCLUSE ART. 15 E ACCESSORI DI LEGGE (C.P. E IVA), EX ART. 14 DUODECIES COMMA 2 L. N. 3/2012.					
11	Creditore: GRIFFO DANILO del 04-10-2017 17:06 - email PEC: danilogriffo@legalmail.it					
11-a	€ 11.093,40	€ 0	€ 0	€ 11.093,40	€ 0	€ 0
	CREDITO AMMESSO COME CHIESTO, AL LORDO DELLE SPESE GENERALI, DELLE SPESE ESCLUSE ART. 15 OLTRE AGLI ACCESSORI DI LEGGE (C.P. E IVA) EX ART. 14 DUODECIES L. 3/2012.					
Totale	€ 22.186,80	€ 625.554,41	€ 328.579,78	€ 22.186,80	€ 624.000,11	€ 328.579,78

TRIBUNALE CIVILE E PENALE DI VENEZIA

ILL.MO GIUDICE DELEGATO Dott.ssa 

PROCEDIMENTO DI COMPOSIZIONE DELLA CRISI DA

SOVRAINDEBITAMENTO EX. L. 3/2012 DI

 e

---

PROGRAMMA DI LIQUIDAZIONE EX ART. 14 novies L. 3/2012

Il sottoscritto ▮▮▮▮▮▮▮ curatore del fallimento di cui intestazione,

Premesso

➤ che la procedura di cui in intestazione è stata aperta con provvedimento del 17 luglio 2017 (depositato il 19 luglio 2017);

➤ che il provvedimento di apertura è stato impugnato dal creditore Sigla s.r.l. di Conegliano con reclamo del 5 settembre 2017;

➤ che il reclamo è stato definito con decreto di rigetto per inammissibilità in data 9 novembre 2017 (depositato in data 27 novembre 2017);

➤ che il 31 dicembre 2017 è stato inviato ai creditori il progetto di stato passivo sulla base delle precisazioni dei crediti pervenute e che su di esso sono state svolte osservazioni da parte del creditore Sigla s.r.l. e del creditore B.C.C. di Marcon S.C. (ora Banca della Marca Credito Cooperativo. Per quest'ultimo creditore, trattasi di osservazioni formali di correzione di semplici refusi);

A mente dell'articolo 14 novies L. 3/2012 deposita il seguente,

PROGRAMMA DI LIQUIDAZIONE

INDICE

1) ATTIVO DA LIQUIDARE

2) POSSIBILITA' DI CESSIONE UNITARIA DELL'AZIENDA, DI SINGOLI

RAMI O DI BENI IN BLOCCO

3) VENDITA DEI SINGOLI CESPITI

4) AZIONI RISARCITORIE E RECUPERATORIE

1 - L'ATTIVO DA LIQUIDARE

→ LA LIQUIDITA'

Sulla base del piano proposto dai due debitori ▮▮▮▮ e ▮▮▮▮ ▮▮▮▮ e del provvedimento di apertura della procedura di composizione della crisi da sovra indebitamento, sono versati dai coniugi ▮▮▮▮ mensilmente € 1.500,00. Essi sono accreditati nel c/c 819 del Banco BPM s.p.a..

Mette conto sottolineare che dal mese di giugno 2018 il versamento mensile aumenterà ad € 1.850,00, secondo il provvedimento di apertura della procedura.

Si precisa infine che, giuste le indicazioni contenute nel provvedimento di apertura della procedura, la trattenuta di un quinto dello stipendio del signor ▮▮▮▮ da parte di Sigla s.r.l. è stata interrotta. Ciò ha dato luogo alle osservazioni sul progetto di stato passivo inviato ai creditori il 31 dicembre 2018.

Il professionista O.C.C. ha individuato il seguente attivo sia sulla scorta della documentazione contabile consegnata dai debitori sia sulla scorta dell'inventariazione compiuta.

→ IL BENE IMMOBILE

La procedura si basa principalmente sulla liquidazione dell'immobile di residenza dei coniugi ▮▮▮▮.

Su di esso è stato trascritto il provvedimento di apertura della procedura di composizione della crisi da sovra indebitamento.

L'immobile è identificato come segue:

A - IMMOBILE	luogo	stima
1) Unità abitativa unifamiliare: Fg. ▮ Mapp. ▮ sub. 2 cat. A7, cl. 3, vani 9, mq 348,00; R.Cts. € 720,46;	**1)** ▮▮▮ , ▮▮ , località ▮▮ ▮▮ via ▮▮ ▮▮	**1)** Esecuzione immobiliare n. ▮▮ sospesa. € 268.482,00
2) Magazzino di pertinenza: Fg. ▮ Mapp. ▮ sub. 3 cat. C2, cl. 6, mq. 46, R.Cts. € 64,14;		
3) scoperto: mq. 2000,00.		

Ai sensi dell'art. 14 novies L. 3/2012 si procederà alla vendita attraverso procedure competitive ed in particolare alla vendita senza incanto.

Di seguito le caratteristiche e condizioni per la vendita senza incanto:

L'AVVISO DI VENDITA:

Presso lo Studio ▮▮▮ in Via ▮▮▮ ▮▮▮ si procederà alla <u>vendita senza incanto</u> dei seguenti beni immobili, ai sensi degli articoli 570 e ss. c.p.c. in quanto applicabili, avvertendo che tutte le attività inerenti e conseguenti la partecipazione alla vendita che la legge prevede debbano eseguirsi in Cancelleria o davanti al Giudice dovranno essere effettuate presso lo Studio suddetto del liquidatore.

► **LOTTO UNICO**

PIENA PROPRIETA' (100%)

= Comune di ▮▮▮ (▮), Catasto Fabbricati (N.C.E.U.), Foglio ▮

- Mappale ▮, in via ▮▮▮ località ▮▮▮ cat. A/7 (abitazione unifamiliare), classe 3, vani 9, mq. 348,00, p. T-1, Rendita catastale € 720,46;
- Mappale ▮ sub. 3, C/2 (magazzino/deposito), classe 6 mq. 46,00, Rendita catastale € 64,14

Trattasi di unità immobiliare ad uso residenziale di tipo unifamiliare composta: **a) seminterrato**: magazzino e ripostiglio (mq. 74 ca.); **b) piano terra**: ingresso, cucina. soggiorno, lavanderia, disimpegno, ripostiglio, bagno (mq. 105,07); **c) piano primo**: due camere, due bagni, disimpegni, ripostiglio sottotetto (mq. 114,72); tre terrazze; magazzino e ricovero macchine (mq. 46,00 ca.). Vetrocamera, impianto elettrico, idrotermosanitario con caldaia gas metano, impianto di climatizzazione estiva. Impianto di scarico delle acque reflue non conforme alla normativa vigente,

Difformità catastali. Necessità di rifacimento della planimetria dell'abitazione. Necessità di ripristino dei luoghi con demolizione.

Conformità edilizia.

Buono stato di manutenzione.

Occupato dai debitori. Liberazione a cura e spese della procedura.

Si raccomanda la lettura dell'elaborato peritale depositato in Tribunale di Venezia, Cancelleria Esecuzioni immobiliari, del geometra ▮▮▮ di ▮▮▮ , all'uopo nominato perito estimatore nella Esecuzione immobiliare n.

> **Valore di stima € 268.482,00**
> **Prezzo base € 268.482,00**

(duecentosessantaottomilaquattrocentoottantadue virgola zero zero).

Offerta minima efficace ai sensi dell'art. 571 c.p.c. € 201.361,50 (duecentounomilatrecentosessantauno virgola cinquanta pari al 75% del prezzo base).

CONDIZIONI DI VENDITA

La vendita è soggetta ad imposta di registro.

La vendita sarà effettuata nella situazione di fatto e di diritto in cui i predetti immobili si trovano con le eventuali pertinenze, accessioni, ragioni ed azioni, servitù attive e passive, siccome esaurientemente descritti nella Perizia Tecnica di Stima redatta dal geometra su indicato e depositata in Cancelleria Esecuzioni Immobiliari del Tribunale di Venezia nonché pubblicata sui siti sotto riportati.

La vendita è a corpo e non a misura, eventuali differenze di misura non potranno dar luogo ad alcun risarcimento, indennità o riduzione del prezzo. La vendita forzata non è soggetta alle norme concernenti la garanzia per vizi o mancanza di qualità, né potrà essere revocata per qualunque motivo; conseguentemente, l'esistenza di eventuali vizi, mancanza di qualità o difformità dei beni immobili venduti, oneri di qualsiasi genere, ivi compresi ad esempio quelli urbanistici ovvero derivanti dalla eventuale necessità di adeguamento di impianti alle leggi vigenti, spese condominiali non pagate dal debitore nei due anni precedenti, fatti salvi i disposti di regolamento condominiale approvato secondo normativa, per qualsiasi motivo non considerati, anche se occulti e comunque non evidenziati in perizia, non potranno dar luogo ad alcun risarcimento, indennità o riduzione del prezzo essendosi di ciò tenuto conto nella valutazione dei beni immobili. Agli effetti della normativa vigente (D.M. 22 gennaio 2008 n. 37 e D. lgs. 192/2005 e ss. modifiche), l'aggiudicatario, dichiarandosi edotto sui contenuti dell'Ordinanza di vendita e sulle descrizioni contenute nell'elaborato peritale in ordine agli impianti, dispenserà esplicitamente la corrente procedura di composizione della crisi da sovraindebitamento dal produrre sia la certificazione relativa alla conformità degli stessi alle norme sulla sicurezza, che la certificazione/attestato di qualificazione energetica, manifestando di voler assumere tali incombenze.

CONDIZIONI DI PARTECIPAZIONE

Per partecipare alla vendita gli interessati dovranno presentare presso lo Studio suddetto in via (in giorno ed orario lavorativo da accertarsi preventivamente) offerta di acquisto in bollo ed in busta chiusa <u>entro e non oltre le ore 12.00 (dodici) del giorno lavorativo precedente a quello fissato per la vendita (i partecipanti sono invitati ad informarsi sugli orari e date di apertura dello Studio del delegato)</u>.

L'offerta in bollo di € 16,00 (o secondo le correnti tariffe) dovrà contenere <u>in ogni caso</u>:

- il cognome, il nome, il luogo e la data di nascita, il codice fiscale, la residenza, il recapito telefonico, lo stato civile ed il regime patrimoniale dell'offerente, cui sarà intestato l'immobile in caso di aggiudicazione (non è possibile intestare l'immobile a persona diversa da quella che sottoscrive l'offerta e tale persona, in caso di gara, dovrà essere presente. Nel caso la offerta di tale persona risulti la migliore, la persona offerente resterà comunque aggiudicatario a prescindere dalla sua presenza); se l'offerente è coniugato in regime di comunione legale dei beni, dovranno essere indicati i corrispondenti dati del coniuge;
- se l'offerente è una società, l'offerta dovrà contenere la denominazione o la ragione sociale, la

sede, il codice fiscale e il recapito telefonico, e dovrà essere accompagnata da un certificato di iscrizione alla Camera di Commercio I.A.A. e dai documenti attestanti i poteri conferiti al legale rappresentante o al soggetto che può impegnare la società, firmatario dell'offerta;
- se l'offerente è minorenne, l'offerta dovrà essere sottoscritta da chi esercita la patria potestà, previa autorizzazione del Giudice Tutelare;
- nel caso di vendita di più lotti, se l'offerente è interessato ad un solo lotto posto in vendita nella stessa udienza e medesima procedura potrà fare una offerta
- i dati identificativi del bene per il quale l'offerta è proposta;
- l'indicazione del prezzo offerto, che non potrà essere inferiore al 75% del prezzo base sopra indicato a pena di inammissibilità, del tempo e del modo di pagamento ed ogni altro elemento utile alla valutazione dell'offerta;
- copia di un documento di identità e del codice fiscale in corso di validità dell'offerente;
- l'offerente è tenuto a dichiarare nell'offerta di aver letto e compreso il corrente avviso di vendita.

All'offerta dovrà essere allegato assegno circolare non trasferibile intestato come segue: "dr. ███████████ procedura di sovraindebitamento n. ███████ Tribunale di **Venezia" per un importo pari almeno ad 1/5 (un quinto; 20%) del prezzo offerto, a titolo di cauzione.**

Ogni offerente o procuratore, che ha presentato l'offerta per persona da nominare ex art. 579 3° comma c.p.c. è tenuto a presentarsi all'apertura delle buste nel giorno, ora e luogo come sopra fissati.

In caso di più offerte valide si procederà a gara tra gli offerenti a norma dell'art. 573 c.p.c. sulla base dell'offerta più alta, con **scatti minimi in aumento di € 1.000,00 (mille virgola zero zero).**

In caso di offerte equiparabili, l'immobile verrà aggiudicato a chi ha depositato l'offerta per primo.

Il liquidatore può sospendere la vendita ove pervenga offerta irrevocabile di acquisto migliorativa per un importo non inferiore al dieci percento del prezzo offerto.

CONDIZIONI DI PAGAMENTO

L'aggiudicatario dovrà effettuare a mani del liquidatore il versamento del saldo prezzo nel minor termine proposto nell'offerta ovvero entro 120 (centoventi) giorni dall'aggiudicazione; nello stesso termine dovrà effettuare il deposito delle spese di trasferimento nella misura che verrà indicata dopo l'aggiudicazione.

E' possibile il pagamento rateale del prezzo entro il termine di dodici mesi dalla aggiudicazione in rate mensili di pari importo. E' necessario prestare garanzia bancaria o assicurativa.

La cancellazione delle formalità pregiudizievoli e le volture catastali sono a spese e cura dell'aggiudicatario.
Ogni onere fiscale derivante dalla vendita è a carico dell'aggiudicatario.
Le spese notarili per il passaggio di proprietà sono a carico dell'aggiudicatario.

Per tutto quanto qui non previsto si applicano le vigenti norme di legge.

Maggiori ed ulteriori informazioni potranno essere acquisite direttamente dal curatore fallimentare Dott. ███████████ presso lo ██████████████ via ████████ ███████ Tel. ██████████ fax ██████████ ██████████████. Tel./fax ███ ████████ Cell. ██████████ (Dr. ████████████).

PUBBLICITA'

La pubblicità del presente Avviso è eseguita esclusivamente online; nonché, congiuntamente o alternativamente sui siti internet www.tribunale.venezia.giustizia.it; www.asteannunci.it; www.asteavvisi.it; www.canaleaste.it a cura e spese della procedura fallimentare almeno 45 (quarantacinque) giorni prima dello spirare del termine per la presentazione delle offerte.

RIBASSI

Il prezzo base del secondo esperimento di vendita è determinato applicando una percentuale di ribasso del 25% sul prezzo di base del precedente tentativo di vendita.

Il prezzo di base dei successivi esperimenti di vendita è determinato applicando la percentuale di ribasso del 10% sul prezzo di base del precedente tentativo di vendita.

Laddove pervengano offerte cauzionate irrevocabili di acquisto per un prezzo superiore all'offerta minima determinata applicando le percentuali di ribasso di cui sopra, l'offerta minima di partecipazione alla vendita senza incanto non potrà essere inferiore al prezzo indicato nell'offerta irrevocabile di acquisto.

TABELLA RIEPILOGATIVA ATTIVO DA LIQUIDARE	IMPORTI
A - IMMOBILI	€ 268.482,00.
B. LIQUIDITA'	€ 1.500,00 mensili fino a maggio; € 1.850,00 da giugno 2018 per quattro anni.

2 - POSSIBILITA' DI CESSIONE UNITARIA DELL'AZIENDA, DI SINGOLI RAMI O DI BENI IN BLOCCO

Non vi sono aziende o rami d'essa da vendere. Il punto quindi non è affrontato.

3 - VENDITA DEI SINGOLI CESPITI

Si rinvia a quanto sopra esposto nella precedente pagina sub numero 1).

4 - AZIONI RISARCITORIE E RECUPERATORIE

Non risultano azioni risarcitorie o recuperatorie da compiere.

Il sottoscritto liquidatore ai sensi e per gli effetti dell'art. 14 novies L. 3/2012,

COMUNICA

Il corrente programma di liquidazione ai debitori e ai creditori e,

DEPOSITA

Il medesimo programma di liquidazione presso la Cancelleria del Giudice.

Con osservanza.

Mestre, 5 febbraio 2018.

IL LIQUIDATORE

Dr.

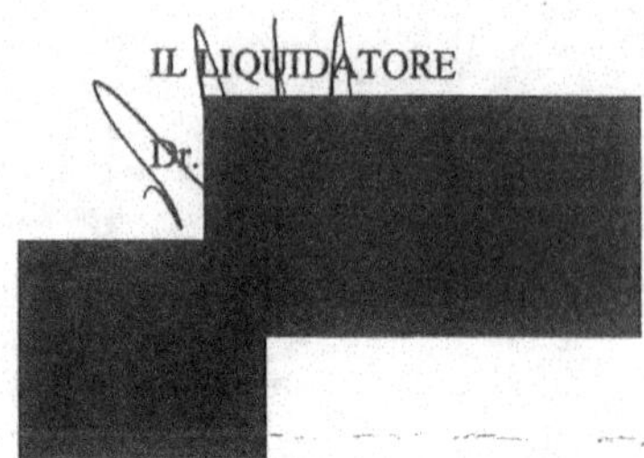

TRIBUNALE CIVILE E PENALE DI VENEZIA
CANCELLERIA ESECUZIONI IMMOBILIARI

AVVISO DI VENDITA DI IMMOBILI SENZA INCANTO

Nella PROCEDURA DI COMPOSIZIONE DELLA CRISI DA SOVRAINDEBITAMENTO R.G. n.██████

Il sottoscritto Dr. ██████████ con Studio in via ██████████ ██████ a norma dell'articolo 14 novies legge n. 3/2012, vista la nomina a liquidatore nella procedura di cui in intestazione con decreto del Giudice delegato dott.ssa ██████████ del 17 luglio 2017,

AVVISA

che il giorno ██████████ ██████, **giovedì, alle ore 15,00**, presso lo Studio ██████████ ██████ in ██████ via ██████████ si procederà alla <u>vendita senza incanto</u> dei seguenti beni immobili, ai sensi degli articoli 570 e ss. c.p.c., avvertendo che tutte le attività inerenti e conseguenti la partecipazione alla vendita che la legge prevede debbano eseguirsi in Cancelleria o davanti al Giudice delegato dovranno essere effettuate presso lo Studio suddetto del professionista delegato:

IMMOBILI IN ██████████████ ██████

► LOTTO UNICO
PIENA PROPRIETA' (100%)

= Comune di ██████████ ██████ Catasto Fabbricati (N.C.E.U.), Foglio ██
- Mappale ██ sub. 2, in via ██████████ località ██████████ cat. A/7 (abitazione unifamiliare), classe 3, vani 9, mq. 348,00, p. T-1, Rendita catastale € 720,46;

PIENA PROPRIETA' (100%)

= Comune di ██████████ ██████ Catasto Fabbricati (N.C.E.U.), Foglio ██
- Mappale ██ sub. 3, in via ██████████ (da atti catastali n. 17) località ██████████ C/2 (magazzino/deposito), classe 6 mq. 46,00, Rendita catastale € 64,14.

PIENA PROPRIETA' (100%)

= Comune di ██████████ ██████ Catasto Fabbricati (N.C.E.U.), Foglio ██
- Mappale ██ sub. 1, in via ██████████ (da atti catastali n. 17) località ██████████ B.C.N.C., mq. 2000,00.

Trattasi di unità immobiliare ad uso residenziale di tipo unifamiliare composta: a) **seminterrato**: magazzino e ripostiglio (mq. 74 ca.); b) **piano terra:** ingresso, cucina. soggiorno, lavanderia, disimpegno, ripostiglio, bagno (mq. 105,07); c) **piano primo:** due camere, due bagni, disimpegni, ripostiglio sottotetto (mq. 114,72); tre terrazze; magazzino e ricovero macchine (mq. 46,00 ca.). Vetrocamera, impianto elettrico, idrotermosanitario con caldaia gas metano, impianto di climatizzazione estiva. Impianto di scarico delle acque reflue non conforme alla normativa vigente.
 Scoperto di circa 2000 mq.

Difformità catastali. Necessità di rifacimento della planimetria dell'abitazione. Necessità di ripristino dei

luoghi con demolizione.
   Conformità edilizia.

Sufficiente/Buono stato di manutenzione.

Occupato dai debitori. Liberazione a cura e spese della procedura.

Si raccomanda la lettura dell'elaborato peritale e degli allegati depositati in Tribunale di Venezia, Cancelleria Esecuzioni immobiliari, del geometra ▮▮▮▮▮▮▮ di ▮▮▮▮▮▮▮ all'uopo nominato perito estimatore nella Esecuzione immobiliare n. ▮▮▮▮

Valore di stima € 268.482,00
Prezzo base € 268.482,00 (duecentosessantaottomilaquattrocentoottantadue virgola zero zero).
Offerta minima efficace ai sensi dell'art. 571 c.p.c. € 201.361,50 (duecentounomilatrecentosessantauno virgola cinquanta pari al 75% del prezzo base).

CONDIZIONI DI VENDITA
La vendita è soggetta ad imposta di registro.
La vendita sarà effettuata nella situazione di fatto e di diritto in cui i predetti immobili si trovano con le eventuali pertinenze, accessioni, ragioni ed azioni, servitù attive e passive, siccome esaurientemente descritti nella Perizia Tecnica di Stima e negli allegati redatta dal geometra ▮▮▮▮▮▮▮ su indicato e depositata in Cancelleria Esecuzioni Immobiliari del Tribunale di Venezia nonché pubblicata sui siti sotto riportati.
I partecipanti alla gara dovranno dar atto di aver letto e compreso la perizia di stima e gli allegati.
La vendita è a corpo e non a misura, eventuali differenze di misura non potranno dar luogo ad alcun risarcimento, indennità o riduzione del prezzo. La vendita forzata non è soggetta alle norme concernenti la garanzia per vizi o mancanza di qualità, né potrà essere revocata per qualunque motivo; conseguentemente, l'esistenza di eventuali vizi, mancanza di qualità o difformità dei beni immobili venduti, oneri di qualsiasi genere, ivi compresi ad esempio quelli urbanistici ovvero derivanti dalla eventuale necessità di adeguamento di impianti alle leggi vigenti, spese condominiali non pagate dal debitore nei due anni precedenti, fatti salvi i disposti di regolamento condominiale approvato secondo normativa, per qualsiasi motivo non considerati, anche se occulti e comunque non evidenziati in perizia, non potranno dar luogo ad alcun risarcimento, indennità o riduzione del prezzo essendosi di ciò tenuto conto nella valutazione dei beni immobili. Agli effetti della normativa vigente (D.M. 22 gennaio 2008 n. 37 e D. lgs. 192/2005 e ss. modifiche), l'aggiudicatario, dichiarandosi edotto sui contenuti dell'Ordinanza di vendita e sulle descrizioni contenute nell'elaborato peritale e negli allegati in ordine agli impianti, dispenserà esplicitamente la corrente procedura di composizione della crisi da sovraindebitamento dal produrre sia la certificazione relativa alla conformità degli stessi alle norme sulla sicurezza, che la certificazione/attestato di qualificazione energetica, manifestando di voler assumere tali incombenze.

CONDIZIONI DI PARTECIPAZIONE
Per partecipare alla vendita gli interessati dovranno presentare presso lo Studio ▮▮▮▮▮▮▮ suddetto in ▮▮▮ via ▮▮▮▮▮▮▮ (in giorno ed orario lavorativo da accertarsi preventivamente) offerta di acquisto in bollo ed in busta chiusa <u>entro e non oltre le ore 12,00 (dodici) del giorno lavorativo precedente a quello fissato per la vendita (i partecipanti sono invitati ad informarsi sugli orari e date di apertura dello Studio del delegato).</u>
L'offerta in bollo di € 16,00 (o secondo le correnti tariffe) dovrà contenere <u>in ogni caso</u>:
- il cognome, il nome, il luogo e la data di nascita, il codice fiscale, la residenza, il recapito telefonico, lo stato civile ed il regime patrimoniale dell'offerente, cui sarà intestato l'immobile in caso di aggiudicazione (non è possibile intestare l'immobile a persona diversa da quella che sottoscrive l'offerta e tale persona, in caso di gara, dovrà essere presente. Nel caso la offerta di tale persona risulti la migliore, la persona offerente resterà comunque aggiudicatario a prescindere dalla sua presenza); se l'offerente è coniugato in regime di

comunione legale dei beni, dovranno essere indicati i corrispondenti dati del coniuge;
- se l'offerente è una società, l'offerta dovrà contenere la denominazione o la ragione sociale, la sede, il codice fiscale e il recapito telefonico, e dovrà essere accompagnata da un certificato di iscrizione alla Camera di Commercio I.A.A. e dai documenti attestanti i poteri conferiti al legale rappresentante o al soggetto che può impegnare la società, firmatario dell'offerta;
- se l'offerente è minorenne, l'offerta dovrà essere sottoscritta da chi esercita la patria potestà, previa autorizzazione del Giudice Tutelare;
- nel caso di vendita di più lotti, se l'offerente è interessato ad un solo lotto posto in vendita nella stessa udienza e medesima procedura potrà fare una offerta
- i dati identificativi del bene per il quale l'offerta è proposta;
- l'indicazione del prezzo offerto, che non potrà essere inferiore al 75% del prezzo base sopra indicato a pena di inammissibilità, del tempo e del modo di pagamento ed ogni altro elemento utile alla valutazione dell'offerta;
- copia di un documento di identità e del codice fiscale in corso di validità dell'offerente;
- l'offerente è tenuto a dichiarare nell'offerta di aver letto e compreso il corrente avviso di vendita.

All'offerta dovrà essere allegato assegno circolare non trasferibile intestato come segue: "dr. ███████████ procedura di sovraindebitamento n. ██████ Tribunale di Venezia" per un importo pari almeno ad **1/5 (un quinto; 20%) del prezzo offerto, a titolo di cauzione.**

Ogni offerente o procuratore, che ha presentato l'offerta per persona da nominare ex art. 579 3° comma c.p.c. è tenuto a presentarsi all'apertura delle buste nel giorno, ora e luogo come sopra fissati.

In caso di più offerte valide si procederà a gara tra gli offerenti a norma dell'art. 573 c.p.c. sulla base dell'offerta più alta, con **scatti minimi in aumento di € 5.000,00 (cinquemila virgola zero zero).**

In caso di offerte equiparabili, l'immobile verrà aggiudicato a chi ha depositato l'offerta per primo.

Il liquidatore può sospendere la vendita ove pervenga offerta irrevocabile di acquisto migliorativa per un importo non inferiore al dieci percento del prezzo offerto.

Si avvisa altresì che laddove pervengano un numero di offerte tali da rendere inadatti i locali destinati alla vendita o da rendere inopportuna la prosecuzione delle operazioni di vendita, l'udienza può essere sospesa con la fissazione della nuova data e del diverso luogo di vendita che saranno comunicati esclusivamente agli offerenti. La successiva udienza per la vendita sarà riservata esclusivamente a coloro che avranno depositato l'offerta validamente nei termini e nelle modalità di cui al presente avviso. Si rende noto che gli offerenti, nelle more, non potranno ritirare o revocare o modificare l'offerta presentata né ottenere in restituzione l'assegno cauzionale (art. 161 bis c.p.c.).

CONDIZIONI DI PAGAMENTO

L'aggiudicatario dovrà effettuare a mani del liquidatore il versamento del saldo prezzo nel minor termine proposto nell'offerta ovvero entro 120 (centoventi) giorni dall'aggiudicazione; nello stesso termine dovrà effettuare il deposito delle spese di trasferimento nella misura che verrà indicata dopo l'aggiudicazione.

E' possibile il pagamento rateale del prezzo entro il termine di dodici mesi dalla aggiudicazione in rate mensili di pari importo. E' necessario prestare garanzia bancaria o assicurativa.

La cancellazione delle formalità pregiudizievoli e le volture catastali sono a spese e cura dell'aggiudicatario.

Ogni onere fiscale derivante dalla vendita è a carico dell'aggiudicatario.

Le spese notarili per il passaggio di proprietà sono a carico dell'aggiudicatario.

Per tutto quanto qui non previsto si applicano le vigenti norme di legge.

Maggiori ed ulteriori informazioni potranno essere acquisite direttamente dal curatore fallimentare

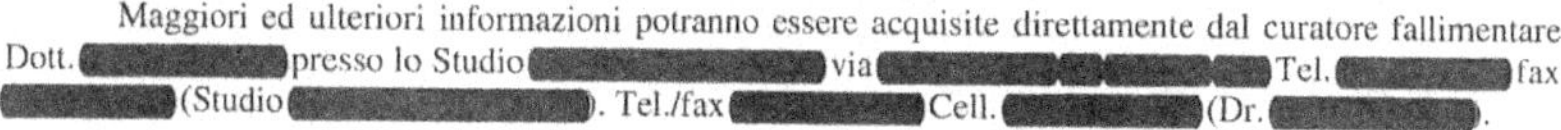

Dott. ██████████ presso lo Studio ██████████████ via ████████████████ Tel. ██████████ fax ██████████ (Studio ██████████████). Tel./fax ████████████ Cell. ██████████ (Dr. ██████████.

PUBBLICITA'

La pubblicità del presente Avviso è **eseguita esclusivamente online**; nonché, congiuntamente o alternativamente sui siti internet www.tribunale.venezia.giustizia.it; www.asteannunci.it; www.asteavvisi.it; www.canaleaste.it a cura e spese della procedura di composizione della crisi da svoraindebitamento almeno 45 (quarantacinque) giorni prima dello spirare del termine per la presentazione delle offerte.

Il Liquidatore
dr. █████████